Mathias Brodkorb

Gesinnungspolizei im Rechtsstaat?

Mathias Brodkorb

Gesinnungspolizei im Rechtsstaat?

Der Verfassungsschutz als Erfüllungsgehilfe der Politik

Sechs Fallstudien

zu Klampen!

Röse 21 · 31832 Springe · zuklampen.de · info@zuklampen.de

Covergestaltung: Stefan Hilden · München · hildendesign.de
Covermotiv: © HildenDesign
unter Verwendung mehrerer Motive von Shutterstock.com
Satz: Germano Wallmann · Gronau · geisterwort.de
Druck: CPI – Clausen & Bosse · Birkstr. 10 · 25917 Leck ·
cpidirect.cpi-print.de

ISBN Print 978-3-98737-016-8
ISBN E-Book-Pdf 978-3-98737-405-0
ISBN E-Book-Epub 978-3-98737-406-7

Bibliografische Information der Deutschen Nationalbibliothek
Die Deutsche Nationalbibliothek verzeichnet diese Publikation
in der Deutschen Nationalbibliografie; detaillierte bibliografische Daten
sind im Internet über ‹http://dnb.dnb.de› abrufbar.

MIX
Papier aus verantwortungsvollen Quellen
FSC® C083411
www.fsc.org

Klimaneutral
firstclimate

Inhalt

Geleitwort

Es sind keine einfachen Zeiten für Rechtsstaat und liberale Demokratie. Aber eigentlich sind die Zeiten für diese zutiefst zivilisatorischen Errungenschaften nie einfach. Sie müssen immer wieder neu verteidigt, sogar erkämpft werden. Der Firnis der Zivilisation ist dünn. Und der Zeitgeist ist oft illiberal, wenig rechtsstaatlich und nicht wirklich demokratisch.

Das Buch von Mathias Brodkorb will den Rechtsstaat und die liberale Demokratie verteidigen. Vordergründig ist sein Thema der Verfassungsschutz. Auf einer grundsätzlicheren, tieferen Ebene verteidigt er den Rechtsstaat und die freiheitliche Demokratie gegen eine autoritäre Behörde, die sich zunehmend mehr Kompetenzen selbst verschafft. Im demokratischen Rechtsstaat ist die Freiheit, sind die Grundrechte der Normalfall. Die Einschränkung der Freiheiten, die das Grundgesetz garantiert, ist die Ausnahme, die sorgfältig begründet werden muss. Es ist das Verdienst von Mathias Brodkorb, diese Selbstverständlichkeit immer wieder zu betonen. Ein Geheimdienst denkt zwangsläufig anders. In seinem Fokus steht die Sicherheit, Grundrechtsverletzungen werden schnell zu unvermeidlichen Kollateralschäden. Das kann in einer liberalen Demokratie nicht sein.

Der Ausgangspunkt des Buches ist eine interessante Feststellung: Der deutsche Verfassungsschutz ist eine international einmalige Einrichtung. In westlichen Demokratien ist es nicht normal, dass eine staatliche Behörde sich mit der Gesinnung der Bürger beschäftigt. Und das hat natürlich gute Gründe, die das Buch mit hoher Präzision und teilweise atemberaubender Schärfe herausarbeitet.

Mathias Brodkorb illustriert seine Grundsatzkritik am Verfassungsschutz mit unterschiedlichen Fallbeispielen. Eines haben die

Fälle gemeinsam: Sie sind skandalös, und sie sind in der Öffentlichkeit kaum bekannt. Sie zeigen, wie der Verfassungsschutz seine Grenzen rechtsstaatswidrig überschreitet und tief in wichtige Grundrechte eingreift – sowohl auf der politischen Linken als auch auf der Rechten. Legitime Grundrechtsausübung deutet der Geheimdienst schnell in gefährlichen politischen Extremismus um, der dann bekämpft wird. Brodkorb geht es nie um politische Parteinahme. Er sympathisiert weder mit den Linken noch mit den Rechten. Seine Perspektive ist die des neutralen, kühlen Beobachters, der sich Sorgen um die Demokratie macht und für den Rechtsstaat des Grundgesetzes kämpft. Dahinter steht eine ganz einfache, aber grundlegende Erkenntnis des Verfassungsdenkens: Die Regeln der Verfassung gelten immer und für jeden, völlig unabhängig vom politischen oder weltanschaulichen Standpunkt.

Was Mathias Brodkorb akribisch an Material zusammenträgt, ist oft unglaublich, nicht selten erschreckend. Wie kann so etwas im Rechtsstaat möglich sein? Wer das Buch gelesen hat, versteht, wie der Autor zu seinem Fazit kommt. Er hält eine Reform des Verfassungsschutzes für sinnlos. Er plädiert ganz klar für eine Abschaffung dieses Geheimdienstes. Damit ist er nicht der Einzige und nicht der Erste. Aber kaum ein kritischer Denker hat diese Forderung so klar hergeleitet und logisch begründet.

Dieses Plädoyer ist völlig unzeitgemäß. Das weiß Mathias Brodkorb auch. In Deutschland stehen die Zeichen auf Sicherheit, nicht auf Freiheit. Und der Verfassungsschutz verspricht scheinbare Sicherheit. Dass dabei reale Freiheit auf der Strecke bleibt, interessiert kaum. Wenn die Geschichte eines lehrt, dann das: Freiheit stirbt immer zentimeterweise. Sie muss immer, immer, immer wieder verteidigt werden, im Kleinen und im Großen, auch und gerade, wenn es dem Zeitgeist widerspricht. Deshalb ist das Buch von Mathias Brodkorb wichtig und verdienstvoll.

Das Thema ist natürlich sehr stark vom Recht, insbesondere vom Verfassungsrecht geprägt. Eigentlich ist es deshalb ein typisches Thema für Juristen. Mathias Brodkorb ist kein Jurist, er ist studierter Philosoph, ehemaliger Politiker und aktuell Journalist und Zeitkritiker. Typisch deutsch möchte man fragen: Darf er sich überhaupt ernsthaft mit einem so juristischen Thema beschäftigen? Die Antwort ist natürlich klar: Selbstverständlich darf er das. Die Zeiten, als Recht eine Geheimwissenschaft für Spezialisten war, sollten vorbei sein. Dass er kein Jurist ist, fördert möglicherweise sogar die Erkenntnis. Sein Blick von außen ist weniger betriebsblind – und deshalb schärfer.

Prof. Dr. Volker Boehme-Neßler

Vorwort

Vorliegendes Buch beansprucht, eine Analyse der Arbeit des deutschen Inlandsgeheimdienstes aus einseitiger, zugleich aber parteipolitisch neutraler Perspektive zu sein. Einseitig ist sie insofern, als es ihr nicht um eine allumfassende Würdigung der Arbeit des Verfassungsschutzes geht, sondern allein um die Kritik von Fehlentwicklungen. Es wird dabei eine strikt rechtsstaatlich orientierte und keine weltanschaulich eingefärbte Perspektive eingenommen – ein Anspruch, den der Verfassungsschutz zwar an sich selbst stellt, an dem er aber oft genug scheitert. Wer daher als politischer Aktivist in diesem Buch Material sucht, um seine politischen Gegner noch besser bekämpfen zu können, wird und *soll* enttäuscht werden. Wer hingegen Rechtsstaat und liberale Demokratie verteidigen will, mag hilfreiche Informationen und Argumente in ihm finden.

Der Autor ist verschiedenen Personen zu Dank verpflichtet. Dieser richtet sich zunächst an seine Gesprächspartner, die oder ihre Organisationen allesamt Gegenstand der Beobachtung durch den Verfassungsschutz waren oder sind: Dr. Caroline Sommerfeldt-Lethen, Dr. Erik Lehnert und Götz Kubitschek aus dem Umfeld des »Institut für Staatspolitik« (IfS); Dr. Alice Weidel, Dr. Maximilian Krah, Roman Reusch, Stefan Möller und Stephan Brandner von der AfD. Ebenfalls danke ich Prof. Dr. Martin Wagener, Dr. Rolf Gössner und Ministerpräsident Bodo Ramelow für ihre Gesprächsbereitschaft. Erwartungsgemäß weigerten sich die zuständigen Behörden, fallbezogene Fragen zu beantworten.

Zu Dank verpflichtet bin ich deshalb einigen ehemaligen wie aktiven Mitarbeitern deutscher Verfassungsschutzbehörden aus dem ganzen Bundesgebiet. Die Kontakte zu ihnen kamen unter teils filmreifen konspirativen Bedingungen zustande. Sie haben das Manuskript vor Drucklegung kritisch mit mir diskutiert. Verwundern kann dabei nicht, dass meine Gesprächspartner nicht das Ergebnis teilen, der Verfassungsschutz müsse zum Wohle von Rechtsstaat und Demokratie am besten abgeschafft werden. Sie alle waren sich aber in der Einschätzung einig, dass die Erfindung des Beobachtungsobjektes »Delegitimierung« unter der Führung des VS-Präsidenten Thomas Haldenwang einen verfassungsrechtlichen Skandal darstelle. Niemand brachte das besser zum Ausdruck als einer meiner Gesprächspartner mit VS-Hintergrund, der seinen Unmut darüber bereits zu Beginn der ersten Kontaktaufnahme kaum bändigen konnte: »Die Leibwächter drohen zu Geiselnehmern zu werden.« Besser kann man das Thema des vorliegenden Buches kaum auf den Punkt bringen.

Sich wie der Autor als Nicht-Jurist in verfassungsrechtliche Gefilde zu wagen, ist ein riskantes Unterfangen. Den Staatsrechtlern Prof. Dietrich Murswiek (Freiburg), Prof. Gerd Morgenthaler (Siegen), Prof. Claus-Dieter Classen (Greifswald) und Prof. Volker Boehme-Neßler (Oldenburg) bin ich daher für die Prüfung des Manuskriptes in verfassungsrechtlicher Hinsicht sowie für manche Präzisierung zu Dank verpflichtet. Ebenso gilt mein Dank Prof. Christoph Möllers (Berlin) für seine geduldige und freundliche Bereitschaft, einige seiner Thesen mit mir zu diskutieren. Von der Möglichkeit, das auch ihn betreffende Kapitel vor Drucklegung kritisch zu kommentieren, hat er keinen Gebrauch gemacht. Auch Herrn Staatssekretär a. D. Dr. Jost Mediger danke ich für zahlreiche, der Präzision des Textes dienliche Hinweise.

Für eine kritische Durchsicht des Manuskripts aus politikwissenschaftlicher Perspektive gilt mein Dank Prof. Uwe Backes (TU Dresden). Bei allem gegenseitigen Verständnis für den jeweiligen Standpunkt des Anderen kann er mit dem Ergebnis dieses Buches nicht zufrieden sein. Sodann danke ich den Gräzisten Prof. Dr. Wolfgang Bernard und Dr. Steffen Kammler (Rostock), der Pädagogin Prof. Dr. Katja Koch (Rostock), dem Althistoriker Prof. Dr. Egon Flaig (Berlin) sowie den Neuzeit-Historikern Prof. Dr. Ronald Asch (Freiburg) und Prof. Dr. Peter Hoeres (Würzburg) für zahlreiche sachhaltige Hinweise zum Text. Ebenso danke ich Dr. Hans-Georg Maaßen als ehemaligem Chef des deutschen Inlandsgeheimdienstes für die Bereitschaft zur Erörterung manch verfassungsschutzrechtlicher Frage.

Für ihre Bereitschaft, den Text als allgemein interessierte Probeleser kritisch zu prüfen, gilt mein besonderer Dank Sabine Runze. Ebenso danke ich Stefan Bruhn und Christiane Frühling für wertvolle Anregungen. Der größte Dank geht an meine stets kritischste Leserin, meine Frau Conny Proske. Bei ihr stehe ich freilich noch aus ganz anderen Gründen in tiefer Schuld.

Mein letzter Dank geht an die Mitarbeiterinnen und Mitarbeiter des wundervollen Gutshauses Stellshagen im Klützer Winkel. Ihrer Fürsorge und Gastfreundschaft hat die Entstehung des Textes manches zu verdanken.

Für eine Kontaktaufnahme mit dem Autor, auch in vertraulicher Form, stehen folgende Möglichkeiten zur Verfügung:

Mail: brodkorb@proton.me

Messenger: EFCJ27BX (Threema-ID)

Verschwörungstheoretiker im Auftrag des Staates

Der deutsche Verfassungsschutz ist eine einmalige Einrichtung. In keiner anderen westlichen Demokratie existiert so wie in der deutschen eine Behörde zur Prüfung der politischen Gesinnung ihrer Bürger, um diese – weit vor jeder rechtswidrigen Handlung – öffentlich an den Pranger stellen zu können. Dass es in der noch jungen Bundesrepublik zur Gründung dieser Behörde kam, erscheint im Rückblick zwar verständlich. Denn nach dem Zweiten Weltkrieg gab es noch immer Millionen von nationalsozialistischen Tätern und Mitläufern. Einen präventiven, niedrigschwelligen Verfassungsschutz zu etablieren, mag daher einst aus historischen Gründen verständlich gewesen sein. Aber heute leben wir nicht mehr im Jahr 1949. Die Demokratie ist trotz aller Herausforderungen nicht mehr gefährdet wie einst. Jene Umstände, die seinerzeit zu einem paternalistischen Sonderweg in der westlichen Welt führten, sind heute nicht mehr gegeben.

Das vorliegende Buch will weder die teilweise eklatante Ineffektivität des deutschen Inlandsgeheimdienstes noch seine zahlreichen Skandale aufarbeiten. Es geht also nicht um Fälle wie den, dass erst das Spitzel-System des Verfassungsschutzes im Jahr 2003 das NPD-Verbotsverfahren zu Fall brachte. Die Richter konnten seinerzeit nicht mehr beurteilen, ob die vom Verfassungsschutz vorgelegten Beweise am Ende nicht durch diesen selbst produziert worden waren. Auch die Honorarzahlungen an seine V-Leute, durch die der Verfassungsschutz mit Millionenbeträgen den Aufbau von Neonazi-Strukturen mitfinanziert haben dürfte, sollen nicht thematisiert werden. Ebensowenig werde ich mich damit beschäftigen, dass die Spitzel des Verfassungsschutzes selbst dann vor der Polizei und den Staatsanwaltschaften geschützt werden, wenn sie Straftaten begehen. Auch die Frage, warum der Inlandsgeheimdienst 1978 zwei Kriminelle engagierte, um ein Loch in die Außenmauer eines Niedersächsischen Gefängnisses sprengen zu lassen, ist nicht Gegenstand dieses Buches. Schließlich gehe ich auch nicht der Frage nach, warum es über Jahre hinweg hunderten Sicherheitsbeamten nicht gelang, die Mord-Serie des NSU-Komplexes aufzudecken oder gar zu verhindern. Dies alles ist an verschiedenen Stellen bereits hinlänglich aufgearbeitet worden.[1]

Es geht in diesem Buch allein darum, den Verfassungsschutz auch jenseits aller Skandale als eine für die Demokratie unwürdige Institution zu analysieren. Es bestehen gute Gründe dafür, warum keine andere westliche Demokratie bisher dem deutschen Vorbild gefolgt ist. Das liegt nicht an der Genialität der deutschen Sicherheitsarchitektur. Es liegt an einer grundsätzlichen Fehlkonstruktion, die sich allein durch den Schrecken der Nazi-Diktatur erklären lässt. Der deutsche Inlandsgeheimdienst ist aus der Sicht entwickelter Demokratien jener Geisterfahrer, der sich darüber wundert, warum ihm so viele Fahrzeuge entgegenkommen. Er hat sich von der Lösung eines Problems zu dessen Mitverursacher gemausert. Nicht ohne Grund wurde ihm im Jahre 2016 der »BigBrotherAward« verliehen – für sein »Lebenswerk«.[2]

Die Wahrheit ist eine Lüge

Es ist ein verregneter Tag im Herbst des Jahres 1984. Erneut muss Winston Smith ein und dasselbe historische Dokument korrigieren. Immer wieder verlangt die Partei von ihm, die Geschichte umzuschreiben, weil sich die Gegenwart geändert hat. Immer geht es dabei um den Ruhm der Partei und ihres »Großen Bruders«. Die Geschichte soll rückblickend wie ein Strom erscheinen, der sich logisch und notwendig in die Errungenschaften des

Englischen Sozialismus ergießt. Und dafür haben Mitarbeiter des Wahrheitsministeriums wie Winston Smith zu sorgen.

Aber die Mission ist heikel. Wahrheiten eignen sich als Herrschaftsinstrumente nur, wenn sie geglaubt werden. Das gilt vor allem für die Mitarbeiter des Wahrheitsministeriums selbst, sie dürfen den Wandel der Wahrheiten keinesfalls verraten. Und das geht am besten, wenn sie selbst an ihn glauben. Deshalb kümmert sich die Gedankenpolizei um den Seelenzustand jener, die es an unbedingtem Gehorsam fehlen lassen. Sie soll der Glaubensbereitschaft nachhelfen, notfalls mit Gewalt. Dabei gilt es nicht erst als Verbrechen, wenn jemand verrät, dass die Wahrheit manipuliert wird, sondern schon, wenn er bloß daran denkt, die offensichtliche Lüge könne vielleicht gar nicht die Wahrheit sein. Es sind die nackten Gedanken, die staatlicherseits unter Kontrolle gebracht werden sollen.

In Ozeanien ist man davon überzeugt, dass man die Sprache regulieren muss, um die Gedanken zu kontrollieren. Also wird eine komplett neue Sprache aus der alten extrahiert, das Neusprech (newspeak): »Neusprech sollte den Gedankenspielraum nicht erweitern, sondern *einengen*, und dieser Zweck wurde dadurch unterstützt, daß man die Auswahl an Wörtern auf ein Minimum zusammenstrich.«[3] Es war das ausdrückliche Ziel, dass ketzerische Gedanken »buchstäblich undenkbar« werden sollten, »insoweit wenigstens, als Denken an Worte gebunden ist«[4]. In jedem Jahr wurde der Wortschatz deshalb weiter reduziert, um die bloße Möglichkeit von Gedankenverbrechen aus der Welt zu schaffen. Am Ende sollte jedes Parteimitglied die gewünschten Wahrheiten so automatisch ausspucken können »wie ein Maschinengewehr Kugeln«.[5]

Die Tätigkeit des deutschen Inlandsgeheimdienstes mit Orwells Roman »1984« in Verbindung zu bringen, ist weder neu noch originell. Bereits im Jahre 1976 beschrieb der Psychologe Peter Brückner Parallelen zwischen dem Verfassungsschutz und dem Roman. Aufgabe des Verfassungsschutzes sei es, Gefährder

der Demokratie ausfindig zu machen. Das Dilemma: Gerissene Feinde der Demokratie geben sich als solche nicht unbedingt zu erkennen. Im Stillen zu agieren, nicht fassbar zu sein für staatliche Behörden und die Öffentlichkeit, gilt geradezu als notwendige Erfolgsbedingung des Umsturzes. Also kann es nicht nur darum gehen, rechtswidrige *Handlungen* aufzuspüren und zu bekämpfen. Man muss bereits in deren Vorfeld tätig werden. Die Handlungen sind bloß der Rauch, der auf das Feuer folgt. Es gilt, bereits das Feuer auszutreten. Und das Feuer, das sind die *Gedanken*. Dadurch aber, so Brückner, entstehe eine »Atmosphäre des *universellen Verdachts*«[6]. Im Grunde werde dem Staat so »*jeder* verdächtig«[7].

Der Verdacht auf verfassungsfeindliche Bestrebungen kann schon dadurch entstehen, dass ein unbescholtener Bürger Kontakt zu einem offiziell Verdächtigen unterhält. Wie ein infizierter Staffelstab wird dann der staatliche Verdacht von Bürger zu Bürger weitergereicht. Die sogenannte »Kontaktschuld«[8] ist für den Verfassungsschutz bis heute Anhaltspunkt, um seine Untersuchungsfelder auszuweiten. Ziel der Operation ist es, durch Öffentlichkeitsarbeit die Verdächtigen gesellschaftlich zu isolieren. Wenn man die Existenz von Extremisten schon nicht vollständig verhindern kann, sollen diese und ihr Denken zum Schutze der Demokratie zumindest vom Rest der Gesellschaft abgekapselt werden: »Berührungsfurcht soll sich (…) nicht nur an Personen, Einrichtungen und Aktionen heften, sondern auch an *Begriffe*. Kontaktschuld gibt es (…) auch gegenüber der *Sprache*.«[9] Die Einschränkung des öffentlichen Diskurses ist also das ausdrückliche Ziel der hauptamtlichen Verfassungsschützer, die »Philosophie des Verdachts«[10] ihre DNA.

George Orwells Dystopie aus dem Jahre 1948 ist aktueller, als man gemeinhin denken mag. Denn dort, wo nicht erst rechtswidrige Handlungen zum Anhaltspunkt für Verfassungsfeindlichkeit dienen, sondern bereits angeblich festgestellte antidemokratische »Bestrebungen«, können schnell Grenzen überschritten werden. Der demokratische Rechtsstaat steht dann unweigerlich in Gefahr, regelmäßig an sich selbst und seinen Bürgern Unrecht zu verüben.

Immer dann, wenn jemand ohne schlüssige Beweise und gegen die Realität an einer Unterstellung festhält, nennt der Verfassungsschutz dies eine »Verschwörungstheorie«[11]. Anhänger von Verschwörungstheorien sind für ihn letztlich Menschen mit einem intellektuellen Defekt. Da sich ihre Ambitionen zugleich gegen das demokratische Gemeinwohl richten sollen, tritt ein moralischer hinzu. Beide Bestimmungsmomente haben wissenschaftliche Vorbilder. Eingeführt wurde der Begriff der Verschwörungstheorie im Jahre 1945 durch Karl Popper als »Verweltlichung eines religiösen Aberglaubens«[12]. Echte Verschwörungen müssten aber außerdem zum »Nachteil der Allgemeinheit«[13] betrieben werden. Ihr Motor sei letztlich ein »perfider Plan«[14]. Neben die epistemische Überforderung des Begriffes tritt so eine normative. Bereits die Absprachen der Hitler-Attentäter um Claus Schenk Graf von Stauffenberg könnten so aber gar nicht mehr als (politische) Verschwörung erfasst werden. Das ist offenkundig unplausibel. Dieser auch im Alltagsverständnis etablierte Begriff von Verschwörungstheorie entpuppt sich als rhetorische Floskel zur Markierung einer moralisch überlegenen Erkenntnisposition und führt zu in der Sache unhaltbaren Konsequenzen.

Eine Verschwörung ist stattdessen das zielgerichtete Handeln eines Personenzusammenschlusses auf der Grundlage eines geheimen Planes: »Eine Verschwörungstheorie ist entsprechend der Versuch, (wichtige) Ereignisse als Folge derartiger geheimer Absprachen und Aktionen zu erklären.«[15] Diese strukturell angelegte Definition hat Konsequenzen: Erstens ist der Inlandsgeheimdienst somit selbst dazu verdammt, sich als verschwörungstheoretische Behörde zu betätigen. Ausdrücklich geht es ihm darum, nicht auf »bloße Lippenbekenntnisse«[16] zur Demokratie hereinzufallen, sondern hinter die mitunter »vorgespiegelte Fassade«[17] der Staatsgefährder zu blicken und deren tatsächliche Absichten zu »entschlüsseln«[18]. Das ist kein Defekt, sondern der gesetzliche Auftrag. Verfassungsschützer sind Verschwörungstheoretiker im Auftrag des Staates. Und zweitens müssen Verschwörungstheorien nicht notwendig falsch oder irrational sein. Sie können ein solches Ausmaß an methodischer Komplexität erreichen, dass sie zu echten wissenschaftlichen Theorien aufsteigen. Sie haben dort ihre Berechtigung, wo die Vermutung der Existenz einer Verschwörung als wahr bewiesen werden kann.[19]

Der menschliche Alltag ist in Wahrheit voll von Bündnissen, in denen Personen gemeinschaftlich einen geheimen Plan verfolgen. Verschwörungen sind letztlich ein »typisches soziales Phänomen«[20]. Darunter fällt begrifflich bereits der Fall, dass sich Vater und Mutter zu einer erzieherischen Maßnahme gegenüber ihrem Kind entschließen, die dahinter stehende Absicht aber nicht offenbaren. Auf das Private oder Öffentliche abzielende Verschwörungen weisen zwar bedeutsame Unterschiede auf. Aber dies führt nicht zur Auflösung ihrer begrifflichen Einheit.

Die Aufgabe des Verfassungsschutzes ist es daher, präziser gesprochen, *berechtigte* Verschwörungstheorien über tatsächliche Staatsfeinde zu verfertigen.[21] Unberechtigte Verschwörungstheorien unterscheiden sich von berechtigten dabei entweder durch die erwiesene Falschheit ihrer Unterstellungen oder die anhaltende Nichtnachweisbarkeit ihrer Richtigkeit. Eine Verschwörungstheorie kann somit paradoxerweise unberechtigt sein, obwohl sie wahr ist. Das ist genau dann der Fall, wenn sie nicht als wahr nachweisbar ist.[22] Es ist ein Erkennungsmerkmal unberechtigter Verschwörungstheorien, dass diese an ihren Unterstellungen selbst dann festhalten, wenn sich deren Richtigkeit gerade nicht belegen lässt. Die Verschwörung gilt dann gerade durch Abwesenheit eines Beweises als bewiesen. Wer so argumentiert, befindet sich allerdings »auf halbem Weg zum Wahn«[23].

Berechtigte Verschwörungstheorien sind somit nichts anderes als legitime Hypothesenbildungen zur Erklärung der Welt und unverzichtbares Handwerkszeug auch des Inlandsgeheimdienstes.

Die Beziehung zu dessen Beobachtungsobjekten entpuppt sich allerdings als »mimetische Rivalität«[24]. In dem Versuch, den gerissenen Verfassungsfeind durch noch mehr Gerissenheit zu entschlüsseln und zu übertrumpfen, kann es zur Anverwandlung an das eigentlich zu bekämpfende Objekt kommen. Wird dieser Kipppunkt überschritten und das Feld ungerechtfertigter Verschwörungstheorien betreten, sind wahnhafte Schlussfolgerungen unvermeidlich. Man blickt dann auf eine spezifische déformation professionnelle. Das Grundgesetz verpflichtet die Staatsbürger aber nicht zum angemessenen Gebrauch ihrer Vernunft. Es ist nicht verfassungswidrig, irrational zu agieren oder verrückt zu sein. Genau deshalb aber taugen nicht einmal unberechtigte Verschwörungstheorien als Anhaltspunkte für extremistische Bestrebungen.

Eine unzeitgemäße Behörde

Der Inlandsgeheimdienst deutscher Prägung passt aus doppeltem Grund nicht mehr in die Zeit. Die Demokratie ist trotz aller aktuellen Krisen nicht so labil und gefährdet, wie sie es nach dem Ende des Zweiten Weltkrieges zunächst war. Auch im Jahr 2023 zählen Experten Deutschland zu den erfolgreichsten demokratischen Systemen der Welt.[25] Der Verfassungsschutz aber schwingt sich immer mehr zu einer Sprach- und Gedankenpolizei auf und schreckt dabei auch vor *ungerechtfertigten* verschwörungstheoretischen Methoden nicht zurück. Dies ist immer dann der Fall, wenn er an seiner Verfolgungsabsicht entgegen der Beweislage festhält. Es gibt nachweislich Fälle, in denen der Verfassungsschutz selbst die *Nichtexistenz* von Beweisen zu einem Beweis umdeutet und sich in wahnhaften Operationen verfängt.

Dass diese Einschätzung aus Gründen der Anschaulichkeit zwar zugespitzt, aber in der Sache richtig ist, soll in diesem Buch gezeigt werden. Dazu ist es nötig, zunächst die gesetzliche

Kernaufgabe des Verfassungsschutzes herzuleiten und vor allem die begrifflichen Instrumente der Behörde zu analysieren. An ihnen entscheidet sich, ob der deutsche Inlandsgeheimdienst seinen gesetzlichen Auftrag korrekt abarbeitet oder verfassungswidrig überdehnt. Diese begrifflichen Analysen bietet das erste Kapitel. Grundsätzlich sind dabei alle Kapitel dieses Buches jeweils für sich verständlich. Wer sich der begrifflichen Analyse entziehen will, kann alle anderen Kapitel auch in der jeweils individuell bevorzugten Reihenfolge lesen. Allerdings verzichtet, wer so vorgeht, letztlich auf ein tieferes Verständnis der Materie.

Nach dem ersten Kapitel wird in sechs Fallstudien auch anhand interner Unterlagen des Verfassungsschutzes gezeigt, mit welchen teils manipulativen Methoden die Behörde arbeitet und dabei Ergebnisse fabriziert, die sich rechtsstaatlich kaum noch rechtfertigen lassen. Grenzüberschreitungen betreffen dabei nicht nur die politische Linke (Bodo Ramelow und Rolf Gössner) oder Rechte (Institut für Staatspolitik, Martin Wagener und die AfD). Inzwischen kann aufgrund der Beliebigkeit der Arbeitsbegriffe buchstäblich jeder Bürger Beobachtungsobjekt des deutschen Inlandsgeheimdienstes werden. Dafür genügt im Zweifel schon eine robust formulierte kritische Meinung zum Regierungshandeln. Die Wahrnehmung des Bürgerrechts auf Meinungsfreiheit und Regierungskritik nennt der Inlandsgeheimdienst dann verklausuliert, aber wortgewaltig die »verfassungsschutzrelevante Delegitimierung des Staates« (Kapitel 7). Sie ist der vielleicht größte, weil allumfassendste Skandal in der Geschichte des deutschen Inlandsgeheimdienstes. Von den etablierten Medien wird er indes auf erstaunliche Weise ignoriert.

Die Auswahl der in diesem Buch verhandelten Fallbeispiele hat verschiedene Gründe. Zunächst ist auf ein ausgewogenes Bild des politischen Meinungsspektrums von links bis rechts geachtet worden. Sodann wurden Fälle ausgewählt, die über eine besondere politische Relevanz verfügen. Das betrifft insbesondere die AfD, Schnellroda sowie den Fall »Delegitimierung«. Wo möglich, wurden zudem Fälle ausgewertet, in denen eine höchstrichterliche Rechtsprechung existiert und die Fehlleistungen des Verfassungsschutzes allein deshalb offen zutage liegen (Ramelow und Gössner). Und schließlich kann einer kritischen Prüfung nur das unterzogen werden, was überhaupt bekannt ist. Die meisten Aktivitäten des deutschen Inlandsgeheimdienstes finden naturgemäß im Verborgenen statt. Nur durch Zufall oder dann, wenn der Verfassungsschutz selbst öffentlich das Gefecht eröffnet, werden sie bekannt. In diesem Buch kann daher nur die Spitze des Eisbergs ausgeleuchtet werden. Dass in den Archiven des Inlandsgeheimdienstes noch viele groteskere Fälle schlummern, ist mehr als wahrscheinlich.

Im Schlusskapitel schließlich soll es um die Zukunft des Verfassungsschutzes gehen. Während ich selbst lange ein glühender Anhänger der Behörde war, bin ich heute mit Claus Leggewie und Horst Meier davon überzeugt, dass sie es nicht einmal »verdient, reformiert zu werden«[26]. Der Verfassungsschutz ist kein Teil der Lösung mehr, sondern selbst ein Teil des Problems. Er gehört abgeschafft.

Der Verfassungsschutz als »Kampfinstrument« des demokratischen Verfassungsstaates

Eine kritische Analyse der Arbeit des Verfassungsschutzes kann sich dem Verfassungsrecht und Begriffsanalysen nicht entziehen. Der Schutz der Verfassung ist das Kerngeschäft der Behörde. Ohne zu wissen, was genau der Verfassungsschutz eigentlich verteidigt, kann seine Arbeit nicht verstanden werden. Fehler können sich dann ergeben, wenn die engen Grenzen der Verfassung überschritten werden. Das Dilemma des Verfassungsschutzes besteht dabei darin, dass Verfassungsfeinde ihre Verfassungsfeindlichkeit für gewöhnlich nicht offen bekennen. Keine extremistische Partei wird im Regelfall ohne Not die Abschaffung der Demokratie, die Außerkraftsetzung der Geltung der Menschenwürde oder der Unabhängigkeit der Gerichte fordern. Es sind viel konkretere und scheinbar unverfängliche politische Ziele, die den Inlandsgeheimdienst im Sinne eines Verdachtsmomentes auf den Plan rufen. Es müssen somit über viele Stufen hinweg Interpretationen vorgenommen werden, um die konkreten politischen Forderungen mit abstrakten Verstößen gegen die Verfassung zu verknüpfen. In diesen komplexen logischen Ketten reicht ein einziger kleiner Fehler, um das gesamte Konstrukt zum Einsturz zu bringen. Es bedarf daher einer klaren Begrifflichkeit. Ohne sie gerät das gesamte Interpretationsgefüge zu intellektuellem Brei. Bleiben die Begriffe vage, droht sich der Verfassungsschutz selbst als eine verfassungswidrig arbeitende Behörde zu betätigen. Dann kommt es zu illegitimen Grundrechtseingriffen des Staates gegen unbescholtene Bürger und damit zu einem Schaden am Rechtsstaat.

Von der Klärung der Begriffe hängt im Hinblick auf den Verfassungsschutz daher zwar nicht alles, aber doch Entscheidendes ab.

»Wehrhafte Demokratie« und »präventiver Demokratieschutz«

Der nachrichtendienstliche Sicherheitsapparat der Bundesrepublik Deutschland besteht im Wesentlichen aus drei Institutionen. Der *Bundesnachrichtendienst* (BND) hat die Aufgabe, die Regierung mit wichtigen Informationen über sicherheitsrelevante Geschehnisse im Ausland zu versorgen. Der *Militärische Abschirmdienst* (MAD) überwacht verfassungsfeindliche Bestrebungen, Spionage- und Sabotageaktivitäten innerhalb der Bundeswehr und gegen sie. Und die *Verfassungsschutzämter* (VS) des Bundes und der Länder dienen hauptsächlich der Überwachung der eigenen Bevölkerung.[27] In Paragraf drei des Bundesverfassungsschutzgesetzes sind deren Aufgaben näher spezifiziert. Zu den vier Hauptaufgaben gesellen sich fünf Teilaufgaben.[28]

Ich verzichte darauf, Entstehungsgeschichte, gesetzliche Grundlagen, den gesamten Aufgabenkatalog, die Arbeitsmethoden des Verfassungsschutzes, dessen zahlreiche Skandale sowie regionale Eigenarten erschöpfend darzustellen.[29] Für das Kernanliegen dieses Buches ist dies nicht nur entbehrlich, es wäre auch unnützer Ballast. Hier geht es nur um ein einziges Thema, nämlich die Hauptaufgabe des Verfassungsschutzes im engeren Sinne. Im diesbezüglichen Gesetz heißt es hierzu, die Aufgabe der Verfassungsschutzämter sei »die Sammlung und Auswertung von Informationen, insbesondere von sach- und personenbezogenen Auskünften, Nachrichten und Unterlagen« und zwar über »Bestrebungen, die gegen die freiheitliche demokratische Grundordnung (…) gerichtet sind (…).«[30]

Eine solche oder auch nur ähnliche Aufgabenbeschreibung für einen Inlandsgeheimdienst findet sich in keinem anderen westlichen Industrieland. Zumindest darin sind sich Anhänger wie Kritiker des Verfassungsschutzes einig:[31] »Nirgendwo sonst in Europa konzentriert sich die nachrichtendienstliche Berichterstattung so sehr auf extremistische ›Bestrebungen‹, nirgendwo sonst geht die Berichterstattung so weit in die ›Vorbereitung‹ gewaltfreier Aktivitäten, nirgendwo sonst werden die veröffentlichten Berichte so ausführlich diskutiert, und nirgendwo sonst haben sie so große Auswirkungen auf die Praxis des Demokratieschutzes.«[32] Während sich die Inlandsgeheimdienste westlicher Demokratien für gewöhnlich darauf konzentrieren, gegen politisch motivierte Straf- und Gewalttaten vorzugehen, weist der deutsche Verfassungsschutz zwei Besonderheiten auf: *Erstens* darf er nur Informationen sammeln, auswerten und unter besonderen Voraussetzungen veröffentlichen. Er selbst verfügt im Unterschied zum Bundesverfassungsgericht und zu anderen staatlichen Behörden über keine weiteren Eingriffsmöglichkeiten.[33] Er darf also tatsächliche oder angebliche Verfassungsfeinde zum Beispiel weder anklagen noch verhaften. Er scheint im Grunde ein machtloses staatliches Instrument zu sein. Und *zweitens* richtet sich die Tätigkeit des Verfassungsschutzes ausdrücklich *nicht* gegen rechtswidriges Handeln. Er soll vielmehr seit seiner Gründung Informationen über bloße »Bestrebungen« sammeln und auswerten und damit im Sinnes eines »präventiven Demokratieschutzes«[34] weit im Vorfeld strafbarer Handlungen tätig werden. Und das gibt es in dieser Form in der Tat in keiner anderen westlichen Demokratie: Staatsverfolgung ohne Straftat und auf mehr oder weniger begründeten Verdacht hin.

Als Bestrebungen gelten gemäß geltender Rechtslage dabei vor allem »politisch bestimmte, ziel- und zweckgerichtete Verhaltensweisen in einem oder für einen Personenzusammenschluß«[35], also eine Organisation. Jedes *zielgerichtete* Handeln setzt bei dessen Trägern aber eine bestimmte, zumindest rudimentäre Ideologie voraus. Nur diese kann einer Betätigung zweckgerichtete Dauerhaftigkeit verleihen und sie so zu einer tatsächlichen

Bestrebung machen. Der Verfassungsschutz ist aufgrund seines präventiven Auftrags dabei dazu gezwungen, aus bloßen Indizien auf »Bestrebungen« von vermeintlichen Verfassungsfeinden und damit auf das zu schließen, was diese in Zukunft vielleicht tun *könnten*. Es muss also nicht einmal der Status einer objektiven Gefahr erreicht sein, damit er tätig werden kann und muss. Es reicht bereits der »begründete Verdacht einer Gefahr«[36] hin. Ob ein Beobachtungsobjekt des Verfassungsschutzes aber tatsächlich eine verfassungsfeindliche »Bestrebung« verfolgt oder nicht, weiß dieses mit Gewissheit am Ende nur selbst. Keine noch so raffinierte Behörde ist in der Lage, in menschliche Seelen zu blicken.

Genau dieses Erkenntnisproblem macht die Arbeit des deutschen Inlandsgeheimdienstes so fehleranfällig. Er ist von Gesetzes wegen dazu verpflichtet, bereits aus Meinungsäußerungen, Personenkontakten und gewissen Handlungen auf angebliche oder tatsächliche Umsturzbestrebungen zu schließen. Das macht »den bloßen politischen Verdacht zur allgemeinen Geschäftsgrundlage des Verfassungsschutzes.«[37] Die »Bestrebungen«, die er registriert, sind keine objektiven Tatsachen, sondern mehr oder weniger gut begründete behördliche Konstruktionen mit prognostischem Charakter. Schießen die zuständigen Mitarbeiter hierbei über das Ziel hinaus, kann aus einem scheinbar begründeten Verdacht auch schnell eine haltlose Unterstellung werden.

Diese international einmalige Konstruktion hat historische Gründe. Die Mütter und Väter des Grundgesetzes hielten es nach der Nazi-Diktatur für erforderlich, einen präventiv arbeitenden Inlandsgeheimdienst zu errichten, um die junge Demokratie vor ihren Gegnern effektiv schützen zu können. Zugrunde lag dem die Überlegung, dass sich »jener nicht auf die Grundrechte berufen« dürfe, »der von ihnen Gebrauch machen will zum Kampf gegen die Demokratie und die freiheitliche Grundordnung.« Der SPD-Abgeordnete Carlo Schmid nannte dies im Jahre 1948 die »immanente Schranke«[38] der Grundrechte. Die Verfassung sollte sich im Sinne einer »wehrhaften Demokratie« stets gegen ihre Feinde zur Wehr setzen können: »Wehrhafte Demokratie bedeutet nichts anderes als die Inanspruchnahme des Rechts auf Selbstverteidigung durch den demokratischen Staat.«[39] Als Folge dieser Überzeugung wurde in Artikel 87 des Grundgesetzes die Rechtsgrundlage für die Errichtung eines Inlandsgeheimdienstes geschaffen. Ihn tatsächlich zu gründen, war dabei eine bloße Möglichkeit und ausdrücklich keine Rechtspflicht. Aber die Mütter und Väter des Grundgesetzes wollten sich dabei zugleich strikt von der Nazi-Vergangenheit Deutschlands abgrenzen und keine zweite *Geheime Staatspolizei* (Gestapo) mit weitreichenden exekutiven Befugnissen schaffen. Dies ging auch zurück auf entsprechende Anforderungen der Alliierten. Im »Schreiben der Militärgouverneure zum Grundgesetz« vom 14. April 1949 heißt es ausdrücklich, die Einrichtung einer Stelle zur Sammlung von Informationen über umstürzlerische Tätigkeiten »soll keine Polizeibefugnis haben«.[40] Auch durch dieses »Trennungsgebot« entstand ein scheinbar stabiler Kompromiss zwischen Sicherheit und Freiheit. Die gesetzliche Bestimmung, bereits »Bestrebungen« und nicht erst rechtswidrige Handlungen von Bürgern in den Blick zu nehmen, war der Versuch, einen entscheidenden Fehler der Weimarer Republik nicht zu wiederholen: das viel zu zögerliche Einschreiten gegen die Feinde der Demokratie. Dem Inlandsgeheimdienst zugleich weitreichende exekutive Funktionen zu versagen, wurde ausgleichend als Schutz vor der Errichtung eines Polizeistaates verstanden: »Weil die Polizei vergleichsweise enge Ermittlungsspielräume hat, darf sie sehr weitgehende Mittel einsetzen. Weil hingegen die deutschen Nachrichtendienste sehr weitgehende Ermittlungsspielräume haben, sind ihnen ›polizeiliche Befugnisse‹ gerade versagt.«[41]

»Politischer Pranger des Informationszeitalters«

Rudolf van Hüllen und Thomas Grumke, zwei ehemalige Mitarbeiter des Verfassungsschutzes, beklagen vor diesem Hintergrund den Wust an bürokratischen Vorschriften. Sowohl das Recht auf informationelle Selbstbestimmung und damit den Datenschutz als auch das Trennungsgebot halten sie für wesentliche Hemmnisse in dessen Arbeit. Verteidigend stellen sie fest: »Der Extremismus soll weder ›ausgerottet‹, noch verboten werden (...). Er soll in erster Linie transparent gemacht werden und es sollen belastbare Daten über seine Gefährdungspotenziale erhoben werden – notfalls auch gegen den Willen der Extremisten. Diese Hauptaufgabe der Verfassungsschutzbehörden ist weit weniger ›repressiv‹, als den Behörden von ihren Gegnern üblicherweise unterstellt wird.«[42] Was hier so selbstbewusst daherkommt, ist ein Teil des Problems. Während die rechtlichen Grundlagen und die tatsächliche Arbeit der Verfassungsschutzbehörden ganz ausdrücklich in der bloßen Sphäre des mehr oder weniger gut begründeten Verdachts verharren, steht für Grumke und van Hüllen immer schon fest, dass sich der Inlandsgeheimdienst bloß um *tatsächliche* Extremisten kümmert. Eine folgenschwere Fehleinschätzung.

Zusätzlich spielen sie den repressiven Charakter des Verfassungsschutzes herunter.[43] Unter einer »repressiven« Funktion verstehen sie ausdrücklich bloß Maßnahmen wie Verbote von Organisationen oder die Strafverfolgung. Tatsächlich kann der Verfassungsschutz niemanden verhaften, einsperren, anklagen oder mit Ordnungsmaßnahmen überziehen. Aber er hat eine mächtige Waffe. Er unterrichtet nicht nur die Regierung und staatliche Behörden über seine Erkenntnisse, sondern gemäß Paragraf 16 Bundesverfassungsschutzgesetz »mindestens einmal jährlich in einem zusammenfassenden Bericht«[44] auch die Öffentlichkeit. Das ist kein bloßes Recht des Inlandsgeheimdienstes, sondern dessen Pflicht. Und genau hier beginnt das Problem. Es berührt den Kern der repräsentativen Demokratie.

In der deutschen Verfassungsordnung ist die Quelle legitimer politischer Herrschaft nicht der Staat, sondern das Volk. Die Mütter und Väter des Grundgesetzes gingen wie selbstverständlich davon aus, dass die Staatsbürger über *vorstaatliche* Rechte verfügen, die sie bloß treuhänderisch in die Hände des Staates legen.[45] Die Grundrechte sind im Kern deshalb auch keine Handlungsverpflichtungen der Bürger, sondern umgekehrt deren Abwehrrechte *gegen* den Staat. Es bedarf »in der freiheitlichen Demokratie (…) der hoheitliche Eingriff in ein Grundrecht der Rechtfertigung; nicht ist umgekehrt die Ausübung von Grundrechten rechtfertigungsbedürftig«[46]. Sie sollen als unmittelbar geltendes Recht verhindern, dass der Treuhänder seine Macht missbraucht. Die auf der Volkssouveränität aufbauende Herrschaftsordnung ist in Deutschland dabei als repräsentative Demokratie ausgestaltet. Die meisten Wahlbürger sind darauf beschränkt, in regelmäßigen Abständen darüber zu befinden, wer sie im Parlament vertreten soll. Mit diesem Mechanismus treten souveränes Volk und Herrschende symbolisch und faktisch auseinander und drohen sich voneinander zu entfremden. Aus Gründen der dauerhaften Legitimität und damit letztlich der Stabilität des politischen Systems müssen deshalb Kommunikationsräume zwischen Volk und Herrschenden existieren, deren Gesamtheit wir »Öffentlichkeit« nennen. Sie dient einerseits der Kontrolle der Herrschenden durch den eigentlichen Souverän und andererseits der argumentativen Einflussnahme der Herrschenden auf den Volkswillen und umgekehrt. Es handelt sich um ein Wechselstromverfahren, das die beiden auseinanderstrebenden Teile zusammenhalten soll.

Den Mitgliedern des Parlamentarischen Rates war diese demokratietheoretisch wie -praktisch herausragende Stellung der Öffentlichkeit noch vollauf bewusst. Erneut war es der Abgeordnete Carlo Schmid, der in der sechsten Sitzung des Parlamentarischen Rates vom 20. Oktober 1948 dafür die passenden Worte fand. Parlamentarische Demokratie bedeute nämlich nicht »nur Abstimmung zur Feststellung der Majoritäten, sondern bedeutet

Diskussion und Öffentlichkeit (...). Ohne Öffentlichkeit fehlt der besten sachlichen Arbeit die Weihe und die Legitimität demokratischer Geburt. Auch Kabinettspolitik kann zu guten sachlichen Ergebnissen führen, nur ist sie eben keine Demokratie.«[47] Ohne funktionierende Öffentlichkeit ist legitime repräsentative Herrschaft unter den Bedingungen der Volkssouveränität denk-unlogisch.[48]

Diese Erkenntnis scheint sich ausgerechnet im 21. Jahrhundert und damit im Zeitalter allumfassender digitaler Öffentlichkeit verflüchtigt zu haben. Als der französische Politiker und Publizist Alexis de Tocqueville Mitte des 19. Jahrhunderts seine Eindrücke aus einer Amerika-Reise zu Papier brachte, war das noch anders. Er machte eindringlich darauf aufmerksam, dass es keiner gewaltsamen staatlichen Tyrannei bedarf, um Menschen zu Aussätzigen zu machen: »Ketten und Henker sind die groben Werkzeuge, mit denen die Tyrannei vorzeiten arbeitete; heutzutage aber hat die Zivilisation sogar den Despotismus noch vervollkommnet, (...). Der Machthaber sagt hier nicht mehr: ›Du denkst wie ich, oder du stirbst‹; er sagt: ›Du hast die Freiheit, nicht zu denken wie ich; Leben, Vermögen und alles bleibt dir erhalten; aber von dem Tage an bist Du ein Fremder unter uns. Du wirst dein Bürgerrecht behalten, aber es wird dir nicht mehr nützen (...). Du wirst weiter bei den Menschen wohnen, aber deine Rechte auf menschlichen Umgang verlieren. (...) Gehe hin in Frieden, ich lasse dir das Leben, aber es ist schlimmer als der Tod.‹«[49] Was Tocqueville seinerzeit als Gefahr beschrieb, deckt sich von der Intention her nicht nur mit Auftrag und Arbeitsweise des deutschen Inlandsgeheimdienstes, sondern hat durch den multiplen Strukturwandel der Öffentlichkeit dramatisch an Bedeutung gewonnen.[50] Sie ist jenes Instrument, ohne das soziale Isolation nicht möglich ist. Erst die nachhaltige Beschädigung des öffentlichen Rufes führt zum Verlust des gewohnten menschlichen Umgangs.

Zuerst entstanden im 20. Jahrhundert Massenmedien, die die Eingriffsbreite und -tiefe der Öffentlichkeit historisch auf ein neues Niveau gehoben haben. Sie breitete sich wie ein Krake aus und kroch mit Hilfe von Fernsehen und Radio selbst in die entlegensten Winkel der Republik. Mit der Erfindung des Internets und seiner Weiterentwicklung zu einem sozialen Netzwerk wurde die Öffentlichkeit schließlich so uferlos, dass die Grenzen zwischen dem Öffentlichen und dem Privaten nicht nur fließend wurden, sondern nahezu verschwanden. Heute können auch noch so private Informationen oder Fehlleistungen in Sekundenschnelle zu einer öffentlichen Tatsache werden und im Zweifel zur sozialen Vernichtung führen.

Man muss sich diese Tatsachen vor Augen halten, wenn man das einzig wirksame Instrument des Verfassungsschutzes, die Information der Öffentlichkeit, unter demokratietheoretischen wie -praktischen Aspekten angemessen beurteilen will. Der Verfassungsrechtler Dietrich Murswiek hat auf die diesbezügliche Macht des Verfassungsschutzes eindringlich aufmerksam gemacht. Gerade weil moderne Demokratien aus historischen wie technischen Gründen Gesellschaften mit allumfassenden Öffentlichkeiten sind, kann die Informationsarbeit des Verfassungsschutzes schärfere Einschnitte in das Leben von Menschen hervorrufen als ordnungs- oder gar strafrechtliche Maßnahmen. Murswiek spricht im Zusammenhang mit dem Informationsauftrag des Verfassungsschutzes daher auch nicht ohne Grund von einem »politischen Pranger des Informationszeitalters« oder einem »Schandpfahl der aufgeklärten demokratischen Gesellschaft«[51]. Die öffentliche und vom Staat veranlasste Einschätzung, eine Person sei »extremistisch«, führe zur Ausgrenzung dieser Person und ihrer Meinung aus der Öffentlichkeit. Sie könne den Verlust des Arbeitsplatzes zur Folge haben, zur weitreichenden gesellschaftlichen Isolierung führen usw. Murswiek kommt zu dem Ergebnis: »Die amtliche Einstufung einer Person oder Organisation als ›extremistisch‹ und die öffentliche Verkündigung dieser Einstufung sind wegen der einschneidenden Folgen für die Betroffenen die Zufügung eines Übels, das sich mit einer Kriminalstrafe durchaus vergleichen läßt. Sie ist keine solche, belastet die Betroffenen aber unter Umständen viel schwerer, als dies etwa eine Geldstrafe oder eine zur Bewährung ausgesetzte Freiheitsstrafe tun würde.«[52] Angesichts dieser Tatsachen die repressive Funktion des Inlandsgeheimdienstes herunterzuspielen oder gar ganz zu bestreiten, ist nur möglich, wenn man die fundamentale Bedeutung der Öffentlichkeit für das Funktionieren der zeitgenössischen Demokratie sowie deren uferlose Ausbreitung in Zeiten des Internets mindestens unterschätzt.[53]

Innerstaatliche Feinderklärung in Verrufsabsicht

Im Unterschied zu Verwaltungsakten des Staates weisen die Interventionen des Verfassungsschutzes eine bemerkenswerte Besonderheit auf. Eigentlich gehört es zu den Grundsätzen der Rechtsstaatlichkeit, dass von staatlichen Maßnahmen Betroffene zuvor ein Recht auf Anhörung haben. Dies dient unter anderem dem Zweck zu überprüfen, ob die vom Staat angenommenen Sachverhalte zutreffend sind oder nicht, und so zu einer sachgerechten Entscheidung zu gelangen. Anders ist es hingegen beim Verfassungsschutz. Vor Veröffentlichung entsprechender Einschätzungen über Personen oder Organisationen werden diese nicht angehört. Sie haben nicht einmal das Recht, vollumfänglich Einsicht in die sie belastenden Akten zu nehmen.[54] Letztlich bleibt allein die Möglichkeit, sich nach Eintreten des Schadens an Gerichte zu wenden und einen meist viele Jahre andauernden Rechtsstreit zu beginnen. Wer dieses Risiko und die damit verbundenen Kosten scheut, ist den Maßnahmen und Einschätzungen des Verfassungsschutzes ausgeliefert.

Die durch die Maßnahmen des Verfassungsschutzes eintretenden Folgen sind keine Kollateralschäden, die sich zugunsten höherer Zwecke nicht vermeiden ließen. Sie sind durch und durch beabsichtigt. Nicht umsonst spricht der Verfassungsschutz allenthalben von »Verfassungsfeinden«. Er ist jene staatliche Behörde, die innerstaatliche Feinderklärungen auszusprechen beansprucht.[55] Ausdrücklich schließen sich Thomas Grumke und Rudolf van Hüllen der von Jürgen Seifert eigentlich kritisch gemeinten Einschätzung an, der Verfassungsschutz betreibe letztlich »hoheitliche Verrufserklärung«[56]. Es geht also wortwörtlich darum, die Betroffenen öffentlich in Verruf zu bringen, sie auszugrenzen und zu isolieren, um ihren politischen und gesellschaftlichen Wirkungsgrad auf diese Weise zu minimieren: »Mit einem Feind diskutiert man nicht; man bekämpft ihn. Dies ist nicht nur die faktische Wirkung der Erwähnung einer Organisation im Verfassungsschutzbericht; es ist ihre beabsichtigte Funktion.«[57] Oder wie der Verfassungsschutz Sachsen-Anhalt sich selbst ausdrückt: »Die Verfassungsschutzbehörde informiert mit (…) (ihrem, M. B.) Bericht nicht einfach nur die Öffentlichkeit, sondern will die darin erwähnten extremistischen Bestrebungen bewusst aus der gleichberechtigten Teilhabe an der politischen Meinungsbildung ausgrenzen.«[58] Die Berichte der Verfassungsschutzbehörden richten sich also nicht in erster Linie an die tatsächlichen oder vermeintlichen Extremisten, sondern als Warnung an die »informierte Öffentlichkeit«[59].

Das hat eine kuriose Pointe. Für gewöhnlich gilt den Verfassungsschützern jegliche Bezugnahme auf den Juristen Carl Schmitt als Indiz für eine möglicherweise verfassungsfeindliche Position. Er fungiert geradezu als Zeigerpflanze für extremistische Bestrebungen.[60] Das hat auch damit zu tun, dass Schmitt für den Begriff des Politischen die »Unterscheidung zwischen *Freund* und *Feind*«[61] für maßgeblich hält. Er führt hierzu aus: »Feind ist nur eine wenigstens eventuell, d. h. der realen Möglichkeit nach *kämpfende* Gesamtheit von Menschen, die einer ebensolchen Gesamtheit gegenübersteht. Feind ist nur der öffentliche Feind.«[62] Erst indem der Verfassungsschutz durch seine Berichte öffentliche Feinde fabriziert, kann er die Gruppe der Nicht-Feinde mit Hilfe der medialen Öffentlichkeit gegen sie mobilisieren.

Der Verfassungsschutz und der demokratische Verfassungsstaat betreiben also selbst Politik als innerstaatliche Feindsetzung. Das ist ein wesentlicher Bestandteil der »wehrhaften Demokratie«, aber nur der erste Schritt. Der zweite soll sich anschließen: »Die Verfassungsschutzbehörden erwarten von allen Bürgern, daß sie sich an der Ausgrenzung der Verfassungsfeinde beteiligen. Ausgrenzung, gesellschaftliche Isolierung, Boykott können von den Verfassungsschutzbehörden nicht selbst vorgenommen werden. Sollen die Extremisten wirksam aus dem politischen Leben ausgeschlossen werden, dann bedarf es der Mitwirkung der gesamten Gesellschaft, in erster Linie der Medien (…).«[63] Als Bundeskanzler Gerhard Schröder am 4. Oktober 2000 den »Aufstand der Anständigen«[64] ausrief, meinte er damit genau das. Und genau dasselbe meinte auch Verfassungsschutzpräsident Thomas Haldenwang, als er im Umfeld der Vorstellung des Verfassungsschutzberichtes 2022 öffentlich bekannte, es sei nicht allein seine Aufgabe, die Umfragewerte der AfD zu drücken. Dazu müssten schon alle Bürger nach Kräften beitragen.[65]

Es kommt noch eine weitere Besonderheit hinzu, die sich rechtsstaatlich kaum rechtfertigen lassen dürfte. Voneinander zu unterscheiden sind der *Prüffall*, der *Verdachtsfall* und *gesichert extremistische Bestrebungen.* Letztere werden in der medialen Berichterstattung und der Literatur auch häufig als *»Beobachtungsfall«* bezeichnet. Zu einem Prüffall können Personen oder Organisationen werden, wenn aufgrund öffentlich zugänglicher Quellen der Verdacht besteht, es könnte sich um extremistische Bestrebungen handeln. Häufen sich entsprechende Vorkommnisse, wird der Prüffall zum Verdachtsfall hochgestuft, »dauerhaft aktenkundig gemacht«[66] und weiter beobachtet. Ab sofort können auch nachrichtendienstliche Instrumente wie das Abhören von Telefonaten in Anwendung gebracht werden. Verdichten sich die Erkenntnisse aus Sicht des Verfassungsschutzes bis hin zur Gewissheit, wird der entsprechende Fall zu einer *erwiesen extremistischen Bestrebung* (Beobachtungsfall) erklärt. Das Problem ist: Der Verfassungsschutz beschränkt sich nicht darauf, bloß über aus seiner Sicht eindeutige Beobachtungsfälle zu berichten. Bereits seit Jahrzehnten tut er dies bereits bei Verdachtsfällen. In diesen Fällen glaubt nicht einmal er selbst, über ausreichende Belege für erwiesenermaßen extremistische Bestrebungen zu verfügen. Mit Übernahme der Leitung des Bundesamtes für Verfassungsschutz durch Thomas Haldenwang ging dieses noch einen Schritt weiter und berichtete sogar über bloße Prüffälle.[67] Stoppen ließ sich der deutsche Inlandsgeheimdienst letztlich nur durch ein Gericht.[68]

Radikalismus und Extremismus: Begriffliche Konfusionen

Die Probleme des deutschen Verfassungsschutzes beginnen bei den Begriffen. Seit seiner Gründung ist er nicht in der Lage, präzise über seine Entscheidungskriterien Rechenschaft abzulegen. Ausgerechnet die Feinderklärung fällt überaus schwammig aus, obwohl sie die Basis für sämtliche Aktivitäten des Verfassungsschutzes im Bereich der Extremismusbekämpfung darstellt. Die ohnehin bestehenden rechtlichen Probleme steigern sich hierdurch ein weiteres Mal.

Konkret geht es dabei um den Begriff des *Extremismus*. Mit ihm sollen die Verfassungsfeinde präzise und rechtssicher vom Rest der Gesellschaft unterschieden werden. Dabei wirkt es zunächst kurios, dass das Verfassungsschutzrecht den Begriff des Extremismus im definitorischen Sinne schlicht nicht kennt. In keinem einschlägigen Gesetz ist davon überhaupt die Rede.[69] Es handelt sich bloß um einen »*Arbeitsbegriff* von Verwaltungsbehörden«[70]. Gemeint ist mit ihm die Gegnerschaft gegenüber der freiheitlichen demokratischen Grundordnung (fdGO).

Verwendet wird das Wort »Extremismus« vom Verfassungsschutz zur Kennzeichnung von Verfassungsfeinden in einem strikten Sinne dabei erst seit Mitte der 1970er Jahre.[71] Zuvor wurde zu diesem Zweck nicht präzise zwischen »Extremismus« und »Radikalismus« unterschieden. Erst unter Bundesinnenminister Werner Maihofer (FDP) traten ab dem Jahr 1974 relevante Änderungen ein. Er stellte dem Verfassungsschutzbericht für das Jahr 1973 ein bemerkenswertes Vorwort voran. In diesem vermied er im Unterschied zum eigentlichen Bericht das Wort »radikal« vollständig und sprach stattdessen konsequent von »extremistisch«[72]. Die begriffliche Inkohärenz in einer für den Staat so wichtigen Publikation blieb für den Leser dabei unverständlich. Ein weiteres Jahr später sollte diese sich auflösen. Der Rechtsprofessor griff offenbar persönlich zur Feder und stellte dem Verfassungsschutzbericht für das Jahr 1974 ein ungewöhnlich umfangreiches und rechtstheoretisch ausgreifendes Vorwort voran. Den begrifflichen Wandel von »radikal« zu »extremistisch« in der Behördensprache begründete er dabei wie folgt: »Der Begriff ›extremistisch‹ trägt (…) der Tatsache Rechnung, dass politische Aktivitäten oder Organisationen nicht schon deshalb verfassungsfeindlich sind, weil sie eine bestimmte, nach allgemeinem Sprachgebrauch ›radikale‹, das heißt, eine bis an die Wurzel einer Fragestellung gehende Zielsetzung haben. Sie sind ›extremistisch‹ und damit verfassungsfeindlich im Rechtssinne nur dann, wenn sie sich gegen den (…) Grundbestand unserer freiheitlich rechtsstaatlichen Verfassung richten.«[73] Fortan galten dem Verfassungsschutz die von ihm beobachteten Verfassungsfeinde konsequent als »Extremisten« und nicht mehr als »Radikale«.

Auch knapp 50 Jahre nach dem Definitionsversuch ist es allerdings nicht gelungen, diese begriffliche Unterscheidung gesellschaftlich zu verankern. Ein detaillierter Nachweis darüber, dass Deutschland seit Jahrzehnten in extremismus-terminologischer Verwirrung lebt, muss hier ob der Fülle des möglichen Beweismaterials unterbleiben. Ein besonders anschauliches Beispiel sei aber dennoch stellvertretend für alle gegeben. Am 9. November 2018 hielt Bundeskanzlerin Angela Merkel auf der Zentralen

Gedenkveranstaltung zum 80. Jahrestag der »Reichspogromnacht« in Berlin eine Rede und sagte wortwörtlich: »Der Staat muss entschlossen und konsequent gegen Verunglimpfung, Ausgrenzung, Antisemitismus, Rassismus und Rechtsradikalismus vorgehen.«[74] Während der Verfassungsschutz also unablässig dafür argumentierte, dass der politische Radikalismus legitim und »von der freiheitlichen demokratischen Grundordnung geschützt«[75] sei, erklärte die Bundeskanzlerin der Bundesrepublik Deutschland öffentlich, den politischen Radikalismus von rechts »entschlossen und konsequent« bekämpfen zu wollen. Nähme man ernsthaft an, beide meinten mit »Radikalismus« tatsächlich dasselbe, hätte Merkel fortan zumindest ein »Prüffall« für den Verfassungsschutz gewesen sein können.[76] Nicht einmal die Bundeskanzlerin wusste damals, wovon sie eigentlich sprach.

Entscheidend ist die Tatsache, dass bei Maihofer und gemäß geltendem Recht zur Feststellung einer extremistischen Bestrebung zwei Faktoren zusammenkommen müssen. Hauptsächlicher Anknüpfungspunkt sind tatsächliche »Bestrebungen« gegen schutzwürdige Verfassungsgrundsätze und/oder -institutionen. Eine Bestrebung setzt zielgerichtetes und damit absichtsvolles Handeln voraus. Ohne eine ebenfalls gegen den Kern der Verfassung gerichtete Ideologie ist das nicht möglich. Allerdings bleibt die verfassungsfeindliche Ideologie bloß die notwendige Bedingung, um verfassungsschutzrechtliche Maßnahmen einzuleiten. Wird die hinreichende Bedingung, also eine aktive, zielgerichtete Betätigung gegen die freiheitliche demokratische Grundordnung, nicht zugleich erfüllt, liegt der Tatbestand des Extremismus objektiv *nicht* vor. Es muss immer beides zugleich gegeben sein: eine *verfassungsfeindliche* Ideologie und ein *deshalb* gegen den Kernbestand der Verfassung gerichtetes und damit *verfassungsfeindliches Handeln*.

Es ist auch der Fall möglich, dass sich das politische Denken einer Person inhaltlich zwar absichtsvoll gegen den Kernbestand der Verfassung richtet, sie aber keinerlei Aktivitäten unternimmt, um diesen Kernbestand zu beschädigen oder zu überwinden. Deutschlands Stammtische könnten dafür zahllose Beispiele zutage fördern. In diesen Fällen handelt es sich im verfassungsschutzrechtlichen Sinne nicht um Fälle von Extremismus. Sanktionen wie die Veröffentlichung in einem Verfassungsschutzbericht oder die Aberkennung von Grundrechten wären rechtlich unzulässig und die betreffenden Personen zwar dem Denken, nicht aber dem Handeln nach Verfassungsfeinde: »Der Verfassungsstaat fordert keinen staatsfreundlichen Gebrauch der Freiheit, sondern nur formalen Rechtsgehorsam; äußerlich legales Verhalten genügt.«[77]

Verfassungsschutzrechtlich kommt es nur darauf an, ob eine Person oder Organisation aufgrund eines bestimmten Denkens auch ein zielgerichtetes Handeln entfaltet und deshalb eine tatsächliche Gefahr für die verfassungsmäßige Ordnung darstellt oder nicht. Dies hätte selbst für Adolf Hitler gegolten, wenn er den Zweiten Weltkrieg überlebt hätte, und sein Denken zwar nicht verändert, aber sämtliche politische Aktivitäten eingestellt hätte. Im rechtlich präzisen Sinne wäre dann selbst Hitler nur ein *potenzieller* Verfassungsfeind gewesen, aber kein Extremist. Der staatliche Versuch, bereits bloße Gedanken zu kontrollieren, wäre vielmehr das typische Erkennungsmerkmal einer totalitären, antidemokratischen Staatsordnung.

Der deutsche demokratische Rechtsstaat kennt also eine Gesetzesbefolgungs-, aber keine Verfassungstreuepflicht, außer bei Beamten: »Das Grundgesetz baut zwar auf Werteloyalität, kennt aber keine Pflicht zu verfassungskonformen Überzeugungen, Meinungen oder Gedanken und erzwingt keine Werteloyalität, sodass der Schutz durch die Verfassungsordnung auch dem zukommt, der die der Verfassung zugrunde liegenden Wertsetzungen nicht teilt.«[78] Es ist also nicht nur selbstverständlich erlaubt, die Verfassung in jenen Punkten nach Lust und Laune zu kritisieren (und zu ändern), die nicht unter die so genannte Ewigkeitsgarantie des Grundgesetzes nach Artikel 79 Absatz 3 fallen. Es ist ebenso erlaubt und legitim, die Verfassung sogar in ihrem Kernbestand gedanklich infrage zu stellen. Allein dies begründet noch nicht den Tatbestand des Extremismus: »Die Schwelle zum Extremismus ist (...) erst dann überschritten, wenn eine Bestrebung nach ihren Zielen oder dem Verhalten ihrer Anhänger darauf gerichtet ist, die freiheitliche demokratische Grundordnung zu beeinträchtigen beziehungsweise zu beseitigen oder den Bestand und die Sicherheit der Bundesrepublik Deutschland zu gefährden. Es reicht nicht aus, wenn die Bestrebung die freiheitliche demokratische Grundordnung lediglich nicht anerkennt oder diese ablehnt.«[79] Die Unterscheidung zwischen der Gesetzesbefolgungs- und der Verfassungstreuepflicht ist dabei auch eine Folge des rechtsstaatlichen Grundsatzes der Verhältnismäßigkeit: Der Rechtsstaat darf in die Lebensverhältnisse, vor allem in Grundrechte, nur dort und nur in dem Maße eingreifen, wo und wie dies erforderlich *und* zweckmäßig ist. Der Grundsatz der Verhältnismäßigkeit gilt selbst dort, wo eine extremistische Bestrebung tatsächlich als erwiesen gilt. Das Bundesverfassungsgericht stufte die NPD im Jahre 2017 zwar als nachweislich rechtsextremistisch ein, verbot sie aber dennoch nicht. Da sie ihm als zu schwach erschien, die freiheitliche demokratische Grundordnung tatsächlich gefährden zu können, hielt sie ein Verbot für unverhältnismäßig. So paradox es daher auch klingen mag: Verfassungsfeindliches Denken ist durch das Grundgesetz ausdrücklich gedeckt. Es darf nur nicht zu einem (aussichtsreichen) Handeln gegen das Grundgesetz führen.[80]

Kombiniert man unter diesen Voraussetzungen die Merkmale Ideologie und Handeln, ergibt sich daraus folgende Fallkonstellation, wobei ausschließlich der letzte Fall ein Arbeitsauftrag für den Verfassungsschutz ist:

- *Demokratischer Normalfall:* Man kann politisch handeln, ohne sich dabei gegen den Kernbestand der Verfassung zu richten und zugleich weltanschaulich auf dem Boden des Grundgesetzes stehen. Hierunter fallen sowohl »gemäßigte« als auch »radikale« Demokraten.

<table>
<tr><td colspan="2" rowspan="2"></td><td colspan="2">Ideologie</td></tr>
<tr><td>demokratisch</td><td>antidemokratisch</td></tr>
<tr><td rowspan="3">Handeln</td><td rowspan="2">aktiv</td><td rowspan="2">Radikale und gemäßigte Demokraten</td><td>Manifester Extremismus im verfassungsschutzrechtlichen Sinne</td></tr>
<tr><td>nicht beabsichtigte Verfassungswidrigkeit</td></tr>
<tr><td>inaktiv</td><td>Radikale und gemäßigte Demokraten</td><td>Latenter Extremismus</td></tr>
</table>

Übersicht 1: Politische Handlungs- und Einstellungstypen nach den verfassungsschutzrechtlichen Maßgaben

- *Latenter Extremismus:* Man kann gegen den Kernbestand der Verfassung gerichtetes Handeln unterlassen, lehnt diesen aber ab.
- *Nicht beabsichtigte Verfassungswidrigkeit:* Dieser Fall liegt dann vor, wenn man durch sein Handeln zwar Verfassungsprinzipien verletzt, dieses Handeln aber auf einem Irrtum basiert und daher keine auf Dauer gerichtete verfassungsfeindliche Bestrebung offenbart.[81] Dies ist zum Beispiel der Fall, wenn der Verfassungsschutz fälschlicherweise eine Person oder Organisation öffentlich als »extremistisch« brandmarkt oder wenn der Gesetzgeber inhaltlich verfassungswidrige Gesetze beschließt. Selbst die Bundeskanzlerin der Bundesrepublik Deutschland hat nach Rechtsprechung des Bundesverfassungsgerichtes in diesem Sinne nach der Wahl von Thomas Kemmerich (FDP) zum Ministerpräsidenten von Thüringen bereits verfassungswidrig gehandelt.[82]
- *Manifester Extremismus im verfassungsschutzrechtlichen Sinne:* Man unternimmt auf der Basis einer gegen den Kernbestand

des Grundgesetzes gerichteten Ideologie zielgerichtete Aktivitäten, um die Geltung mindestens eines seiner Bestandteile außer Kraft zu setzen. Nur diese vierte Option ist eigentlich ein Fall für den Verfassungsschutz. Und selbst dann hat dieser den Grundsatz der Verhältnismäßigkeit zu wahren.

Verfassungsschutzrechtlicher und politikwissenschaftlicher Extremismusbegriff

Es überrascht nicht, dass dieser rechtsstaatlich eng geführte Extremismus-Begriff in der Wissenschaft auf Kritik stößt.[83] Zwar ist es mindestens missverständlich, wenn Richard Stöss behauptet, der amtliche Extremismusbegriff klammere die dem extremistischen »Verhalten zugrunde liegenden Einstellungen aus«[84] und konzentriere sich nur auf das Handeln der Akteure. Unter dieser Voraussetzung müsste von ihm auch nichtintendiertes verfassungswidriges Handeln unter Extremismusverdacht gestellt werden. Er hat aber damit recht, dass der ideologische Anknüpfungspunkt verfassungsschutzrechtlich nicht ausreichend ist, um von »Extremismus« sprechen zu können. Beim *politikwissenschaftlichen Extremismusbegriff* verhält es sich hingegen umgekehrt. Nicht die tatsächliche Gefährdung der Verfassungsordnung ist hier Maßstab, sondern »allein die Ebene des politischen Denkens«[85], also gegen den demokratischen Verfassungsstaat gerichtete Ideologien. Während ein inaktiver Adolf Hitler somit nach dem *verfassungsschutzrechtlichen Extremismusbegriff* kein Extremist wäre, wäre er dies nach dem *politikwissenschaftlichen Extremismusbegriff* sehr wohl.

Noch verwickelter wird die Angelegenheit dadurch, dass der Verfassungsschutz das politische Geschehen zwar mit Hilfe des politikwissenschaftlichen Extremismusbegriffes *analysieren und beurteilen* muss, um potenzielle Gefährdungen ausmachen zu können, aber nur nach dem verfassungsschutzrechtlichen Extremismusbegriff *handeln* darf. Die unterschiedlichen Logiken beider Extremismusbegriffe sind Folge ihrer jeweiligen Funktionen: Während es der Wissenschaft um vollständige Erkenntnis eines gesellschaftlichen Phänomens geht, beschränkt sich die Aufgabe des Verfassungsschutzes darauf, eine Gefährdung des Verfassungsstaates abzuwenden.[86] Für den Verfassungsschutz gilt daher unmissverständlich: »Die Bewertung einer Organisation als ›extremistisch‹ darf nicht anhand irgendwelcher politischer oder politikwissenschaftlicher Extremismus-Kriterien erfolgen, sondern allein anhand der verfassungsrechtlichen Merkmale der freiheitlichen demokratischen Grundordnung.«[87]

Somit bestehen mehrere Optionen, die innerstaatliche Kampfzone des Extremismus je nach politischer Großwetterlage auszuweiten:

1. Man kann die latenten Extremisten, die im verfassungsschutzrechtlichen Sinne gar keine sind, dennoch zu vollgültigen Extremisten erklären. Dies geschieht vorwiegend auf dem Kampfplatz der politischen Öffentlichkeit.
2. Man kann nicht-intendiertes verfassungswidriges Handeln vorschnell und unberechtigt zu »tatsächlichen Anhaltspunkten« für manifesten Extremismus hochrechnen. Hierin schlummert eine der Hauptgefahrenquellen für die Arbeit des Verfassungsschutzes.
3. Und man kann den Inhalt des Extremismus-Begriffes, also die Art der Gegnerschaft gegenüber dem demokratischen Verfassungsstaat, so ausdeuten, dass mehr oder weniger Menschen unter ihn fallen. Dies ist letztlich auch eine Frage des Zeitgeistes.

Von allen drei Optionen wird sowohl von der medialen Öffentlichkeit als auch von Teilen der Wissenschaft rege Gebrauch gemacht. Und auch der Verfassungsschutz beteiligt sich daran.

Wie aus Radikalen plötzlich Extremisten werden

Aufschluss hierüber gibt eine Vorstellungsbroschüre des Bundesamtes für Verfassungsschutz. Bei der begrifflichen Definition von Radikalismus und Extremismus scheint diese zunächst ganz der inhaltlichen Bestimmung von Werner Maihofer aus den 1970er Jahren zu folgen. Man müsse also den Radikalismus vom Extremismus unterscheiden und Ersterer hätte in unserer demokratischen Ordnung einen »legitimen Platz«, aber nur »solange er die Grundprinzipien unserer Verfassungsordnung anerkennt und nicht für deren Aufhebung kämpft.«[88] Schon das ist begrifflich widersinnig. Maihofer definierte seinerzeit den Radikalismus als *inhaltlich* mit dem demokratischen Verfassungsstaat vereinbar. Das ist geradezu der Kern seines Abgrenzungskriteriums gegenüber dem Extremismus.[89] Es ist nach Maihofer in der Sache also *logisch unmöglich*, dass sich eine radikale politische Bestrebung zugleich gegen die Verfassung richten kann, denn dann wäre sie extremistisch.[90] Der Verfassungsschutz knüpft folglich nur scheinbar an die damalige Maihofer-Unterscheidung zwischen Radikalismus und Extremismus an. Das wird noch deutlicher, wenn man die weiteren Ausführungen der Verfassungsschützer hierzu konsultiert:

»Die Schwelle zum Extremismus ist also erst dann überschritten, wenn eine Bestrebung nach ihren Zielen oder dem Verhalten ihrer Anhänger darauf gerichtet ist, die freiheitliche demokratische Grundordnung zu beeinträchtigen beziehungsweise zu beseitigen oder den Bestand und die Sicherheit der Bundesrepublik Deutschland zu gefährden. Es reicht nicht aus, wenn die Bestrebung die freiheitliche demokratische Grundordnung lediglich nicht anerkennt oder diese ablehnt.

Insbesondere die sorgfältige Unterscheidung zwischen Radikalismus und mangelnder Verfassungstreue auf der einen sowie Extremismus und mangelnder Rechtstreue auf der anderen Seite macht deutlich, dass es sich bei der Arbeit des Verfassungsschutzes eben nicht um eine häufig beschworene ›Gesinnungsschnüffelei‹ handelt.«[91]

Man muss diesen Text Satz für Satz analysieren, um die Bedeutungsverschiebungen zu bemerken. In den ersten beiden Sätzen bezieht sich der Verfassungsschutz tatsächlich auf den verfassungsschutzrechtlich gebotenen Extremismusbegriff. Als extremistisch erweisen sich demnach nur solche Bestrebungen, die sich gegen die »demokratische Grundordnung« richten. Aber dann kommt der entscheidende Punkt: Der Verfassungsschutz ordnet den Tatbestand der mangelnden Verfassungstreue dem Begriff des Radikalismus zu und den der mangelnden Rechtstreue dem des Extremismus. Hätten die Autoren ihren Text mit der eigentlich erforderlichen Sorgfalt verfasst, hätten sie als Merkmale des Extremismus immerhin das *gleichzeitige* Auftreten eines Mangels an Verfassungs- *und* Rechtstreue benennen müssen. Freilich wäre auch dann die Definition nicht richtig. Es ist ja geradezu der Sinn des deutschen Verfassungsschutzes, dass dieser aktiv wird, *bevor* Rechtsverstöße vorliegen. Paradoxerweise weist der Verfassungsschutz genau hierauf in derselben Broschüre ausdrücklich selbst hin: »Der Staat behält sich vor, nicht erst dann zu reagieren, wenn Extremisten konkret gegen gesetzliche Bestimmungen verstoßen, sondern bereits im Vorfeld der eigentlichen Strafbarkeit.«[92] Mangelnde Gesetzestreue ist also kein Merkmal für politischen Extremismus, sondern für Kriminalität.

Aber das ist nicht der entscheidende Punkt. Während bei Maihofer radikale Positionen noch als *inhaltlich* mit dem Grundgesetz vereinbar und damit als das äußerste Spektrum des Zulässigen galten, werden vom Verfassungsschutz mit dem Hinweis auf mangelnde Verfassungstreue heute Radikale *ausdrücklich* zu lediglich inaktiven und damit latenten Extremisten umdefiniert: »Diese Formel überzeugt jedoch nicht (…). (…) Wenn Extremismus nur ein Synonym für die zielgerichtete Verwirklichungsstrategie radikaler Ansichten ist, aber bereits radikale Ansichten inhaltlich extremistisch sind (…), ist nicht einleuchtend, warum radikale Ansichten noch als akzeptabel angesehen werden und Radikalismus als noch innerhalb des ›zulässigen‹ Spektrums.«[93] Ausdrücklich geht der Verfassungsschutz an anderer Stelle noch weiter und rückt den politischen Radikalismus sogar in die Nähe des Extremismus, weil sich in ihm per se »eine überspitzte, zum Extremen neigende Denk- und Handlungsweise«[94] zeige.

Konfrontiert mit diesen Konfusionen reagiert das Bundesamt für Verfassungsschutz am 2. Mai 2023 in einem Schreiben an den Autor wie folgt: »Der Begriff Radikalismus ist kein klar definierter ›Arbeitsbegriff‹ der Verfassungsschutzbehörden, da dieser Bereich der politisch-gesellschaftlichen Aktivität nicht in den Aufgabenbereich der Verfassungsschutzbehörden fällt. Er dient lediglich zur Abgrenzung zum Bereich des Extremismus. Eine fachliche Definition durch das BfV kann daher nicht erfolgen und ist auch nicht erforderlich.«[95] Das ist ein bemerkenswerter Vorgang. Der Verfassungsschutz behauptet damit, dass die von ihm selbst gegebene Definition in Wahrheit gar nicht existiert, jedenfalls nicht als »klar definierter ›Arbeitsbegriff‹«. Er sehe sich auch gar nicht in der Lage, diese Definition überhaupt zu liefern. Und sie sei für seine Arbeit auch nicht erforderlich. Zugleich erklärt er aber, dass er den Begriff des Radikalismus benötige, um den Bereich des Extremismus vom demokratisch Zulässigen trennscharf abzugrenzen. Mehr als 70 Jahre nach der Errichtung der Verfassungsschutzbehörden kann man sich über eine derartige Schwammigkeit und Beliebigkeit der Begriffe im Zentrum des gesetzlichen Auftrages nur noch wundern. Indem die verfassungsrechtlich gebotene Trennschärfe zwischen Radikalismus und Extremismus bewusst aufgegeben wird, greift die gesamte begriffliche Konstruktion letztlich bis in die Mitte der Gesellschaft aus. Durch diese offenen Schleusen kann am Ende jeder unbescholtene Bürger zum angeblichen Extremisten aufsteigen.

Der Verfassungsschutz zeigt in seinen Veröffentlichungen selbst, dass das keine bloße Unterstellung ist. Zwar ordnet er dem Radikalismus – fälschlicherweise – das Merkmal der Verfassungsuntreue zu, nennt für angeblichen Radikalismus aber auch folgende, überwiegend unverfängliche Beispiele: »In einem lebendigen demokratischen Diskurs haben auch radikale Ansichten ihren Platz. Tatsächlich ist es legitim, seiner Meinung darüber Ausdruck zu verleihen, dass man etwa die Demokratie für die falsche Staatsform hält oder den Kapitalismus als Wirtschafts- und Gesellschaftsform und die soziale Marktwirtschaft als wirtschafts- und gesellschaftspolitisches Leitbild für verfehlt hält.«[96] Auf die Absurdität, antidemokratische Einstellungen als lediglich »radikal« und damit legitim zu bezeichnen, wurde bereits hingewiesen. Entscheidend ist an dieser Stelle jedoch, dass der Verfassungsschutz vielmehr bereits antikapitalistische Vorstellungen oder eine Ablehnung der sozialen Marktwirtschaft für »radikal« hält. Indem aber zugleich jeglicher Radikalismus von ihm mit mangelnder Verfassungstreue assoziiert wird, können kapitalismuskritische Demokraten problemlos zu latenten Extremisten aufsteigen. Und von dort aus ist es bis zum manifesten Extremismus nur noch ein Katzensprung.

Allerdings findet sich weder der Begriff des Kapitalismus noch der der sozialen Marktwirtschaft überhaupt im Grundgesetz. Die Verfassung legt die Politik somit nicht auf eine bestimmte Wirtschaftsordnung fest. Deren grundlegende Umgestaltung hätte sich zwar an die einschlägigen Verfassungsnormen zu halten, um nicht in Extremismus umzuschlagen, aber sie wäre möglich. Vor rund zwei Jahrzehnten wurde auch beim Verfassungsschutz noch differenzierter argumentiert: »Über den Begriff des Extremismus besteht oft Unklarheit. Zu Unrecht wird er häufig mit Radikalismus gleichgesetzt. So sind z. B. Kapitalismuskritiker, die grundsätzliche Zweifel an der Struktur unserer Wirtschafts- und Gesellschaftsordnung äußern und sie von Grund auf verändern wollen, noch keine Extremisten. Radikale politische Auffassungen haben in unserer pluralistischen Gesellschaftsordnung ihren legitimen Platz. Auch wer seine radikalen Zielvorstellungen realisieren will, muss nicht befürchten, dass er vom Verfassungsschutz beobachtet wird – jedenfalls nicht, solange er die Grundprinzipien unserer Verfassungsordnung anerkennt. Wer z. B. eine gerechte Vermögens- und Machtverteilung nur durch ›Vergesellschaftung der Produktionsmittel‹ glaubt erreichen zu können, ist kein Extremist; denn nach Art. 15 GG kann die Sozialisierung von Grund und Boden, Naturschätzen und Produktionsmitteln mit einfacher Mehrheit des Bundestages beschlossen werden.«[97] Das Bundesamt gab damit aber bloß wieder, was das Bundesverfassungsgericht einst beschlossen hatte.[98] Aber von der Öffentlichkeit unbemerkt hat sich der Wind längst gedreht. Inzwischen wird dem politischen Radikalismus vom Verfassungsschutz (wieder) »mangelnde Verfassungstreue« unterstellt. Es handelt sich um einen Rückfall in das politische und intellektuelle Begriffsarsenal der 1950er und 1960er Jahre.

Es gibt aber jemanden, der begrifflich noch unsauberer arbeitet als der Verfassungsschutz, und das ist ausgerechnet dessen oberster Dienstherr, Bundesinnenministerin Nancy Faeser (SPD). Als sie am 20. Juni 2023 gemeinsam mit Thomas Haldenwang den Verfassungsschutzbericht für das Jahr 2022 vorstellte, betonte sie wieder einmal, dass der Rechtsextremismus die »größte Bedrohung« für die Demokratie darstelle. Schon Anfang 2022 hatte sie deshalb einen »Aktionsplan gegen Rechtsextremismus«[99] auf den Weg gebracht. Auf die Frage eines Journalisten, wie sie denn die besondere Bedrohung begründe, verstieg sie sich zu einer erstaunlichen Behauptung. Nur der Rechtsextremismus wende sich explizit gegen die »demokratische Grundordnung«: »Das tun die anderen Extremismusformen eben nicht.«[100] Während Bundeskanzlerin Angela Merkel sich bloß schwer damit tat, sauber zwischen Radikalismus und Extremismus zu unterscheiden, weiß die dafür fachlich eigentlich zuständige Bundesinnenministerin und Juristin Faeser offenkundig nicht einmal, was »Extremismus« bedeutet: den Kampf gegen die demokratische Grundordnung. VS-Präsident Haldenwang hätte diesen öffentlich verkündeten Rechtsirrtum seiner Vorgesetzten korrigieren können. Er zog es vor zu schweigen.

Die Schutzgüter des Grundgesetzes

Entscheidend für die Debatte um den Extremismus ist daher die Frage, was unter der Gegnerschaft gegenüber der freiheitlichen demokratischen Grundordnung verstanden werden muss. Bis vor ein paar Jahren war die Überprüfung der Verfassungswidrigkeit einer Organisation noch eine vergleichsweise überschaubare Angelegenheit. Es war das Jahr 1952, als das Bundesverfassungsgericht damit begann, in einem Urteil gegen die Sozialistische Reichspartei (SRP) den Begriff der freiheitlichen demokratischen Grundordnung (fdGO) genauer auszubuchstabieren. Seitdem galten über Jahrzehnte hinweg acht Prinzipien als der Kern des bundesdeutschen demokratischen Verfassungsstaates: Menschenrechte, Volkssouveränität, Gewaltenteilung, Verantwortlichkeit der Regierung, Gesetzmäßigkeit der Verwaltung, Unabhängigkeit der Gerichte, Mehrparteienprinzip sowie Chancengleichheit der Parteien mit dem Recht auf verfassungsmäßige Bildung und Ausübung einer Opposition.[101] Als Verfassungsfeind galt demnach, wer es unternahm, eines oder mehrere dieser Verfassungsprinzipien außer Kraft zu setzen. Insbesondere im Urteil gegen die Kommunistische Partei Deutschlands (KPD) aus dem Jahre 1956 legte das Bundesverfassungsgericht dabei nahe, dass mit diesen Prinzipien auch eine Abschaffung des parlamentarischen Systems unvereinbar und damit verfassungswidrig sei.[102] Auch als Ausfluss dieser Rechtsprechung wird in § 4 des Bundesverfassungsschutzgesetzes bis heute das »Recht auf Bildung und Ausübung einer parlamentarischen Opposition«[103] zu den Elementen der freiheitlichen demokratischen Grundordnung gezählt. Für die Arbeit des Verfassungsschutzes hatte das einen unschätzbaren Vorteil. Diese Merkmale konnten wie eine Checkliste abgearbeitet werden, um mögliche Verdachtsfälle zu überprüfen. Aber in der juristischen Fachwelt gab es an diesem Katalog immer wieder Kritik. Es handele sich bloß um eine zusammenhanglose Aufzählung ohne systematische rechtliche Ableitung. Mit seinem NPD-Urteil aus dem Jahre 2017 hat das Bundesverfassungsgericht auf diese Kritik reagiert.[104] Nebenher revidierte es die über Jahrzehnte gültige Rechtsprechung und damit letztlich auch die Grundlagen der Arbeit des Verfassungsschutzes.

Fragt man Verfassungsrechtsexperten, wie sie das NPD-Urteil diesbezüglich einordnen, fällt die Einschätzung wenig grundstürzend aus. Gunter Warg lehrt Verfassungsrecht an der Hochschule des Bundes für öffentliche Verwaltung in der Abteilung Nachrichtendienste. Seiner Ansicht nach handelt es sich bei dem jüngsten NPD-Urteil »nicht um eine Neudefinition« der fdGO und damit des Begriffes der Demokratie, sondern bloß »um eine Sichtbarmachung ihres Wesenskerns« – der Menschenwürde.[105] Tatsächlich ist diese mit Artikel 1 des Grundgesetzes von Anfang an das Leitprinzip der deutschen Verfassung gewesen. Neu sei, so Warg, aber schon etwas. Das Bundesverfassungsgericht beschränke die Elemente der fdGO neuerdings auf die Menschenwürde[106] sowie jene und nur jene Elemente, die »unabdingbar« aus ihr abzuleiten sind: also auf die »menschenwürderechtlich begründeten Teilmengen des Rechtsstaats- und Demokratieprinzips«.[107] Für Warg ist es daher »fraglich«[108], ob die Wahl der Volksvertretung und die Verantwortlichkeit der Regierung überhaupt der fdGO zuzurechnen sind. Auch seien die Prinzipien Mehrparteiensystem, Chancengleichheit der Parteien und Recht auf Bildung und Ausübung einer Opposition verfassungsrechtlich »nachrangig«[109]. Es bleiben somit als Schutzgüter mindestens übrig: Menschenwürde, Volkssouveränität, Gewaltenteilung, Rechtsbindung der öffentlichen Gewalt, Gewaltmonopol des Staates sowie die Unabhängigkeit der Gerichte.[110]

Rund 70 Jahre lang galten in der Bundesrepublik Demokratie und parlamentarische Demokratie als miteinander identisch. Wer das Parlament als Verfassungsorgan infrage stellte, galt somit als Demokratie- und Verfassungsfeind und konnte den Verfassungsschutz auf den Plan rufen. Seit 2017 ist das rechtlich betrachtet nicht mehr so. Jedenfalls dann nicht, wenn der Kritiker des

Parlamentarismus zugleich eine das Prinzip der Volkssouveränität wahrende Alternative politischer Herrschaft präsentiert: ein System radikaler direkter Demokratie zum Beispiel.[111]

Der Verfassungsschutz als politische Behörde

Schwammige Begriffe und weltanschaulich beeinflussbare Ergebnisse haben dem Verfassungsschutz immer wieder den Vorwurf eingebracht, eine politisch gelenkte Behörde zu sein. Insbesondere Betroffene erklären ihn regelmäßig zu einem Kampfinstrument gegen die politische Konkurrenz. Alice Weidel, die Fraktionschefin der AfD im Bundestag, antwortete auf eine diesbezügliche Frage eines Journalisten zum Beispiel: »Diese Behörde ist politisch nicht unabhängig, sie ist abhängig. (…) Ja, wer sitzt denn da oben? Jemand mit einem CDU-Parteibuch. (…) Der Verfassungsschutz stellt sich hier auf, um eine politische Konkurrenzpartei wie die AfD noch und nöcher zu diskreditieren. (…) Und dieser Eingriff in den politischen Parteienwettbewerb ist aus meiner Sicht zutiefst verfassungswidrig.«[112] Weidel agierte damit freilich selbst nach einer Logik des Verdachts und damit so, wie sie es den Verfassungsschutzbehörden vorwarf. Dabei kann man einen politischen Lenkungseffekt in der Behörde auch ganz ohne Verschwörungstheorie für hoch wahrscheinlich halten.

Chef der Behörde ist ein *politischer Beamter.* Die Behörde ist zugleich dienstrechtlich unmittelbar dem Bundesinnenministerium unterstellt. Ein politischer Beamter kann jederzeit in den einstweiligen Ruhestand versetzt werden. Oder anders formuliert: Er kann im Unterschied zu anderen Beamten jederzeit »gefeuert« werden. Allein dies dürfte bei den meisten Amtsinhabern dazu führen, dass sie sich ganz von selbst »in die Spur« begeben. Es ist gar nicht nötig, einer politisch gelenkten Dienstanweisung unterworfen zu werden. Der Behördenleiter wird ganz von selbst dafür sorgen, die Erwartungen des zuständigen Ministers nicht über

Gebühr zu enttäuschen. Da Minister als Vertreter politischer Parteien in der Öffentlichkeit allerdings auch parteipolitische Interessen verfolgen und politische Beamte ganz genau wissen, welche Schlagzeilen ihre Minister in der Zeitung am liebsten lesen, kann dies eine ganze Kette vorauseilenden Gehorsams auslösen. Die Mitarbeiter des Behördenchefs wiederum sind selbst Beamte mit Karriereerwartungen. Ihre Beförderungsaussichten hängen ebenfalls davon ab, wie zufrieden ihr Chef mit ihrer Arbeit ist. Die ehemaligen Mitarbeiter des Verfassungsschutzes Thomas Grumke und Rudolf van Hüllen sprechen deshalb nicht ohne Grund von der »Selbstpolitisierung«[113] der Behörde. So dürfte sich auch erklären, warum der neue Behördenchef Thomas Haldenwang die Schrittfolge im »Kampf gegen Rechts« deutlich erhöht hat. Sein Amtsvorgänger Hans-Georg Maaßen musste gehen, weil er die Flüchtlingspolitik der Bundesregierung öffentlich kritisiert und zugleich bestritten hatte, in Chemnitz hätte es im Jahre 2018 wortwörtlich »Hetzjagden« gegen Ausländer gegeben. Die darauf folgende mediale Empörung löste den oben beschriebenen Mechanismus aus. Für Maaßens Nachfolger enthielt dies eine klare Botschaft. Er weiß, welche Erwartungen er zu erfüllen hat, um im Amt bleiben zu können.

Diese Argumentation stützt sich auf die allgemeine Lebenserfahrung und ist kein wissenschaftliches Argument im empirischen Sinne. In gewisser Hinsicht unterliegt sie also selbst notgedrungen einer »Logik des Verdachts« und muss sich der daraus resultierenden Begrenztheit bewusst sein. Als akzeptable Bestätigung für diese Tendenz darf allerdings die Tatsache gelten, dass auch ehemalige Mitarbeiter des Verfassungsschutzes die Wirksamkeit des oben beschriebenen Mechanismus aus eigenem Erleben unumwunden bestätigen: »Verfassungsschutz handelt nicht im luftleeren Raum, sondern ist Akteur im politischen Umfeld. Wie alle anderen Abteilungen der Ministerien bzw. alle nachgeordneten Behörden sind Verfassungsschützer dem Dienstherrn gegenüber (…) weisungsgebunden. Zudem sind die Leiter der Verfassungsschutzbehörden sogenannte ›politische Beamte‹, werden also direkt von der politischen Leitung eingesetzt (und ggf. auch wieder abberufen). (…) Quer durch alle Parteien hat bei der Besetzung von Leitungspositionen die politische ›Kleiderordnung‹ grundsätzlich Priorität gegenüber der Findung der bestqualifizierten Person.«[114] »Politische Opportunitätsentscheidungen«[115], »politische Setzungen«[116] bei der Abfassung der Verfassungsschutzberichte sowie ein angeblich in der Behörde flächendeckend anzutreffender »eklatanter Mangel an Fachverstand«[117] stellen selbst für glühende Anhänger des Verfassungsschutzes eine bedenkliche Mischung dar.

Auch der ehemalige Chef des Inlandsgeheimdienstes, Hans-Georg Maaßen, bestätigt, dass immer wieder versucht werde, den Verfassungsschutz gegen unliebsame politische Gegner und damit rechtswidrig in Stellung zu bringen. Das habe er aber gar nicht in erster Linie von der Bundesregierung erlebt, sondern von den Medien und der SPD-Bundestagsfraktion: »Unser Auftrag ist, zu beobachten, ob eine Gefahr für die freiheitlich-demokratische Grundordnung besteht. (…) Wir sind (…) nicht die Hilfstruppe der etablierten Parteien, wir können nicht der Konkurrenzschutz in einer Frage sein, die als politische Auseinandersetzung über Positionen geführt werden muss.«[118]

Zusammenfassend können wir feststellen, dass mit der Erwähnung von Personen oder Organisationen in einem Verfassungsschutzbericht nach einschlägiger rechtlicher Meinung und Rechtsprechung in Grundrechte eingegriffen wird. Neben dem Recht auf Meinungsfreiheit können zum Beispiel das Recht auf informationelle Selbstbestimmung, das Parteiprivileg oder Persönlichkeitsrechte betroffen sein. Die dadurch entstehenden Übel fallen häufig stärker ins Gewicht als Maßnahmen des Strafrechts. Vor Inkraftsetzen dieser Maßnahme erfolgt keine Anhörung der Betroffenen, sie erhalten keinen zensurfreien Einblick in die sie belastenden Unterlagen. Und für diese einschneidenden Maßnahmen muss eine extremistische Bestrebung nicht eindeutig nachgewiesen sein. Es reicht der bloße indiziengestützte Verdacht, der freilich auch falsch sein kann. Aus rechtsstaatlicher Perspektive erscheint das als abenteuerliche Konstruktion: »In einem Rechtsstaat darf der Staat (…) nicht Sanktionen verhängen, wenn gar nicht feststeht, daß der Betroffene den Tatbestand erfüllt hat, der die Sanktion auslöst.«[119] Die daraus entstehenden Folgen sind unvermeidlich: Immer dann, wenn der Verfassungsschutz sein »Kampfinstrument«[120] einsetzt und seine Verdächtigungen zugleich unzutreffend sind, trägt er nicht zum Schutz der Verfassung bei, sondern agiert selbst verfassungswidrig. Es handelt sich dann um einen illegitimen Angriff auf die Meinungsfreiheit, zugleich auf die Legitimationskette des Staatswesens vom Volkssouverän zu den Herrschenden und damit auf die Demokratie: »Wenn Organisationen, die in Wirklichkeit keine verfassungsfeindlichen Ziele verfolgen, mit Hilfe des Verfassungsschutzberichts aus dem politischen Diskurs ausgegrenzt werden, schädigt der Verfassungsschutz die Demokratie.«[121] Zahlreiche Urteile, die Gerichte in den letzten Jahrzehnten gegen den Verfassungsschutz gesprochen haben, belegen dessen Fehleranfälligkeit eindrucksvoll.

Diese resultiert zunächst aus einer überaus schwammigen und unpräzisen Begriffsbildung. Obwohl die rechtlichen Maßgaben für verfassungsfeindliche Bestrebungen an Klarheit nichts zu wünschen übrig lassen, stellt sich das begriffliche Instrumentarium des Verfassungsschutzes auch Jahrzehnte nach dessen Gründung als überaus problematisch dar. Weder sind die Begriffe Radikalismus und Extremismus sauber voneinander abgegrenzt, noch verfügt der Begriff des Extremismus in der Praxis der Verfassungsschutzämter über einen klar umrissenen Gegenstand.

Es geht bei dieser Kritik somit nicht um ein intellektuelles Glasperlenspiel. Die Begriffe sind jene Messer, mit deren Hilfe der Verfassungsschutz gedanklich in den Volkssouverän hinein schneidet, um die vermeintlich Guten von den vermeintlich Bösen zu scheiden. Unpräzise Begriffe sind beim Verfassungsschutz keine lässliche Sünde, sondern der erste entscheidende Schritt auf dem Weg zum Rechtsbruch unter staatlicher Verantwortung. Paaren sich die begrifflichen Unzulänglichkeiten außerdem mit weltanschaulichen Präferenzen der Behördenmitarbeiter oder politischen Einflüssen, eröffnen sich ungeahnte Möglichkeiten, die Kampfzonen des Extremismus bis weit in die Mitte der Gesellschaft auszuweiten. Hierüber den konkreten Nachweis zu führen, bleibt den Fallstudien vorbehalten.

Der Fall Bodo Ramelow: »Frühstücksdirektor der Komsomolzen«

Bodo Ramelow (geb. 1956) wurde im Jahr 2014 zum ersten und bisher einzigen deutschen Ministerpräsidenten der Partei Die Linke gewählt. In seinen besten Zeiten zeigten sich mehr als 70 Prozent der Thüringer rundum zufrieden mit seiner Arbeit. Und selbst im Jahr 2023, als die AfD bei Umfragen in Thüringen Zustimmungswerte von mehr als 30 Prozent erreichte und deutlich vor allen anderen Parteien lag, stand der linke Ministerpräsident mit Zustimmungswerten von mehr als 50 Prozent noch immer solide da.[122]

Absehbar war das nicht. Immerhin wurde Bodo Ramelow vom deutschen Inlandsgeheimdienst ganze 27 Jahre lang beobachtet. Erst nach einer mehr als zehnjährigen rechtlichen Auseinandersetzung obsiegte er im Jahr 2013 vor dem Bundesverfassungsgericht. Dieses erklärte dessen Beobachtung durch den Inlandsgeheimdienst als »nicht gerechtfertigt« und »unverhältnismäßig«.[123] Dem Inlandsgeheimdienst war damit höchstrichterlich bescheinigt worden, über Jahrzehnte hinweg geltendes Recht gebrochen zu haben. Nur ein Jahr später gewann Ramelow mit seiner Partei Die Linke die Landtagswahlen von Thüringen und stieg zum ersten linken Regierungschef der Republik auf. Möglicherweise beförderte der Verfassungsschutz das direkte Gegenteil des eigentlich Beabsichtigten.

»Lug und Trug« in Thüringen

Ramelows berufliche Karriere entspricht einer Arbeiterkarriere, wie sie im Buche steht. Zunächst absolvierte der Sohn einer alleinerziehenden Hauswirtschafterin die Hauptschule und wurde Kaufmann im Einzelhandel. Später erwarb er die Mittlere und Fachhochschulreife und arbeitete bei der Karstadt AG in Gießen. Von 1981 bis 1990 war er dann als Gewerkschaftssekretär in Mittelhessen tätig. Nach der Wende ging er als Landesvorsitzender der »Gewerkschaft Handel Banken Versicherungen« (HBV) nach Thüringen. Bekannt wurde er dort im Jahre 1993, als er sich im Bündnis »Bischofferode ist überall« für die Kali-Kumpel engagierte. Bis 1999 hatte Ramelow nie einer Partei angehört. Aber er war aus gewerkschaftlicher Grundüberzeugung von Anfang an links, ziemlich links sogar. In den 1980er Jahren hatte er auch keine Berührungsängste gegenüber der Marburger Deutschen Kommunistischen Partei (DKP).

Nach dem Zusammenbruch der DDR hatte die PDS ein fundamentales Problem. Ihre Wirkmöglichkeiten in gewerkschaftliche und betriebliche Zusammenhänge hinein waren durch die Wende jäh gekappt worden. Die sich als Arbeiterpartei verstehende Partei bemühte sich von Anfang an darum, im Deutschen Gewerkschaftsbund (DGB) Fuß zu fassen. Der öffentlich bekannte und beliebte Gewerkschafter Bodo Ramelow kam da wie gerufen. Im März 1999 setzte die Partei ihn auf Platz zwei der Liste zur Landtagswahl und er trat der Partei bei. Von nun an ging es in seiner Karriere Schlag auf Schlag. Seit Oktober 1999 war er Abgeordneter des Landtages von Thüringen und wurde sogleich stellvertretender Fraktionsvorsitzender. Im Jahr 2005 wechselte er in gleicher Funktion in den Bundestag. Vier Jahre später trat er wieder bei den Landtagswahlen in Thüringen an, wurde 2011 Fraktionsvorsitzender seiner Partei und nach den Wahlen 2014 schließlich der erste Ministerpräsident der Linken.

Dass der deutsche Inlandsgeheimdienst ein Auge auf ihn geworfen hatte, erfuhr Ramelow Anfang der 2000er Jahre. Alles nahm seinen Anfang mit dem Thüringer Geheimdienstskandal um den Abgeordneten Steffen Dittes, der im Jahr 2023 Fraktionsvorsitzender der Linken im Landtag von Thüringen ist. Dittes kandidierte seinerzeit für die so genannte G10-Kommission des Landtages. Das ist jenes Gremium, das hinter verschlossenen Türen die Abhörmaßnahmen des Geheimdienstes kontrollieren soll. Dittes fiel im Jahr 2000 bei der Wahl für das Gremium durch, vermutlich weil der Thüringer Verfassungsschutz im Vorfeld Informationen an Abgeordnete anderer Fraktionen durchgestochen hatte: Er pflege Kontakte zu extremistischen Organisationen, sei also untragbar, hieß es damals. Ob die Informationspolitik des Geheimdienstes dabei direkt auf den damaligen Innenminister oder auf eigenmächtiges Handeln des Verfassungsschutzchefs Helmut Roewer zurückzuführen war, ist bis heute umstritten.

Dabei war es nicht zuletzt die Amtszeit Roewers, die Ramelow in seiner ohnehin geheimdienstkritischen Haltung bestärkte. Unter dessen Leitung versagte der Thüringer Verfassungsschutz nicht nur in der NSU-Affäre, sondern förderte stattdessen mit üppigen Spitzel-Vergütungen die örtliche Neonazi-Szene. Doch schon vor dessen Amtsantritt offenbarte die Behörde ein eigenartiges Amtsverständnis. Im Juni 1994 z. B. traf ein mehrseitiges Fax des Verfassungsschutzes Thüringen bei der Landtagsfraktion der Grünen ein. Aus diesem ging hervor, dass die CDU für die im selben Jahr angesetzte Landtagswahl Informationen gegen den Konkurrenten PDS abgefordert hatte. Dem Inlandsgeheimdienst war ein misslicher Fehler unterlaufen. Eigentlich sollte das Fax an den Pressesprecher der CDU-Fraktion gehen, aber man wählte die falsche Nummer. Diese parteipolitische Instrumentalisierung des Verfassungsschutzes als eine »Stasi der CDU«[124] war zwar rechtswidrig, blieb aber folgenlos.

Auch unter dem neuen VS-Chef Roewer änderte sich an der Behördenkultur nichts, sie wurde eher noch kreativer. Eine besondere Aktivität des Thüringer Verfassungsschutzes stellte die Gründung der Heron-Verlagsgesellschaft dar. Geschäftsführer war ein gewisser »Stephan Seeberg«. Später sollte sich allerdings herausstellen, dass es sich dabei bloß um einen Decknamen handelte, hinter dem sich Roewer selbst verbarg. Der Thüringer Verfassungsschutz hatte also einen Verlag gegründet, um Mittel aus dem Landeshaushalt zu waschen. In einem Fall wurde das besonders offensichtlich. Der Verfassungsschutz ließ die Heron-Verlagsgesellschaft den Film »Jugendlicher Extremismus – mitten in Deutschland« für Kosten in Höhe von 95.000 DM produzieren, um diesen zum Beispiel in Schulen zur Aufführung zu bringen. Tatsächlich soll der Film weniger als die Hälfte gekostet haben. Die nicht verbrauchten Mittel konnten vorbei an der Haushaltsordnung und außerhalb jedweder parlamentarischen Kontrolle für die Zwecke des Verfassungsschutzes eingesetzt werden: »Im Landesamt ging es (…) zu wie im Geldwäschegeschäft der Drogenkartelle. Exemplarisch ermittelte die Staatsanwaltschaft den Geldfluss von 30.000 Mark für ein Projekt mit dem Titel ›Der nahtlose Wandel der Extreme‹. Danach übergab der mitangeklagte damalige Referatsleiter Rechtsextremismus das stattliche Geldbündel in bar der ebenfalls angeklagten einstigen Referatsleiterin Ausländer-Extremismus, die es wiederum einem Mitarbeiter mit dem Decknamen ›Färber‹ in die Hand drückte. Der zahlte den Betrag auf ein Tarnkonto bei der Postbank ein – und überwies ihn später an Seeberg. Für das komplizierte Verlagsgeschäft konnten die Geheimen eine konspirative Wohnung in der Erfurter Marktstraße 10 nutzen.«[125] Die Machenschaften des VS Thüringen in Sachen Heron flogen nur deshalb auf, weil es im Amt infolge von Personalquerelen zu »undichten Stellen« kam. Noch im selben Jahr verlor Roewer seinen Posten, später musste er sich wegen des Vorwurfs der Untreue vor Gericht verantworten.[126] Auch nach seiner Amtsenthebung durch Ministerpräsident Bernhard Vogel (CDU) im Jahr 2000 war sich Roewer sicher, bloß »aus parteipolitischen Gründen«[127] in den einstweiligen Ruhestand versetzt worden zu sein. »Lug und Trug«[128] seien für Geheimdienste nämlich gängige Arbeitsmethoden, um ihre Tätigkeit vor der Öffentlichkeit verbergen zu können, bekannte er. Eigentlich kein Grund zur Aufregung also.

Für Ramelow gab es somit genügend Anlass für die Vermutung, der Verfassungsschutz Thüringens werde gezielt und rechtswidrig als Instrument gegen seine Fraktion eingesetzt. Als sich der damalige Innenminister und Helmut Roewer dann irgendwann öffentlich darüber stritten, ob der Innenminister den Geheimdienstchef wieder einmal zur Sammlung von Informationen gegen politische Gegner angehalten habe oder nicht, beantragte die Fraktion der PDS einen Untersuchungsausschuss.[129] Und in dessen Umfeld stellte Ramelow dann am 7. März 2002 einen Antrag beim Landesamt für Verfassungsschutz auf Einsicht in möglicherweise über ihn gesammelte Daten. Damals glaubte er aber nicht wirklich, so Ramelow heute, dass es bei ihm »einen Treffer« geben werde. Drei Monate später bestätigte der Inlandsgeheimdienst dann aber, dass bereits seit den 1980er Jahren Daten über ihn gesammelt würden. So habe er Kontakte zur Marburger DKP unterhalten, in der örtlichen DKP-Zeitung Gastkommentare veröffentlicht und sich gegen die Verhängung von Berufsverboten eingesetzt. Nähere Auskünfte hierzu verweigerte der Verfassungsschutz aber.

Satanische Verhältnisse und eine Datenschutzbeauftragte

Was der Inlandsgeheimdienst mitteilte, reichte für Ramelow aus, um stutzig zu werden. Dieselben Argumente hatte er schon einmal gelesen, und zwar im Sommer des Jahres 1999, mitten im Wahlkampf. Seinerzeit war eine Broschüre von Peter Christian Segall über die Gewerkschaften als »›Transmissionsriemen‹ der Postkommunisten?« erschienen, herausgegeben und finanziert von der Christlich-Demokratischen Arbeitnehmerschaft (CDA) Thüringen.[130] Es handelte sich um eine Denunziationsbroschüre – erkennbar in Auftrag gegeben, um in die Landtagswahl einzugreifen. Der Autor versuchte, ein »Schreckenskabinett« kommunistischer Unterwanderer innerhalb des DGB aufzudecken. Die angeblich zentralen Akteure aus Thüringen: Bodo Ramelow und dessen ehemaliger HBV-Stellvertreter Angelo Lucifero. Segall warnte mit einem gewissen Hang zu Sprachwitzen, die beiden wollten »in Thüringen politische Verhältnisse« herstellen, die »sehr an die satanische Qualität gefallener Engel erinnern«.[131] Und es war diese Broschüre, die bereits im Jahr 1999 jene Details über Ramelows politisches »Vorleben« aufzählte, die er drei Jahre später auch im Schreiben des Verfassungsschutzes nachlesen konnte. Später sollte sich übrigens herausstellen, dass auch der Autor Segall in Wahrheit gar nicht existierte. Es handelte sich um eine Tarnidentität für den Politikwissenschaftler Patrick Moreau. Dieser wiederum war als Experte und Referent nicht nur für Parteistiftungen der Unions-Parteien tätig gewesen, sondern auch für den Thüringer Verfassungsschutz.

Ramelow wandte sich schließlich nochmals an den Verfassungsschutz, um endlich präzise Auskünfte zu erhalten. Als auch das nicht fruchtete, schaltete er die Datenschutzbeauftragte des Landes ein, die über einen CDU-Hintergrund verfügte. Und dann geschah etwas ganz Außergewöhnliches: Am 10. Januar 2003 veröffentlichte diese eine Pressemitteilung. Darin informierte sie die Öffentlichkeit, dass es für die Beobachtung Ramelows keine datenschutzrechtlichen Bedenken gebe. Als diese Nachricht die Öffentlichkeit erreichte, war der Betroffene über das Prüfergebnis noch gar nicht informiert worden. Eine Datenschützerin tat also genau das, was zu verhindern ihre Aufgabe wäre: Sie veröffentlichte personenbezogene Angaben auch ohne Zustimmung des Betroffenen. Ramelow selbst fragte damals nur: »Was trägt die Frau Daten in die Öffentlichkeit, die ich erfragt habe und meine Person betreffen?«[132] Dem PDS-Politiker riss schließlich der

Geduldsfaden. Im Jahr 2003 reichte er Klage sowohl beim Verwaltungsgericht Weimar gegen den örtlichen Verfassungsschutz als auch beim Verwaltungsgericht Köln gegen das Bundesamt ein. Auch dort hatte er Auskunft über die über ihn gespeicherten Daten verlangt und wurde mit spärlichen Antworten abgespeist. Als Motivation gab Ramelow damals auch die Enthüllungen rund um die CDA-Broschüre aus dem Landtagswahlkampf 1999 an, die ihn ein Zusammenwirken von Verfassungsschutz und Patrick Moreau vermuten ließ. Erst klagte Ramelow auf vollumfängliche Auskunft, dann aber auch auf Feststellung der Unrechtmäßigkeit der gegen ihn verhängten Maßnahmen. Es begann ein Rechtsstreit, der sich über mehr als zehn Jahre hinziehen und mit seinem Sieg vor dem höchsten deutschen Gericht enden sollte.[133]

Ramelow zieht vor Gericht

Der Verlauf der Verhandlungen war unglaublich vielschichtig. Zunächst verweigerte das Bundesinnenministerium mittels Sperrerklärung nach § 99 Verwaltungsgerichtsordnung (VwGO) die vollständige Herausgabe ungeschwärzter Akten. Dagegen ging Ramelow in einem »In-Camera-Verfahren« vor dem Bundesverwaltungsgericht vor. Die Sperrerklärung eines Innenministeriums lässt sich nur in diesem besonderen Gerichtsverfahren überprüfen. Ein gesonderter Spruchkörper des Bundesverwaltungsgerichts ist dafür zuständig, der in einem solchen Fall mit dem Verfassungsschutz in einer abhörsicheren Kammer die Personenakte sichtet und ohne Beteiligung des Betroffenen oder dessen Anwalt eine unangreifbare gerichtliche Entscheidung trifft. In dem Verfahren wird geprüft, ob es dem Staat zugemutet werden darf, seine vertraulichen Kenntnisse zu offenbaren. Da Ramelow in dieser Sache erfolglos blieb, ging es vor dem Verwaltungsgericht Köln fortan nur noch um die Hauptsache, also die begehrte gerichtliche Feststellung, dass der Verfassungsschutz Ramelow niemals hätte überwachen dürfen. Der Rechtsstreit wurde dabei ab dem Jahre 2006 in zwei getrennten Verfahren geführt, einmal bis und einmal ab 1999. Das ergab insofern Sinn, als Abgeordnete einen besonderen rechtlichen Schutz genießen und sich die Konstellationen rechtlich deutlich voneinander unterscheiden.

Das erste Urteil fällte das VG Köln im Dezember 2007, mehr als vier Jahre nach Einreichung der Klage. Der Verfassungsschutz machte geltend, dass die PDS eindeutig verfassungswidrige Bestrebungen verfolge und Ramelows Tätigkeit als Abgeordneter wie Funktionär der Partei als »politisch bestimmte, ziel- und zweckgerichtete«[134] Verhaltensweise in einem Personenzusammenschluss gewertet werden müsse. Ramelow müsse sich daher auch nicht wundern, Gegenstand geheimdienstlicher Beobachtung geworden zu sein. Das Gericht widersprach dieser Argumentation zwar nicht prinzipiell, kam aber dennoch zu einem gegenteiligen Ergebnis: Wäge man in diesem Einzelfall die »Statusrechte als Abgeordneter« gegen die Erfordernisse des Schutzes der Verfassungsordnung ab, erweise sich das Vorgehen des Inlandsgeheimdienstes als »unverhältnismäßig und somit als rechtswidrig«.[135] Zu diesem Ergebnis trug auch die Tatsache bei, dass der Verfassungsschutz Ramelow gar nicht selbst verfassungsfeindliche Absichten unterstellt hatte. Beschädigt sei durch Abschreckungswirkung in der Öffentlichkeit nicht nur die freie Willensbildung der Wähler, sondern durch Einwirkung der Exekutive auf einen Abgeordneten auch die »Kontrollfunktion des Parlamentes«.[136] Das VG Köln wog somit nicht nur Ramelows Rechte und Interessen gegen die des Staates ab. Es verteidigte zugleich die Prinzipien Repräsentation und Volkssouveränität.

Im April 2009 sprach das VG Köln dann auch sein Urteil die Zeit vor dem Jahr 1999 betreffend. Der Verfassungsschutz konnte sich hier immerhin bessere Chancen ausrechnen, weil Ramelow zu dieser Zeit noch nicht mit den besonderen Rechten eines Abgeordneten ausgestattet war. Im Vordergrund standen bei der Argumentation des Inlandsgeheimdienstes nicht dessen

Kontakte zur PDS, sondern vor allem jene zur Deutschen Kommunistischen Partei (DKP) im Marburg der 1980er Jahre. Vorgeworfen wurden ihm Solidaritätsadressen sowie Gastkommentare in der örtlichen Parteizeitung und selbst eine Hochzeitsanzeige im DKP-Zentralorgan »Unsere Zeit« aus dem Jahre 1982. Wer so etwas tue, so die Verfassungsschützer vor Gericht, müsse sich »Unterstützungshandlungen zu Gunsten der DKP respektive von DKP-beeinflussten Organisationen«[137] vorwerfen und sich auch beobachten lassen. Es war also »Kontaktschuld«, die Ramelow vorgeworfen wurde. Er selbst versicherte vor Gericht, er habe die Hochzeitsanzeige im DKP-Blatt nicht aus politischen Gründen platziert, sondern weil er auf diese Weise einige seiner Freunde bequem habe über das freudige Ereignis informieren können. Auch in diesem Falle gab das Verwaltungsgericht Köln Ramelows Klage statt und stellte fest, dass dessen Dauerbeobachtung vor dem Jahre 1999 unverhältnismäßig und damit letztlich rechtswidrig gewesen war.[138]

Zwei Monate zuvor hatte Ramelow bereits einen Sieg vor dem Oberverwaltungsgericht Nordrhein-Westfalen (OVG NRW) errungen, denn gegen das erste Urteil des Verwaltungsgerichts Köln war das Bundesamt für Verfassungsschutz in Berufung gegangen. Die Richter hielten es für erwiesen, dass »durchaus namhafte Teile der Partei« eine »sozialistische Revolution und die Diktatur des Proletariats im klassisch marxistisch- leninistischen Sinne« anstrebten.[139] Ramelow könne daher nicht generell gegen Maßnahmen geschützt sein, »die die Partei selbst hinzunehmen hat«.[140] Davor könne den Abgeordneten auch nicht die Tatsache bewahren, dass nicht einmal der Verfassungsschutz behaupte, dieser verfolge persönlich verfassungsfeindliche Ziele. Die Gegnerschaft gegenüber der freiheitlichen demokratischen Grundordnung könne nämlich nicht als subjektiver Tatbestand begriffen werden, sondern richte »sich allein nach objektiven Kriterien«[141]: Ebenso gefährlich wie Extremisten könnten »Personen sein, die selbst auf dem Boden der freiheitlichen demokratischen

Grundordnung stehen, jedoch bei objektiver Betrachtung durch ihre Tätigkeit verfassungsfeindliche Bestrebungen fördern, ohne dies zu erkennen (…).«[142] Das OVG NRW entwickelte damit eine Auslegung des Bundesverfassungsschutzgesetzes, wonach es bereits hinreicht, ein »nützlicher Idiot« (Rolf Gössner) zu sein, um vom Verfassungsschutz als objektiver Verfassungsfeind eingestuft zu werden.

Dennoch gab das OVG dem Verwaltungsgericht Köln am Ende recht. Zwar habe sich der Kläger nach eigener Auskunft von den Aktivitäten des Verfassungsschutzes nicht verunsichern lassen. Auch heute noch betont Ramelow, dass der Vorgang vielmehr seinen »Jagdinstinkt« geweckt habe. Die Beobachtung eines Abgeordneten sei aber dennoch ein schwerwiegender Eingriff in »das freie Mandat«[143]. Da von der PDS etc. keine »unmittelbar drohende Gefahr«[144] für die Staatsordnung ausgehe und der Verfassungsschutz nicht zu begründen vermocht habe, warum er bei Verzicht auf Beobachtung Ramelows empfindlich in seiner »Aufgabenerfüllung gehindert«[145] gewesen wäre, erklärte das Oberverwaltungsgericht die Beobachtung Ramelows ebenfalls für unverhältnismäßig. Auch diesem Gericht ging es dabei um ganz Grundsätzliches: »Wenn dem einzelnen Abgeordneten als faktische Folge einer Beobachtung durch das BfV der Zugang zur Bevölkerung erschwert wird, bedeutet dies nicht nur eine Beeinträchtigung der Arbeit dieses Abgeordneten. Zugleich gehen Erkenntnisse verloren, die für den Willensbildungsprozess des Parlaments in seiner Gesamtheit von Bedeutung sind.«[146]

Sieg vor dem Bundesverfassungsgericht

Gegen dieses Urteil ging das Bundesamt für Verfassungsschutz vor dem Bundesverwaltungsgericht vor. Letzteres hob zur Überraschung Ramelows die Urteile des VG Köln sowie des OVG NRW auf und gab dem Verfassungsschutz vollumfänglich recht, weil dessen Tätigkeit »insbesondere nicht gegen den Grundsatz der Verhältnismäßigkeit«[147] verstoßen habe. Nicht nur verfolge die Partei Die Linke in relevantem Ausmaß verfassungsfeindliche Bestrebungen. Zu berücksichtigen sei auch, dass eine Beobachtung Ramelows nicht dessen eigene Verfassungsfeindlichkeit voraussetze. Das BVG stattete die Theorie vom verfassungsfeindlichen nützlichen Idioten ausdrücklich mit höchstrichterlichen Ehren aus: »Eine derartige Person, die nicht merkt, wofür sie missbraucht wird, kann für den Bestand der freiheitlichen demokratischen Grundordnung genauso gefährlich sein wie der Überzeugungstäter.«[148] Auch finde das freie Mandat am Schutz der freiheitlichen demokratischen Grundordnung seine Grenze. Zudem sei der damit verbundene Erkenntnisgewinn nicht zu vernachlässigen.[149] Ramelow habe daher jene »Nachteile für seine Arbeit hinzunehmen«, »die sich an zulässige Maßnahmen des Verfassungsschutzes gegen die Partei knüpfen, für die er als Abgeordneter wirken will.«[150] Verwaltungsgericht und Oberverwaltungsgericht auf der einen Seite sowie Bundesverwaltungsgericht auf der anderen stritten sich im Kern somit gar nicht über die Fakten, sondern bloß über deren Bewertung.

Ramelow rief nun als letzte Instanz das Bundesverfassungsgericht an.[151] Vorsichtshalber engagierten Ramelows Anwälte mit Dietrich Murswiek einen der konservativsten, aber zugleich angesehensten Verfassungsschutzrechtler der Republik als Gutachter.[152] Murswiek ging in seinem Gutachten nicht der Frage nach, ob die Partei Die Linke tatsächlich verfassungsfeindliche Bestrebungen verfolgt oder nicht. Seine gesamte Argumentation setzte diese Tatsache vielmehr – hypothetisch – voraus. Der Gutachter widmete sich allein der Frage, ob über eine Person, der selbst keine verfassungsfeindlichen Bestrebungen nachgewiesen werden können, personenbezogene Daten im Rahmen einer Personenakte gesammelt werden dürfen. Und das Ergebnis fiel eindeutig aus: »Die personenbezogene (...) Beobachtung eines Funktionsträgers einer politischen Partei, der persönlich keine verfassungsfeindlichen Bestrebungen verfolgt, ist zur informationellen Vorbereitung der Abwehr von Gefährdungen (…) nicht erforderlich. Sie verstößt daher gegen das Übermaßverbot und somit gegen das Verhältnismäßigkeitsprinzip.« Der Erkenntnisgewinn über die betreffende Organisation sei in einem solchen Fall »minimal« und stehe deshalb »im krassen Missverhältnis zu der Schwere des Grundrechtseingriffs«.[153]

In seinem Beschluss aus dem September 2013 stellte das Bundesverfassungsgericht klar, dass im Einzelfall auch die geheimdienstliche Beobachtung eines Abgeordneten gerechtfertigt sein könne. Es sei ja gerade der Sinn eines Inlandsgeheimdienstes in der wehrhaften Demokratie, Gefährdungen weit im Vorfeld ihres Wirksamwerdens aufzuspüren. Zugleich seien aber das freie Mandat und dessen Implikationen zu berücksichtigen. Was das oberste deutsche Gericht hierzu formulierte, kam einer juristischen Lehrstunde in Sachen Demokratie gleich: »Das Gebot freier Willensbildung des Abgeordneten (…) steht in engem Zusammenhang mit dem Grundsatz der parlamentarischen Demokratie (…). Der (…) bezweckte Schutz der Willens- und Entscheidungsbildung der Mitglieder des Deutschen Bundestages als Vertreter des Volkes setzt den Schutz der Kommunikationsbeziehung zwischen den Abgeordneten und den Wählerinnen und Wählern vor gezielter staatlicher Beeinflussung und staatlicher Abschreckung voraus.«[154] Mit anderen Worten: Im demokratischen, repräsentativen Verfassungsstaat geht die Legitimität der Herrschaft vom Volk aus und nicht von der Regierung. Das Volk mandatiert hierzu durch Wahl Abgeordnete als seine Stellvertreter, damit diese im Parlament die Arbeit der Regierung kontrollieren. Beeinflusst die Regierung umgekehrt den Kommunikationsfluss zwischen Bürgern und Abgeordneten (z. B. durch abschreckende Sanktionen[155] des Verfassungsschutzes), ist das Legitimationsverhältnis und damit die Demokratie in ihrem Fundament gestört.[156] Im Falle der akuten Gefährdung der Demokratie könne eine solche Abwehrmaßnahme zwar durchaus legitim sein. Bei Ramelow sei das aber nicht der Fall. Zumindest eine Dauerbeobachtung komme nach den Maßstäben der Verhältnismäßigkeit schon deshalb nicht in Betracht, weil Ramelow selbst verfassungsfeindliche Umtriebe nicht einmal vorgeworfen, geschweige denn nachgewiesen worden seien. Vor allem betonte das Verfassungsgericht entgegen der Theorie vom nützlichen Idioten, »dass ein parteipolitisches Engagement, welches seinerseits auf dem Boden der freiheitlichen demokratischen Grundordnung steht, diese stärkt.«[157] Das Bundesverfassungsgericht verwarf somit das Urteil des Bundesverwaltungsgerichts wegen Nichtbeachtung des Übermaßverbotes als fehlerhaft. Damit war letztinstanzlich festgestellt, dass der Verfassungsschutz über Jahrzehnte hinweg verfassungswidrig gehandelt hatte.

Dass sich Rechtsbrüche durch Geheimdienste aber auch ganz anders heilen lassen, bewies der »Militärische Abschirmdienst« (MAD) der Bundeswehr. Als Bundestagsabgeordneter hatte Ramelow vorsorglich auch dort Auskunft über möglicherweise über ihn gespeicherte Daten eingeholt. Als er plötzlich einen Anruf vom Chef des MAD erhielt und dieser kleinlaut um einen persönlichen Termin bat, war klar, dass selbst dort personenbezogene Daten über ihn gespeichert waren. »Ich hätte das nie für möglich gehalten«, so Ramelow heute, da er ja nie der Bundeswehr angehört habe. Allerdings wurde das Problem ganz ohne Gerichtsprozess gelöst, einfach mit der Löschung der Daten und einer persönlichen Entschuldigung durch den MAD-Chef bei einem Tässchen Kaffee.

Ein Ministerpräsident gegen den Verfassungsschutz

Ein Jahr später war es dann so weit. Die Linke gewann in Thüringen die Wahlen und Bodo Ramelow wurde Ministerpräsident. Was er vom Verfassungsschutz hielt und was er mit ihm auch in Thüringen plante, hatte er schon vor dem Beschluss des

Bundesverfassungsgerichtes deutlich gemacht. Ein ganzes Buch widmete sich im Jahr 2013 den Skandalen des Inlandsgeheimdienstes rund um den NSU: »Wenn die Dienste nichts verhindern, nichts aufklären und nicht Leben schützen können, dann sind sie überflüssig und gehören abgeschafft. (…) Es ist der nicht-transparente und unkontrollierbare Charakter der Geheimdienste – gekoppelt mit ihren Wurzeln im deutschen Faschismus –, der sie zu völlig untauglichen und grundsätzlich falschen Instrumenten macht.«[158]

Aus der Auflösung wurde nichts, dafür fehlten Ramelow die politischen Mehrheiten. In seiner ersten Regierungserklärung vom 12. Dezember 2014 kündigte er stattdessen eine »umfassende Neuausrichtung der Sicherheitsarchitektur in Thüringen« an. Und der frisch gewählte Ministerpräsident sagte im Parlament einen Satz ganz besonders langsam und bedächtig, um ihm Nachdruck zu verleihen: »Das Thüringer Landesamt für Verfassungsschutz wird sich bei seinem zukünftigen Handeln konsequent am Grundsatz der Verhältnismäßigkeit und dem Schutz der bürgerlichen Grundrechte auszurichten haben.« Das kam einer vernichtenden Kritik und öffentlichen Anweisung gegenüber der Behörde gleich. Außerdem sollte die parlamentarische wie öffentliche Kontrolle ausgebaut und das V-Leute-System in seiner damaligen Form »abgeschafft« werden. Auch heute noch muss der Innenminister Thüringens die Genehmigung des Ministerpräsidenten einholen, wenn dieser einen Spitzel auf einen Verdächtigen ansetzen will. Darüberhinaus stutze Ramelow die Möglichkeiten seines Inlandsgeheimdienstes, in den öffentlichen Raum zu intervenieren. Künftig sollte dieser »keinerlei präventive Aufgaben im Bereich der gesellschaftlichen Bildung und Information« mehr wahrnehmen.[159]

Noch etwas passte ins Konzept. Nachdem der ehemalige Generalsekretär des Zentralrats der Juden, Stephan Kramer, seinen Masterabschluss nachgeholt hatte, wurde er der neue Chef des örtlichen Inlandsgeheimdienstes. Über Jahre hinweg hatte er sich deutschlandweit und lautstark einen Namen im »Kampf gegen rechts« gemacht. Als die AfD im Jahre 2023 deutschlandweit Umfragewerte von mehr als 20 Prozent erreichte, beschimpfte Kramer die Anhänger der Rechtspartei als »braunen Bodensatz«[160], also als Nazis. Auf die Frage, ob einem Verfassungsschutzchef ein solches Urteil zustehe, sagt Ramelow: »Nee! Aber ich beteilige mich nicht an öffentlichen Debatten über Herrn Kramer.«

Zehn Jahre Amtserfahrung verändern jedoch selbst einen linken Ministerpräsidenten. Heute will er sich nicht mehr so rückhaltlos zur Auflösung des Verfassungsschutzes bekennen wie einst. Unverständlich ist das nicht. Wenn Ramelow öffentlich eine generelle Unwerterklärung über diese Behörde abgäbe, würde er Beamte und Beschäftigte bloßstellen, für die er zugleich als Regierungschef Verantwortung trägt. Aber so viel sagt er auch heute noch: Zumindest die Auflösung des Thüringer Verfassungsschutzes wäre damals wegen all der Skandale eigentlich richtig gewesen. Ramelow meint dabei gar nicht seinen eigenen Fall, sondern das eklatante Versagen der Behörde im Falle NSU und beim vollständig gescheiterten ersten NPD-Verbotsverfahren: »Damals hat der Verfassungsschutz den Nazis doch den Arsch gerettet und das gescheiterte Verfahren sie regelrecht geadelt.« Den juristischen Weg des Parteiverbots will er deshalb nicht einmal gegenüber der Höcke-AfD aus Thüringen einschlagen. Sich auf die »juristische Debatte« zu konzentrieren, sei ein »politischer Fehler«, findet er. Kein Verbot der Welt könne »rechtes Denken« aus der Welt schaffen. Das vermöchten nur politische Diskussion mit sehr langem Atem und überzeugende Politik.

Man könnte es daher für einen Widerspruch halten, dass auch in Thüringen die AfD noch immer vom Verfassungsschutz beobachtet wird. Ramelow selbst hatte seinerzeit den berechtigten Vorwurf formuliert, die Behörde werde mitunter parteipolitisch instrumentalisiert und gehöre auch deshalb abgeschafft. Auf die Frage, warum die Beobachtung der AfD durch den Verfassungsschutz selbst in Thüringen fortgesetzt werde, sagt Ramelow: »Weil dieses Amt seine dienstlichen Obliegenheiten selbst verantwortet und somit unabhängig von meiner privaten oder persönlichen Meinung seine Aufgaben erfüllt. Das Amt hat nicht nur eigenständig Informationen gesammelt, sondern auch zu einem eindeutigen Ergebnis verdichtet. Im Rechtsstaat steht es der AfD frei, dagegen juristisch vorzugehen.« Ein ehemaliger führender Mitarbeiter des Verfassungsschutzes hält das für unglaubwürdig. Wenn es Ramelow mit der politischen Unabhängigkeit der Behörde ernst meinte, »dürfte er auch nicht persönlich über den Einsatz von V-Leuten entscheiden«. Am Ende schienen die Linken, einmal an die Macht gekommen, nun selbst das zu tun, was sie ihren politischen Gegnern einst vorgeworfen hatten.

»Frühstücksdirektor der Komsomolzen«

In einem Interview erzählte der ehemalige Verfassungsschutzpräsident Hans-Georg Maaßen einmal einen Witz, den er von einem ausländischen Geheimdienstler habe: »Was unterscheidet einen Atheisten, einen Popen und einen Geheimdienstler voneinander?« Der Atheist glaube nur, was er sehe. Der Pope glaube auch an Dinge, die er nicht sehe. Und der Geheimdienstler? Der glaube selbst das nicht, was er sehe.

Was ein Witz zur Auflockerung der Gesprächssituation sein soll, erscheint wie ein Bekenntnis, gesprochen tief aus der Seele eines überzeugten Geheimdienstlers. Für Maaßen ist die Welt letztlich eine große Inszenierung. Überall herrscht »Abtarnung«, wie er sich auszudrücken pflegt, und Verstellung. Und es braucht Leute wie ihn, mit unbestechlichem Röntgenblick und arkanem Spürsinn, um all den Komplotten auf die Spur zu kommen, die die Welt bevölkern. Geheimdienstler sind für ihn erkennbar keine ganz normalen Mitarbeiter des Staates wie Lehrer, Polizisten oder Richter. Sie sind dessen sicherheitspolitische Elite, die eigentliche Avantgarde des Rechtsstaates. So erklärt sich möglicherweise auch, was Maaßen vom Ministerpräsidenten Bodo Ramelow hält – und zwar noch im August 2023, ungefähr zehn Jahre nach der Niederlage seiner Behörde vor dem Bundesverfassungsgericht.

Für ihn ist der heutige Ministerpräsident nach wie vor ein »Kommunist«, ein Verfassungsfeind also. Ausdrücklich betont er, dass der Verfassungsschutz den Linken-Politiker insgesamt 27 Jahre lang beobachtet hat und diese Beobachtung keinesfalls freiwillig eingestellt wurde. Die Behörde sei vom Verfassungsgericht vielmehr dazu gezwungen worden. Maaßen sagt das so, als ob es einen Rechtsirrtum zum Ausdruck bringen soll. Das Bundesverfassungsgericht, so der mögliche Subtext, ist der Staatselite in den Rücken gefallen. Ein Kommunist sei dabei kein Mensch, der bloß mehr soziale Gerechtigkeit, sondern der eine »totalitäre Herrschaftsform haben möchte«. Kommunisten, also wohl auch Ramelow, hätten »keine Skrupel (…), über Leichen zu gehen.« Der Chef des Verfassungsschutzes Thüringen, Stephan Kramer, arbeite Ramelows Plan »hündisch loyal« zu, Deutschland »in ein sozialistisches Kambodscha« zu verwandeln. Letztliches Ziel sei der »Systemwechsel« hin zum Totalitarismus.[161] Das alles sagt Maaßen ganz ohne Schaum vor dem Mund und ohne jeden Ausdruck von Fanatismus in Mimik und Stimme.

Fragt man ihn persönlich, ob er das alles wirklich ernst meine, sieht die Sache etwas anders aus. Dann fängt er an zu lächeln. Wenn er sich so äußere, so Maaßen, spiele er am Ende auch eine Rolle. Als Jurist und ehemaliger Chef des Inlandsgeheimdienstes käme er nie auf die Idee, Ramelow ernsthaft zu einem Kommunisten zu erklären. Aber wenn er sich politisch äußere, als Vorsitzender des Vereins Werteunion zum Beispiel, sei die Sache eben anders. Dann gehe es um die Frage, in welche Richtung sich die Republik entwickeln solle. Und das, was Ramelow und dessen Anhänger vorhätten, sei nicht in seinem Sinne: »Ramelow ist der liebe Onkel, der Kretschmann von Thüringen. Aber am Ende ist er eben doch der Frühstücksdirektor der Komsomolzen.« Nur einen Tag später legt Maaßen auf Twitter mit Blick auf Ramelow nach:

»Mitglieder linksextremistischer Bestrebungen sind #Linksextremisten, ohne dass es auf einen Tatbeitrag ankommt.«[162]

Freilich lasse er rechtlich prüfen, ob er wegen Verleumdung gegen Maaßen vorgehen solle, so Ramelow. Engagiert hat er hierzu ausgerechnet jene Anwaltskanzlei, die in seinem eigenen Verfahren einst die Gegenseite vertreten hatte und die für den Verfassungsschutz bis heute in allerlei Fällen tätig ist. »Aber heute arbeiten die viel besser«, sagt der Ministerpräsident und schmunzelt. Wahrscheinlich werde er am Ende aber wohl doch nichts veranlassen. Das wertete Maaßen doch bloß unnötig auf: »Und das hat er einfach nicht verdient. Er beweist durch sein Handeln doch nur, welch' grandiose Fehlbesetzung er in seinem Amt war.«

Am 18. April 2013 hatte das Bundesamt für Verfassungsschutz unter seinem neuen Präsidenten Maaßen dem Bundesverfassungsgericht übrigens mitgeteilt, die Beobachtung der Linkspartei als Gesamtpartei eingestellt zu haben.[163] Dabei ist es bis heute geblieben. Ein ehemaliger Mitarbeiter des Verfassungsschutzes berichtet, Maaßen sei die Beobachtung von Parteien durch seine Behörde schon damals generell ein Dorn im Auge gewesen. Auch öffentlich äußerte sich Maaßen in diesem Sinne: »Der Verfassungsschutz darf sich niemals zum Büttel der Politik machen. Der Verfassungsschutz ist ein gefährliches Instrument, wenn er in die falschen Hände gerät, nämlich in die Hände von Politikern (…). Deshalb habe ich auch immer gesagt: Der Verfassungsschutz darf keine Parteien beobachten. Ich habe mich damals auch gegen die Beobachtung der Linken ausgesprochen, weil das nicht Aufgabe eines Geheimdienstes sein kann.«[164] Es ist also ausgerechnet Hans-Georg Maaßen, dem Bodo Ramelow und dessen Linkspartei ihre verfassungsschutzrechtliche »Entkriminalisierung« zu verdanken haben. In der DDR hätte man das für einen Fall von »Dialektik« gehalten.

Der Fall Rolf Gössner: »Justizielle Reinwaschung eines Linksextremisten«

Der Rechtsanwalt und Bürgerrechtler Dr. Rolf Gössner (geb. 1948) stand insgesamt vier Jahrzehnte unter Beobachtung des deutschen Inlandsgeheimdienstes, darunter 38 Jahre mit einer eigenen Personenakte. Eine Personenakte legt der Verfassungsschutz für gewöhnlich an, wenn der angebliche oder tatsächliche Verfassungsfeind entweder als Person besonders gefährlich oder sein Einfluss auf verfassungsfeindliche Personenzusammenschlüsse besonders groß ist. Bei Gössner war nach höchstrichterlicher Rechtsprechung hingegen weder das eine noch das andere der Fall. 50 Jahre nach Beginn eines über Jahrzehnte andauernden, verfassungswidrigen Rechtsbruches und nach 15 Jahren gerichtlicher Verfahren wird Gössners Anwalt im Jahre 2021 öffentlich feststellen, dass »ein so lang währender Grundrechtebruch gegenüber einem Bürger dieses Landes bislang keinem staatlichen Sicherheitsorgan höchstrichterlich bescheinigt worden«[165] sei.

Wie der Verfassungsschutz sich selbst verrät

Der inzwischen im Ruhestand befindliche Gössner mit dem grauen mittellangen Haar begegnet seinen Mitmenschen in einer nahezu buddhistischen Gelassenheit und Lebensfreude. Von Verbitterung jedenfalls ist nichts zu spüren. Sein letztendlicher Sieg vor Gericht nötigt ihm heute höchstens Genugtuung und ein mildes Lächeln ab, wenn er davon erzählt. Gössner macht dabei aus seiner linken Gesinnung keinen Hehl. Am ehesten fühle er sich der grünen Bewegung im Geiste der 1980/90er Jahre verbunden. Mit den heutigen »Olivgrünen«, wie er sie beiläufig nennt, verbinde ihn hingegen nur noch wenig.

Die erste mittelbare Bekanntschaft mit dem Inlandsgeheimdienst machte Gössner nach eigenen Angaben im Jahr 1968, im Alter von nur 20 Jahren. Ein Jahr zuvor hatte er als Student in Bulgarien auf einer Sommerreise eine junge Polin kennengelernt und sich in sie verliebt. Im Folgejahr seien dann Mitarbeiter des Verfassungsschutzes Baden-Württemberg bei Verwandten Gössners vorstellig geworden, um vor Ostblock-Reisen durch ihn zu warnen. Bis zum Jahr 1971 hatte Gössner zu seiner Jugendliebe aber nur per Brief Kontakt: »Die Briefkontakte der beiden Betroffenen wurden von Geheimdiensten in Ost (sicher) und West (auch sicher) ausgespäht, Briefe waren verklebt, kamen geöffnet an oder wurden gar (teilweise) zensiert.«[166] Erst der Abschluss des deutsch-polnischen Grundlagenvertrages durch die sozial-liberale Koalition im Rahmen der »neuen Ostpolitik« Willy Brandts habe im Jahre 1971 ein Wiedersehen der beiden Verliebten in Polen ermöglicht.

Aber diese Vorgänge sind nicht das, worum es Jahrzehnte später vor deutschen Verwaltungsgerichten gehen wird. Bereits in den 1980er Jahren hatte sich Gössner durch verschiedene kritische Veröffentlichungen über deutsche Sicherheitsapparate, Polizei, Geheimdienste und Politische Justiz einen Namen gemacht. Er war nicht nur als Anwalt tätig, sondern ebenso als Journalist und Publizist. Auch dies dürfte dazu beigetragen haben, dass er von 1990 bis zum Jahre 2001 als rechtspolitischer Berater der Fraktion Bündnis 90/Die Grünen im Landtag von Niedersachsen tätig war. In dieser Funktion war er auch an der »rechtsstaatlichen Zähmung« des niedersächsischen Verfassungsschutzes beteiligt, wie er noch heute nicht ohne Stolz betont. Die Zähmung indes hatte nicht lange Bestand. Nachdem die SPD Mitte der 1990er Jahre in Niedersachsen die absolute Mehrheit errungen hatte, wurde vieles wieder zurückgedreht. Nur so ließ sich damals eine

Beobachtung der Partei Die Republikaner ohne Rechtsbruch durch den Verfassungsschutz herbeiführen.

Durch seine publizistischen Erfolge wurden Mitte der 1980er Jahre auch die Macher der Zeitschrift »Geheim« auf Gössner aufmerksam und warben ihn als drittes Redaktionsmitglied. Er gehörte der Redaktion bis zum Jahre 1999 an. Die Zeitschrift war durch und durch geheimdienst-kritisch und verdankte einen gewissen Aufschwung der Tatsache, dass sich ein ganz ähnlich gelagertes Projekt in den USA durch eine Rechtsänderung vor ziemliche Schwierigkeiten gestellt sah. Das Partnerprojekt hatte sich einen Namen im »naming names« gemacht, also in der Offenbarung geheimdienstlicher CIA-Agenten in aller Welt. Als derartige Aktivitäten in den Vereinigten Staaten unter Strafe gestellt wurden, übernahm die deutsche, international vernetzte Zeitschrift »Geheim« diese Funktion in ähnlicher Weise.

Dass solche Aktivitäten auch allen deutschen Geheimdiensten ein Dorn im Auge sein mussten, kann nicht verwundern. Mitte der 1990er Jahre stufte das Bundesamt für Verfassungsschutz (BfV) die Zeitschrift »Geheim« in seinen Jahresberichten ganz offiziell als linksextremistisch ein. Daraufhin erkundigte sich Rolf Gössner mit Schreiben vom 6. März 1996 beim Präsidenten des BfV, ob er sich von nun an als »›amtlich‹ gestempelter ›Linksextremist‹«[167] betrachten müsse – und verlangte Auskunft über die zu seiner Person beim BfV gespeicherten Daten. Gössners Ton war dabei überaus freundlich. Er kannte den VS-Präsidenten noch von dessen früherer Tätigkeit als Direktor bei der Stasi-Unterlagenbehörde und hoffte deshalb auf eine »gewisse Sensibilität« für die »denunziatorische(n) Wirkungen«[168] öffentlicher Aktivitäten des Geheimdienstes. Gössner bekam eine erhellende Antwort. Aus dieser ging schwarz auf weiß hervor, dass das Amt schon seit 1970 systematisch Informationen über ihn sammelte – also seit einem geschlagenen Vierteljahrhundert.[169] Gegen die Überwachung Gössners protestierten im Jahr 1997 zahlreiche namhafte Intellektuelle der Schriftstellervereinigung

PEN. Darunter fanden sich u. a. Günter Grass, Carl Amery, Lew Kopelew und Peter Rühmkopf.[170] An Gössners fortdauernder Beobachtung änderte das nichts.

Einen zusätzlichen Grund für seine angebliche Verfassungsfeindlichkeit hatte Gössner sogar selbst geliefert. Ab dem Jahr 1989 benannte sich die Zeitschrift zeitweise in »Nicht länger geheim« um – auf seinen eigenen Vorschlag hin. Gössner schien das seinerzeit nur konsequent, da die Zeitschrift das Prinzip »naming names« und die Aufdeckung von Geheimdienst-Skandalen zu ihrem Programm gemacht hatte. Doch das eigentliche Problem war ihm nach eigenen Angaben damals gar nicht präsent. Bereits im Jahr 1966 war in der DDR ein Buch von Julius Mader gleichen Titels erschienen, das die »subversive Tätigkeit« der bundesdeutschen Geheimdienste »gegen die Deutsche Demokratische Republik«[171] enthüllen sollte. Wer dieselben Worte verwendet, muss auch dasselbe denken, so wurde geschlussfolgert. Dazu trug auch bei, dass Mader in den Jahren 1988 und 1989 in »Geheim« insgesamt dreimal selbst zu Wort gekommen war. Als dann Anfang der 1990er Jahre außerdem bekannt wurde, dass der leitende Redakteur der Zeitschrift, Michael Opperskalski, Kontakte zum »Ministerium für Staatssicherheit« (MfS) der DDR unterhalten hatte, schien das Bild komplett. Gössner beteuert allerdings, davon nichts gewusst zu haben.

In den Folgejahren fragte Gössner beim Verfassungsschutz immer wieder nach, welche Daten und Fakten der Geheimdienst denn über ihn gesammelt hatte. Das tat Gössner mit Schreiben vom 20. August 1998 auch in der Absicht zu erfahren, worin konkret der Verfassungsschutz inhaltliche Anhaltspunkte für extremistische Bestrebungen bei ihm sehe. Er wolle auf Basis entsprechender Mitteilungen nämlich möglicherweise für sein »künftiges Verhalten Konsequenzen ziehen«.[172] Eine nähere inhaltliche Begründung für die Beobachtung verweigerte der Verfassungsschutz allerdings. Einer »rechtlichen Begründung für die Erfassung dieser Daten« bedürfe es nicht. Die »Rechtmäßigkeit der Datenspeicherungen« sei »auch ohne weitere Erläuterungen« hinreichend nachvollziehbar.[173]

Die rechtliche Grundlage für entsprechende Auskunftsersuchen findet sich in Paragraf 15 des Bundesverfassungsschutzgesetzes. Demnach ist die Behörde gegenüber Betroffenen zur Auskunft verpflichtet, soweit diese »ein besonderes Interesse an einer Auskunft« darlegen können. Allerdings ist sie ihrerseits berechtigt, die entsprechende Auskunft zu begrenzen oder ganz zu verweigern, sofern dadurch eine »Gefährdung der Aufgabenerfüllung« oder Quellen zu befürchten, die öffentliche Sicherheit gefährdet sei oder die entsprechenden Informationen wegen der überwiegenden berechtigten Interessen Dritter »geheimgehalten werden müssen«.[174] Erwartungsgemäß machte die Behörde von diesen einschränkenden Möglichkeiten auch im Falle Gössners reichlich Gebrauch. Aber so viel erfuhr er dann doch: Sie sammelte personenbezogene Daten nicht nur über seine Aufsätze, Interviews und Bücher, sondern höchst selektiv auch darüber, bei welchen Organisationen er als Redner, Diskussionspartner oder Anwalt in Erscheinung getreten war. Dazu gehörten im weitesten Sinne auch solche Organisationen, die der Verfassungsschutz für erwiesen linksextremistisch oder für entsprechend beeinflusst hielt. Die Deutsche Kommunistische Partei (DKP) oder der Verein Rote Hilfe e. V. zum Beispiel.

»Kontaktschuld«: Spiel nicht mit den Schmuddelkindern

Tatsächlich verkehrte Gössner im Rahmen seiner vielfältigen beruflichen Tätigkeiten über Jahrzehnte hinweg auch in einem Milieu, das vom Verfassungsschutz als »gesichert linksextremistisch« eingestuft wurde. Dazu zählten nicht nur die DKP und ihr Umfeld. Ebenso stand er als Autor oder Interviewpartner den Tageszeitungen »Neues Deutschland« (ND) oder »Junge Welt« (JW) zur Verfügung. Für den Verfassungsschutz war damit klar, dass Gössner »teils nachdrücklich unterstützend«[175] für linksextremistische Kreise tätig war. Der Betroffene allerdings sah und sieht das bis heute völlig anders.

Immer wieder wird er später vor Gericht betonen, dass sich einfach »zwei unterschiedliche politische Kulturen und Grundhaltungen«[176] gegenüberstünden. Seiner Kultur entspreche es, prinzipiell mit jedem Menschen zu sprechen. Selbst Demokratieverdrossene gelte es mit Argumenten und durch einen offenen, rationalen politischen Diskurs zurückzugewinnen. Der Verfassungsschutz hingegen erkläre einen Teil der Bürger zu Unberührbaren, stigmatisiere sie und forsche sie aus. Mit einer aufgeklärten Gesellschaft habe das wenig zu tun, findet er. Gänzlich unparteiisch ist Gössners aufklärerisches Selbstverständnis dabei aber auch nicht. Die Frage, ob er auch zu Vortragstätigkeiten bei rechtsextremistischen Gruppierungen bereit sei, um sie auf den Pfad der »rechtsstaatlichen Tugend« zurückzuführen, verneint er klar und deutlich.

In einer Gesamtschau stehen die Kontaktschuld-Fakten auf Gössners Seite. Eigentlich ist der Verfassungsschutz aus Gründen der Verhältnismäßigkeit dazu verpflichtet, be- und entlastende Fakten gleichermaßen zu würdigen. Anstelle der Behörde hat Gössner genau das vor Gericht getan. Er kommt zu folgender Bilanz: In der fraglichen Zeit habe er einmal pro Jahr Kontakt zu DKP-Presseorganen unterhalten und ganze 0,3 mal pro Jahr zu aus Sicht des Verfassungsschutzes »DKP-beeinflussten Personenzusammenhängen«. Dem stünden jahresdurchschnittlich »25 bis 30 Veranstaltungen, Podiumsdiskussionen, Anhörungen, Seminare, Konferenzen« etc. in ganz anderen Zusammenhängen gegenüber. Hinzu kämen »mindestens 50 Artikel, Reden und Interviews pro Jahr« in anerkannten und etablierten Medien: »Der Spiegel«, MDR, Pro 7, Tagesschau, »Die Zeit« usw.[177] Mit regelrechter Genugtuung wird Gössner vor Gericht außerdem ausführen, dass er auch von Verfassungsschutzbehörden, der Polizei und Parlamenten als Sachverständiger und Referent eingeladen worden sei. Noch am 25. September 2013 gehörte er einer Delegation an, die auf Einladung des Chefs des Bundesamtes für Verfassungsschutz in »einer freundlich geführten, lebhaften Diskussion« mit diesem über die Auflösung seiner Behörde stritt.[178] Wenn Gössners Gesprächsbereitschaft mit »Extremisten« also ein tatsächlicher Anhaltspunkt für verfassungsfeindliche Bestrebungen sein soll, hätte der Inlandsgeheimdienst dessen Einladungen zu Veranstaltungen von Verfassungsschutzbehörden auch für das entlastende Gegenteil halten können.

Gössner verklagt die Bundesrepublik

Gegen Ende des Jahres 2005 platzte Gössner der Kragen. Er ging rechtlich gegen seine Beobachtung durch den Verfassungsschutz vor und erhob Klage vor dem Verwaltungsgericht zu Köln. Dieses Gericht war in erster Instanz zuständig, weil das fragliche Bundesamt für Verfassungsschutz bis heute dort seinen Dienstsitz hat und Gössner durch dieses höchstpersönlich beobachtet wurde. Er hatte es also von Anfang an mit dem Inlandsgeheimdienst des Bundes zu tun. Man durfte also ein hohes verfassungsschutzrechtliches Niveau erwarten.

Insgesamt zog sich der Rechtsstreit über 15 Jahre und drei Instanzen hin. Gössner konnte dabei einen doppelten Vorteil auf seiner Seite verbuchen: Seine Gewerkschaft ver.di trat für alle Rechtsanwalts- und Gerichtskosten ein, und er konnte als Anwalt mit den Spezialgebieten Geheimdienste, demokratischer Rechtsstaat und Bürgerrechte auch selbst zur Feder greifen und die Ausführungen seines Anwaltes ergänzen. Gössner sollte am Ende alle drei Verfahren gewinnen. Alle Instanzen bescheinigten dem Rechtsanwalt und Bürgerrechtler, grundrechtswidrig und »in handgreiflicher Weise«[179] unverhältnismäßig über fast vier Jahrzehnte vom Verfassungsschutz beobachtet worden zu sein.

Anfangs richtete sich die Klage Gössners aber gar nicht gegen die Überwachung als solche. Er begehrte bloß Einsicht in die über ihn vorliegenden Daten und Akten. Nachdem das Verwaltungsgericht Köln diesen Anspruch mit zwei Beschlüssen bestätigt hatte, verhängte das aufsichtsführende Bundesinnenministerium wie im Falle Ramelows eine fast 90-seitige »Sperrerklärung« gemäß Paragraf 99 Verwaltungsgerichtsordnung. Nur in weitgehend geschwärztem Zustand wurden die Unterlagen dem Gericht zugeschickt und dem Kläger ausgehändigt. Auch deshalb hatte Gössner seine Klage schließlich auf Feststellung der Rechtswidrigkeit seiner Ausforschung seit dem Jahr 1970 erweitert.

In der ersten Phase des Gerichtsverfahrens hatte der Verfassungsschutz zunächst betont, dass es nicht entscheidend sei, ob der Kläger mit den Inhalten seiner Publikationen und Reden selbst verfassungsfeindliche Ziele verfolge oder nicht. Es komme vielmehr darauf an, dass er entsprechenden Organisationen »unentbehrliche Agitations- und Propagandadienste leiste«[180]. Der Kernvorwurf an Gössner war also zunächst gar nicht, dass er selbst ein Verfassungsfeind sei. Er bestand darin, dass er Verfassungsfeinden in die Hände spiele. Es war also zunächst nicht klar, ob der Verfassungsschutz in Gössner wie in Ramelow einen »nützlichen Idioten«[181] sah. Jedenfalls war es eine Art von »Kontakt-Verdacht«, ein angeblicher »Kontakt-Extremismus«, der ihn in Bewegung versetzte.[182]

Als Gössner am 17. Oktober 2007 mitteilte, er sei zum stellvertretenden Mitglied des Staatsgerichtshofes der Freien Hansestadt Bremen gewählt worden, begann sich das Blatt allmählich zu wenden. Aus dem vermeintlichen Unterstützer des Linksextremismus war plötzlich ein Verfassungsrichter geworden. Der Verfassungsschutz hielt diesen Vorgang für die Klärung der eigentlichen Rechtsfrage nicht von Belang. Zwar müsse der Maßstab der Verhältnismäßigkeit bei der Beobachtung eines Richters aus »Respekt vor dem Richteramt« in besonderer Weise Berücksichtigung finden und diese sich »auf ein dem Einzelfall angemessenes, erforderliches Mindestmaß« beschränken.[183] Aber sie sei zugleich möglich und im vorliegenden Fall auch erforderlich.

Erstmals in der mündlichen Verhandlung vom 20. November 2008 und damit nach mehr als drei Jahren behauptete der Verfassungsschutz ausdrücklich, Gössner sei selbst als genuiner Linksextremist einzustufen. Die Gründe hierfür seien aber so geheim, dass die Behörde sie nicht einmal vor Gericht vortragen könne. Das Verwaltungsgericht veranlasste das zu einer scharfen Einlassung gegenüber dem Verfassungsschutz: »Die Kammer hält ein derartiges Prozessverhalten der Beklagten (…) nicht für akzeptabel.«[184] Es sei unstatthaft, derartige Hinweise erst nach mehr als drei Jahren zu geben. Der Verfassungsschutz wurde unter Fristsetzung aufgefordert, seine Behauptungen mit Fakten zu untermauen.

Vom Verfassungsschutz wurde dabei sogar die Tatsache als Hinweis auf Gössners Verfassungsfeindlichkeit angesehen, dass dieser *nicht* Mitglied in einer als extremistisch geltenden Organisation war. Das Bundesamt trat damit in das Stadium einer verschwörungstheoretischen Behörde im schlechtesten Sinne des Wortes ein. Gössner agiere »ganz bewusst nicht als Mitglied einer offen extremistischen Partei oder Organisation; jedoch nicht etwa, weil er sich von den verfassungsfeindlichen Zielen der unterstützen Organisationen distanzieren, sondern weil er so seine Glaubwürdigkeit nach Außen als vermeintlich unabhängiger Experte zu wahren sucht.«[185] Gössners angebliche Verfassungsfeindlichkeit erwies sich somit gar nicht als das Ergebnis einer Würdigung von Fakten, sondern hatte umgekehrt gerade die Abwesenheit von Fakten zur Voraussetzung. Wer eine Tatsache ebenso wie ihr Fehlen als Beweis für denselben Sachverhalt erklärt, befindet sich indes bereits »auf halbem Weg zum Wahn«[186].

Der Verfassungsschutz bläst zum Rückzug

Vor allem ein Vorfall ließ sich mit all dem überhaupt nicht mehr erklären. Kurz bevor der Verfassungsschutz Gössner erstmals offiziell zum Linksextremisten erklärte, hatte er überraschend das Ende der Beobachtung verkündet. Gössner unterstütze nämlich »nicht mehr in der früheren Intensität« linksextremistische Organisationen. Die konkreten Argumente für diese Entscheidung unterlägen aber selbst gegenüber dem Gericht der »Geheimhaltungsbedürftigkeit«.[187] Für Gössner war das völlig unverständlich. Seine »inkriminierten Kontakte« hätten »nicht etwa nachgelassen«, eher seien »weitere hinzugekommen«. Und auch seine Texte seien »keinesfalls ›harmloser‹« geworden.[188] Da Gössner nach eigener Auskunft sein Verhalten gar nicht verändert hatte, konnten Gründe für seine Beobachtung nie bestanden haben. Der Verfassungsschutz verstrickte sich in Widerspruch um Widerspruch.

Zum ersten Rückzugsgefecht des Verfassungsschutzes dürfte Gössners Ernennung zum Verfassungsrichter beigetragen haben – und noch ein anderes Kuriosum. Ein halbes Jahr zuvor war ihm außerdem die renommierte Theodor-Heuss-Medaille verliehen worden – als Mitherausgeber des »Grundrechte-Reports zur Lage der Bürger- und Menschenrechte in Deutschland«. Die Verleihungsurkunde hatte keine geringere als die ehemalige Präsidentin des Bundesverfassungsgerichts, Prof. Dr. Jutta Limbach, unterzeichnet. Darin hieß es ausdrücklich, die Herausgeber des »Grundrechte-Reports« erhielten den Preis für die regelmäßige Erarbeitung eines »alternativen Verfassungsschutzberichtes«, der ein ums andere Mal »die Beeinträchtigungen von Grund- und Menschenrechten durch staatliche Gewalt« aufgezeigt hätte. Es sei eine »zunehmende Kluft zwischen den Ansprüchen des Grundgesetzes und der Realität« feststellbar.[189]

Während der Verfassungsschutz daran arbeitete, Gössner des Extremismus zu überführen, wurde dieser ausgerechnet von der ehemaligen Präsidentin des Bundesverfassungsgerichtes für die Aufdeckung verfassungswidriger Einschränkungen von Grundrechten ausgezeichnet. Angesichts dieser Faktenlage konnte der Inlandsgeheimdienst gar nichts anderes tun, als zum geordneten Rückzug zu blasen. Es ging bloß noch darum, den entstandenen Schaden zu begrenzen. Der kontinuierliche Rechtsbruch sollte offiziell beendet werden, ohne dabei einzugestehen, dass er jemals stattgefunden hatte. Rolf Gössner ließ das Gerichtsverfahren deshalb zu einer »Feststellungsklage« umstellen. Ab sofort ging es ihm nicht mehr in erster Linie um Einsichtnahme in seine Akten. Nun wollte er gerichtlich feststellen lassen, dass die ihn betreffenden Aktivitäten von Anfang an rechts- und verfassungswidrig gewesen waren.

Durch »Konsensschuld« zum kommunistischen Revolutionär

Wohl um eine vollumfängliche Niederlage zu verhindern, engagierte das Bundesamt für Verfassungsschutz dieselbe renommierte Rechtsanwaltskanzlei wie im Falle Ramelows. Zuvor hatte es sich selbst vertreten. Gössner sollten nun anhand eines Aufsatzes aus dem Jahr 2000 verfassungsfeindliche Bestrebungen nachgewiesen werden.[190] Freilich hätte auch die Veröffentlichung eines Aufsatzes im Jahre 2000 nicht begründen können, warum Gössner seit dem Jahr 1970 beobachtet wird. Die Frage, ob, wie und wann man Gründe zur Legitimierung einer Beobachtung im gerichtlichen Verfahren »nachschieben« kann, spielte denn in den Gerichtsverfahren auch eine große Rolle.

In dem fraglichen Text in den »Marxistischen Blättern« plädierte Gössner für eine Liberalisierung der Drogenpolitik und für »tiefgreifende politische und ökonomische Veränderungen (…). Wir brauchen einen konsequenten Ausbau demokratischer Strukturen, die Verbesserung von Transparenz und demokratischer Kontrolle in Staat, Wirtschaft und Gesellschaft, sowie eine Stärkung und Absicherung der Bürgerrechte statt deren Aushöhlung.«[191] Der Verfassungsschutz sah darin einen verfassungswidrigen »Aufruf zur Etablierung eines sozialistischen Staats- und Gesellschaftssystems«, weil Gössner sich eindeutig der »Signalwörter der kommunistischen Doktrin« bedient habe. Es handele sich dabei quasi um einen internen Szene-Code, der von den angesprochenen Extremisten »sofort verstanden« würde. Als Beleg verwies der Verfassungsschutz auf das »Kleine Politische Wörterbuch« der DDR aus dem Jahre 1983. Auch in diesem fände sich die Formulierung »tiefgreifende Veränderung« – und zwar als Schritt hin zur »sozialistische(n) Revolution«.[192] Weil Gössner ebenso wie die DDR-Autoren von »tiefgreifender Veränderung« gesprochen hatte, war für den Verfassungsschutz der geheime Verschwörungsplan einer kommunistischen Internationale offengelegt.

Und vor allem ein weiterer Anhaltspunkt galt als Beleg für verfassungswidrige Positionen Gössners. Dieser vertrete zum Teil dieselben Positionen wie die DKP, so zum Beispiel die nach Abschaffung des Verfassungsschutzes. Aus der Kontaktschuld war damit eine »Konsensschuld«[193] geworden. Die entscheidende rechtliche Frage war dabei aber, ob diese Positionen überhaupt verfassungswidrig waren. Sofern die DKP auch verfassungskonforme Positionen vertreten hätte und Gössner ausgerechnet mit diesen übereinstimmen sollte, läge ein verfassungsschutzrechtlich irrelevanter Vorgang vor. Während der Verfassungsschutz tatsächlich unterstellte, Gössner setze sich für die Abschaffung des Verfassungsschutzes ein, um gezielt »auf die Schwächung der wehrhaften Demokratie«[194] hinzuarbeiten, wies das Verwaltungsgericht Köln diese Sicht als unbelegt zurück und erteilte den Verfassungsschützern Nachhilfe in Verfassungsrecht. Die Forderung nach Abschaffung des Verfassungsschutzes könne schon deshalb nicht verfassungswidrig sein, weil »die Existenz der Verfassungsschutzbehörden in ihrer konkreten Form kein Element der freiheitlich demokratischen Grundordnung« darstelle. Der

Verfassungsschutz soll zwar die Verfassung schützen, zählt aber selbst nicht zu ihren Schutzobjekten. Darüber hinaus sei »Kritik an der Verfassung und ihren wesentlichen Elementen ebenso erlaubt wie die Forderung, tragende Bestandteile der freiheitlichen demokratischen Grundordnung zu ändern.«[195] Auch in den folgenden Gerichtsinstanzen sollten diese Selbstverständlichkeiten immer wieder eine gerichtliche Bestätigung erfahren. Man wird die Fälle Gössner und Ramelow zum Teil auch aus der Systemkonfrontation in der Zeit des Kalten Krieges erklären können und müssen. Aber auch hierdurch können staatliche Rechtsbrüche nicht geheilt werden.

Drei Niederlagen

Das Urteil des Verwaltungsgerichts Köln konnte nicht überraschen. Es endete für den Verfassungsschutz Anfang 2011 in einem Fiasko. Das Gericht bescheinigte dem Inlandsgeheimdienst, dass »die Beobachtung des Klägers (…) rechtswidrig gewesen ist.«[196] Es stellte damit einen über 38 Jahre andauernden Rechtsbruch fest und hielt diesen deshalb für besonders »schwerwiegend«, weil dieser auch von der Verfassung besonders geschützte Bereiche betroffen habe.[197] Weder habe Gössner selbst jemals verfassungswidrige Positionen vertreten, so das Gericht, noch könne er als Unterstützer verfassungswidriger Organisationen gelten. Ein Jahr zuvor hatte das Bundesverfassungsgericht Gössner außerdem einen zweiten Limbach-Effekt beschert, indem es die verdachtslose Vorratsspeicherung von Telekommunikationsdaten für weitgehend verfassungswidrig erklärte. Erstbeschwerdeführer in diesem Verfahren war ausgerechnet Dr. Rolf Gössner. Regelrecht triumphierend wird er daher in seiner Einlassung vor Gericht fragen: »Wer handelte hier wohl verfassungswidrig und wer sorgte für verfassungsgemäße Rechtsverhältnisse?«[198] Rückblickend betrachtet wirken die Gerichtsverfahren im Falle

Gössners wie eine attische Komödie, in der ein guter Daimon die Regie führt.

Verfassungsschutz und aufsichtsführendes Bundesinnenministerium legten vor dem Oberverwaltungsgericht NRW Mitte 2011 Berufung gegen das Urteil ein. Dabei wurden keine neue Tatsachen präsentiert. Stattdessen warf der Inlandsgeheimdienst dem Verwaltungsgericht Köln vor, die vorgetragenen Fakten falsch gewürdigt zu haben. Und er ging noch etwas weiter. Er behauptete sogar, es sei »durchgängig von dem Bemühen geprägt« gewesen, die Äußerungen Gössners in einem für ihn »günstigen Sinne zu interpretieren«. Wo dies objektiv nicht möglich gewesen sei, habe sich das Gericht sogar darum bemüht, dessen Äußerungen zu »verharmlosen«.[199] Was der Verfassungsschutz damit behauptete, war mindestens kühn, wenn nicht dreist. Er bezichtigte die Richter damit der Kollaboration mit einem Kommunisten. Gössner musste zwar geschlagene sieben Jahre auf die abschließende Verhandlung im Berufungsverfahren warten, ließ dann aber seiner Spöttelei freien Lauf: »Ich konnte mich des Eindrucks nicht erwehren, als habe das Bundesamt für Verfassungsschutz neue Beobachtungsobjekte ausgemacht und ins Visier genommen: nämlich die Richterinnen und Richter der 20. Kammer des Verwaltungsgerichts Köln. (…) Die Richter des Verwaltungsgerichts geraten damit selbst in den Ruch, ›verfassungsfeindliche Bestrebungen‹ des Klägers zu decken, zu rechtfertigen, ja womöglich nachdrücklich zu unterstützen.«[200] Auch die wohlmeinend gedachte Frage des Oberverwaltungsgerichtes, ob der Verfassungsschutz angesichts des Bundesverfassungsgerichtsurteils zugunsten des Abgeordneten Bodo Ramelow aus dem Jahre 2013 nicht noch einmal in sich gehen wolle,[201] blieb wirkungslos.

Das Urteil des OVG NRW von Anfang 2018 fiel erwartbar deutlich aus: »Die zielgerichtete Beobachtung des Klägers und die damit verbundene Führung einer Personenakte waren während des gesamten streitgegenständlichen Zeitraums rechtswidrig.«[202] Weder sei die Datenerhebung verhältnismäßig gewesen noch könne der Verfassungsschutz nachträglich gewonnene Erkenntnisse zur Rechtfertigung eines zuvor vorgenommenen Grundrechtseingriffes heranziehen. Das Oberverwaltungsgericht verwies den Verfassungsschutz auch ganz grundsätzlich in die Schranken: »Wenn für den Einzelnen nicht mehr erkennbar ist, wer was wann und bei welcher Gelegenheit über ihn weiß, kann ein Einschüchterungseffekt entstehen, der zu Beeinträchtigungen bei der Ausübung anderer Grundrechte führen kann. Die Freiheit des Einzelnen, aus eigener Selbstbestimmung zu planen und zu entscheiden, kann dadurch wesentlich gehemmt werden.« Solche Effekte erklärte das Gericht ausdrücklich zu einer Beeinträchtigung des »Gemeinwohls«[203] und damit zu einem Schaden an der Demokratie.

Gegen das unmissverständliche Urteil des Oberverwaltungsgerichtes ging der Verfassungsschutz Mitte 2018 vor dem Bundesverwaltungsgericht in Revision. Und wieder gab es keine neuen Argumente. Der Verfassungsschutz begnügte sich damit zu wiederholen, was er bereits vorgetragen hatte. Von Erfolg war diese Strategie nicht gekrönt. Ende 2020 wies das Bundesverwaltungsgericht die Revision höchstinstanzlich und damit rechtskräftig zurück. Es folgte dabei nicht in allen Punkten der Begründung des Oberverwaltungsgerichts, aber doch im Ergebnis. Vor allem wies es dessen Einschätzung zurück, dass es einer subjektiv gewollten Unterstützungsleistung Gössners bedurft hätte, um ihn beobachten zu dürfen. Es bestätigte damit ausdrücklich seine bereits im Fall Ramelow entwickelte Auffassung, auch ein »nützlicher Idiot« könne die Verfassung gefährden und damit legitimer Beobachtungsgegenstand des Verfassungsschutzes sein. Aber: Für den Fall Gössners erklärte es die langjährige Beobachtung selbst unter der Annahme eines »objektiven Unterstützungsbeitrags« als »jedenfalls unverhältnismäßig im engeren Sinne«. Da Gössner nicht nachgewiesen werden konnte, dass er selbst verfassungsfeindliche Ziele verfolge, habe dessen Ausforschung angesichts des überschaubaren Erkenntnisgewinns nicht mehr dem

Grundsatz der Verhältnismäßigkeit entsprochen. Die erfolgten Grundrechtseingriffe hätten sich damit als »in handgreiflicher Weise unangemessen«[204] erwiesen.

Im Umfeld des Verfassungsschutzes wird nach den Gerichtsurteilen an der Einschätzung festgehalten, Gössner sei ein »intellektueller Extremist«[205]. Das jedenfalls behaupten die ehemaligen Verfassungsschützer Thomas Grumke und Rudolf van Hüllen ganz unbeeindruckt noch im Jahre 2016, also fünf Jahre nach dem Urteil des Verwaltungsgerichts Köln. Sie werfen diesem sogar eine »justizielle Reinwaschung eines Linksextremisten«[206] vor. Auch in der überarbeiteten Neuauflage ihres Buches von 2019 und somit nach dem Berufungsurteil des Oberverwaltungsgerichts NRW rücken sie von ihrer Meinung nicht ab.[207] Verhielte sich ein Beobachtungsobjekt des Verfassungsschutzes so, können tatsächlich Anhaltspunkte für eine rechtsstaatswidrige und damit verfassungsfeindliche Bestrebung vorliegen.

Rolf Gössner hält all das zwar für einen Fall von Verleumdung, will dagegen rechtlich aber nicht vorgehen. Das lohne sich nicht mehr, sagt er. Eine Erklärung für das renitente Urteil Grumkes und van Hüllens hat Gössner aber parat. Rudolf van Hüllen war einst Referatsleiter im Bereich Linksextremismus/Linksterrorismus beim Bundesamt für Verfassungsschutz und Thomas Grumke langjähriger Mitarbeiter des Verfassungsschutzes NRW, der ebenfalls rechtswidrig über Gössner Daten gespeichert hatte. Gössner ist sich ziemlich sicher, dass beide selbst mit seiner »rechtswidrigen Beobachtung«[208] befasst gewesen seien. Überhaupt scheint der Verfassungsschutz von einem rechtsstaatlich problematischen Selbstverständnis eines Staats im Staate durchwirkt zu sein. Im Gespräch mit dem Autor erklärt ein ehemals führender Mitarbeiter des Verfassungsschutzes Rolf Gössner selbst im Jahre 2023 noch zu einem »Linksextremisten«. Nicht die Judikative, sondern der Verfassungsschutz ist offenbar der oberste »Hüter der Verfassung«.

Kein Wort des Bedauerns

Rolf Gössner weiß bis heute nicht genau, was eigentlich in seiner Personenakte stand. Daran konnte wie im Falle Bodo Ramelows auch ein »In-Camera«-Verfahren nichts ändern, das er parallel zu seiner Feststellungsklage angestrengt und verloren hatte.[209] Gössner nennt es die »Verlängerung des Geheimdienstes in die Justiz« hinein. Trotz höchstrichterlicher Feststellung seiner Unbedenklichkeit gelten die über ihn gesammelten Fakten als zu gefährlich, als dass er sie selbst in Augenschein nehmen dürfte. Auch die Gerichte aller drei Instanzen konnten den Inhalt der geschwärzten Aktenteile nicht zur Kenntnis nehmen und mussten auf Basis dieser eingeschränkten Beweislage urteilen. Ein Verfassungsschützer hält das im Gespräch mit dem Autor dieses Buches allerdings für unvermeidlich. In derartigen Verfahren gehe es eben nie nur um die Interessen des Betroffenen, sondern auch um die Abwägung der Interessen des Staates und der Allgemeinheit. Vielleicht haben die Richter im »In-Camera«-Verfahren dem Ansehen des Rechtsstaates sogar einen Dienst erwiesen. Wer weiß, was sich in den Akten alles sonst noch gefunden und möglicherweise zur Delegitimierung des Rechtsstaates beigetragen hätte.

Heute hat Gössner seinen Unmut über die damaligen Ereignisse hinter sich gelassen. Auf eines aber warte er bisher vergebens: auf eine Reaktion des Staates, der ihn über nahezu vier Jahrzehnte hinweg schwerwiegend in seinen Grundrechten verletzt habe. »Bis heute hat es da nichts gegeben, keine Entschuldigung, nicht einmal ein Wort des Bedauerns«, sagt Gössner.

1735

Köln, den 17.09.2001

Geschwärztes Blatt 1735 aus der VS-Personenakte »Rolf Gössner«.
Quelle: Rolf Gössner, privat.

Der Fall Schnellroda: »Superspreader von Hass und Gewalt«

Es war im Sommer des Jahres 2020, als der Präsident des Bundesverfassungsschutzes bei der Vorstellung des Verfassungsschutzberichtes 2019 eine Frontalattacke auf die so genannte »Neue Rechte« ritt. Man dürfe nicht nur die eigentlichen Gewalttäter, sondern müsse auch die »geistigen Brandstifter« in den Blick nehmen. Zu diesen »Superspreadern von Hass, Radikalisierung und Gewalt« zählte Haldenwang namentlich das Institut für Staatspolitik (IfS) aus dem beschaulichen sachsen-anhaltinischen Dorf Schnellroda.[210] Seit mehr als 20 Jahren gilt das Institut rund um den Verleger Götz Kubitschek als Deutschlands neu-rechter Thinktank. Neben der institutseigenen Zeitschrift »Sezession« betreibt Kubitschek außerdem seinen Antaios Verlag. Im Gespräch mit dem Autor dieses Buches bezeichnet die Chefin der AfD, Alice Weidel, Schnellroda als eine »Vorfeldorganisation« ihrer Partei. Ihr Amtsvorgänger und Parteigründer Bernd Lucke geht noch einen Schritt weiter. Für ihn ist Götz Kubitschek der »eigentliche Strippenzieher«[211] der Völkischen in der AfD.

Was Haldenwang damals sagte, ist mehr als eine bloße Meinungsäußerung. Er repräsentiert ein staatliches Organ, das zu Grundrechtseingriffen befugt ist. Ein solcher ist nach gängiger Rechtsmeinung bereits dann erreicht, wenn Personen oder Organisationen in den Verfassungsschutzberichten Erwähnung finden – oder eben auf Pressekonferenzen des Verfassungsschutzes.[212] Durch sie wird in der Öffentlichkeit ein schlechtes Licht auf die Betroffenen geworfen, und das erzeugt Abschreckung. Diese präventive Form des Verfassungsschutzes ist eine der Lehren aus dem Untergang der Weimarer Republik. Oder wie der Verfassungsschutz Sachsen-Anhalt es selbst formuliert: »Die Verfassungsschutzbehörde informiert (…) nicht einfach nur die Öffentlichkeit, sondern will die (…) extremistischen Bestrebungen bewusst aus der gleichberechtigten Teilhabe an der politischen Meinungsbildung ausgrenzen.«[213]

Mittlerweile gelten Götz Kubitschek und sein Institut ganz offiziell als erwiesen extremistisch. Das liegt nicht zuletzt an seinen engen Kontakten zum AfD-Rechtsaußen Björn Höcke. Sowohl in seinem Stammland Sachsen-Anhalt als auch auf Bundesebene ist das IfS seit 2020 Gegenstand der Verfassungsschutzberichte. Rechtlich dagegen vorgehen wollte Kubitschek nach eigenen Angaben zunächst nicht. Dann kündigte er auf seinem institutseigenen Blog doch eine Klage gegen das Land Sachsen-Anhalt an.[214] Ein szenenaher Rechtsanwalt habe seine Dienste angeboten und am 25. Oktober 2021 Klage und Eilantrag gegen die Erwähnung im örtlichen Verfassungsschutzbericht beim Verwaltungsgericht Magdeburg eingereicht. Für ihn sei das aber bloß ein geeigneter Weg gewesen, sagt Kubitschek, Einblick in die Akten des Verfassungsschutzes Sachsen-Anhalt zu nehmen. Er hätte herausfinden wollen, was dieser tatsächlich über sein Institut wisse. Der Eilantrag wurde mit Beschluss vom 23. Februar 2023 vom zuständigen Verwaltungsgericht abgelehnt. Das Institut für Staatspolitik zog daraufhin auch im Hauptsacheverfahren zurück. Die vor Gericht verhandelten Unterlagen ermöglichen einen bemerkenswerten Einblick in die Arbeit des deutschen Inlandsgeheimdienstes.

Bereits seit dem Frühjahr 2022 hatten sich beide Seiten leer geschrieben. Eigentlich war alles gesagt. Aber mehr als ein Jahr herrschte seitens des Gerichtes Funkstille: keine Entscheidung, kein einziger Verhandlungstermin. Auf Nachfrage beim zuständigen Gericht, ob derartig lange Fristen auch bei Eilanträgen üblich seien, dauert es fast zwei Monate bis zu einer Antwort. Und die fällt ziemlich mager aus. Die »Gestaltung der Arbeits- und

Verfahrensabläufe« der einzelnen Kammer sei deren Sache. Richterliche Unabhängigkeit umfasse nicht nur den Inhalt richterlicher Urteile, sondern auch Arbeitsweise und -geschwindigkeit. Der Pressesprecher verweist bloß auf den Jahresbericht des Präsidenten des Oberverwaltungsgerichts des Landes Sachsen-Anhalt. Für das Jahr 2021 sind dort für »allgemeine Eilverfahren« an den Verwaltungsgerichten Halle und Magdeburg durchschnittliche Verfahrensdauern von 2,7 Monaten ausgewiesen.[215] Im vorliegenden Fall waren es unerklärliche 14 Monate.

Ein Blick ins Milieu

Im verschlafenen Schnellroda herrscht Einöde am Morgen des 30. Juli 2022, als der Autor dieses Buches zu Besuch kommt. Bloß zwischen dem örtlichen Gasthaus und dem alten Wasserturm hat sich weniger als ein halbes Dutzend politischer Gegner auf der Straße versammelt – begleitet von etwa doppelt so vielen Polizisten. Fünf weitere Gegendemonstranten haben auf einer kleinen Wiese direkt vor dem Rittergut Schnellroda ihr Lager aufgeschlagen. Sie bieten Kaffee, Quiche und Blechkuchen gegen einen Obolus feil. Nur für »Nazis« gebe es »keinen Kuchen«, heißt es auf einem Schild. Kaufen will aber sowieso niemand etwas: keiner der Veranstaltungsteilnehmer von der Gegenseite, aber auch kein Dorfbewohner.

Nur manchmal verirrt sich an diesem Tag einer von ihnen auf die Straße, um den Mülleimer zu leeren oder der Nachbarin etwas Obst und Gemüse vorbeizubringen. Wenn man sie fragt, was sie von Kubitschek halten, herrscht grimmige Zurückhaltung. Zu oft, sagt ein Rentner von ungefähr 70 Jahren, habe er später »nur Blödsinn« in der Zeitung gelesen. Und überhaupt sei das doch »alles Zinnober, alles nur Zinnober«. Gemeint sind damit die Gegendemonstranten. Die »paar Hanseln« könnten sich doch einfach auf den Bürgersteig stellen. Und was das alles koste! Überhaupt, meint eine ältere Dame, könne sie über Kubitschek »nichts Schlechtes« sagen. Dessen Gäste seien immer »nett und höflich«. »Eigentlich«, so sagt sie einschränkend, »nervt diese Freundlichkeit sogar ein bisschen. Es gibt Tage, an denen muss man fünfzig- bis hundertmal ›Guten Tag!‹ sagen.«

Das liegt vor allem daran, dass zuverlässig weit mehr Menschen die Veranstaltungen des Rittergutes Schnellroda besuchen als dagegen protestieren. Sie kommen nicht nur aus der ganzen Republik, sondern auch aus dem Ausland. Achim F. Jung zum Beispiel ist der Personalmanager des größten Hafens der USA, Los Angeles Port. Er hat von einer Italienreise gezielt einen Abstecher ins sachsen-anhaltinische Schnellroda gemacht. Für den Exil-Deutschen ist die hauseigene Zeitschrift »Sezession« »die intellektuellste Zeitschrift im konservativen Spektrum«.

Wer sich durch das Festgelände kämpft, stößt auf Gäste aus der gesamten Republik: auf eine Verwaltungsmitarbeiterin und einen Ingenieur aus Hamburg, die in ihrer Jugend selbst in der Antifa aktiv waren; auf eine Philosophin, die eine Werbeagentur betreibt, und auf eine medizinische Fachangestellte aus Nordrhein-Westfalen. Oder auf ein Ehepaar aus Mecklenburg-Vorpommern: Sie, ehemals Lehrerin, ist überzeugte Wählerin der FDP – ihr Mann, literaturbegeistert, Wähler der SPD. Auf die Frage, warum sie in Schnellroda seien, sind sich beide schnell einig: Sie suchten »die Freiheit des Denkens.« Sie alle waren anlässlich des Sommerfestes 2022 das erste Mal auf dem Rittergut zu Gast. Was sich dort aufseiten des Publikums versammelt, ist kein rechtsextremer Mob. Akademiker mit bürgerlichem Habitus sind deutlich überrepräsentiert. Und sie werden fast alle über ungefähr zwölf Stunden an zwei Tagen ein anspruchsvolles Programm im örtlichen Gasthaus »Das Schäfchen« absolvieren: Podiumsdiskussionen, Streitgespräche, Buchvorstellungen.

Dabei geht es fast immer gesittet zu. Die Veranstaltungen sind ganz auf die Referenten auf dem Podium zugeschnitten, Meinungsäußerungen aus dem Publikum nicht vorgesehen. Nur selten wird diese Regie durchbrochen. So geschehen bei einem kontrovers besetzten Podium zu der Streitfrage, ob man dieser Tage auf der Seite Russlands oder der Ukraine stehen solle. Mit rhetorischen Volten treibt der als Höcke-Fan geltende AfD-Landtagsabgeordnete Hans-Thomas Tillschneider das Publikum mehrheitlich dazu, Putin zuzujohlen und die Ukraine zu verhöhnen. Nach dem Podiumsgespräch schüttelt der IfS-Leiter Erik Lehnert bloß den Kopf und sagt: »Eigentlich ist das nicht Schnellroda.«

Auf zwei Gäste ist Veranstalter Kubitschek ganz besonders stolz. Es geht um Professoren namhafter amerikanischer Eliteuniversitäten, die während der gesamten Veranstaltung in Schnellroda verweilen – nicht nur aus reinem Forschungsinteresse. Beide sind offenherzig und gesprächsbereit, allerdings nur unter einer Bedingung: dass ihre Namen und die ihrer Universitäten keinen Eingang in die Berichterstattung fänden. Was der Kreis um Schnellroda dächte, sei in ganz Osteuropa politischer Standard. Kubitschek würde so gesehen »sehr gut dorthin« passen. Für sie stelle sich die Frage, wie die EU eigentlich auf Dauer funktionieren solle, wenn Westeuropa auf seinen Osten so »einprügelt« wie auf die Nationalen im eigenen Lande. Das müsse die Europäische Union auf Dauer in eine politische Krise stürzen. Gemeint sind vor allem die Auseinandersetzungen mit Polen, Ungarn und Tschechien. Aber jetzt gibt es den Krieg Russlands gegen die Ukraine. Da sortieren sich die Kategorien von Feind und Freund auch für den Westen zumindest zeitweise neu.

Anführer der Gegendemonstranten ist der Antifa-Aktivist Wanja Seifert. Stundenlang steht er neben einem auf der Straße platzierten Transparent, auf dem der Spruch steht: »Erst Eure Nasen, dann Euer Haus!« Ellen Kositza, Kubitscheks Frau, hält das für eine wenig subtile Gewaltandrohung. Schon seit Jahren ist Seifert mit einer Handvoll Gegendemonstranten immer wieder in Schnellroda aktiv. Spiegelreflexkameras mit Teleobjektiv gibt es dabei fast genau so viele wie Gegendemonstranten. Es gehe ja auch gar nicht um politischen Protest, behauptet Kubitschek. Es gehe vielmehr darum, jeden Teilnehmer seiner Veranstaltungen fotografisch festzuhalten und möglichst noch am selben Tag entsprechende Fotos im Internet hochzuladen. Das angebliche Kalkül dahinter: Denunziation. Die wahre Absicht sei es, die Sympathisanten von Schnellroda auf diese Weise gegenüber ihren Arbeitgebern, Freunden und Bekannten in Schwierigkeiten zu bringen. Mit dem Autor dieses Buches will Seifert nicht reden, stattdessen werden auch Porträts desselben durch das Internet zirkulieren.

Der Verfassungsschutz dürfte an Seiferts Arbeit seine Freude haben. Ganz gezielt wird von ihm der Zweck verfolgt, öffentlich vor Schnellroda zu warnen. Es geht darum, die Quellen des Zustroms zum Versiegen zu bringen. Bisher scheint eine solche Wirkung auf das Milieu nicht ausgegangen zu sein. Als Kubitschek im Sommer 2022 Autoren wie Leser zum Sommerfest auf sein Rittergut lädt, folgen seinem Ruf mit über 400 Teilnehmern mehr als jemals zuvor. Im Jahr darauf werden es ohne große Werbemaßnahmen mehr als 500 sein. Die Nachfrage sei inzwischen so groß, dass er spielend auch deutlich mehr als tausend Gäste begrüßen könnte, sagt Kubitschek. Aber die Infrastruktur gebe das nicht her. Statt Abschreckung greifen Solidarisierungseffekte.

Ein Blick in die Akten

Blickt man in die Unterlagen des Verfassungsschutzes im Fall Kubitschek und Schnellroda, sind gleich mehrere Dinge bemerkenswert. Auf mehr als tausend Seiten findet sich fast nichts, was auf relevante geheimdienstliche Erkenntnisse schließen lässt. Auffällig ist stattdessen, wie viele Widersprüche die internen Akten und Schriftsätze vor Gericht aufweisen. Dabei kann hier nur ein kleiner Ausschnitt des dafür möglichen Materials präsentiert werden.

Führerkult

In seinem ersten Schriftsatz vor Gericht will das Innenministerium den Nachweis darüber führen, die Schnellrodianer träumten von einem »Führer«, der die »ethnisch oder rassisch homogene Volksgemeinschaft« sichern solle.[216] Allerdings fehlt hierfür jeder textliche Beleg. Man weiß dabei gar nicht, was eigentlich misslicher für die staatlichen Behörden ist: die Tatsache, dass der Verfasser des Schriftsatzes damit offensichtlich falsch aus den eigenen Akten abgeschrieben hat – oder der Umstand, dass derselbe Autor sich außerdem widerspricht.

Im Ausgangsvermerk des Verfassungsschutzes ist davon die Rede, dass es zur Ideologie des völkischen Kollektivismus gehöre, dass der Wille des Volkes durch einen »Führer«[217] exekutiert werden solle. Nur: In dem entsprechenden Abschnitt geben die Verfassungsschützer gar nicht die Meinung des IfS wieder, sondern nehmen lediglich eine allgemeine Begriffsbestimmung als theoretisches Untersuchungsgerüst vor. In Anwendung auf den Fall Schnellroda kommen sie dann wortwörtlich zu einem ganz anderen Ergebnis: »Indes fehlt der Bezug auf den Wunsch nach einem starken ›Führer‹, den das IfS in keiner (sic!) der analysierten Texte erkennen lässt.«[218] Während der Verfassungsschutz also ausdrücklich betont, keinerlei Beweise für einen Führerstaat-Kult zu haben, trägt das zuständige Innenministerium gestützt auf dieselben Akten vor Gericht das genaue Gegenteil vor. Dem Bearbeiter des Schriftsatzes ist in seinem Eifer eine gravierende Verwechselung unterlaufen.

Nur zwei Seiten später erklärt das Innenministerium außerdem einen exakt gegenteiligen Sachverhalt in seinen mittelbaren Folgen ebenfalls zu einem Anhaltspunkt für Verfassungswidrigkeit. Es zitiert dort als Beleg einen rechten Szeneautor, der sich besorgt zeigt, das Volk könne irgendwann nach einem »starken Mann« rufen, wenn unkontrollierte Migration in Deutschland zu chaotischen Zuständen führe. Und das könne die »Zerstörung von allem« zur Folge haben, »was einer libertären Gesellschaftsordnung ähnelt«.[219] Das Innenministerium von Sachsen-Anhalt ist überzeugt, dass sich auch diese Position »gegen die im Grundgesetz konkretisierten Menschenrechte«[220] wende.

Demokratiefeindlichkeit

Ähnlich frappierend ist die Tatsache, dass der Verfassungsschutz das Merkmal »Antiparlamentarismus« in Sachen Schnellroda zu den »tatsächliche(n) Anhaltspunkten«[221] für verfassungswidrige Bestrebungen erklärt. Ganz so, als hätte es das Urteil des Bundesverfassungsgerichts aus dem Jahre 2017 gar nicht gegeben. Konkret soll der Tatbestand des »Antiparlamentarismus« vor Gericht durch einen Verweis auf die Verletzung des Demokratieprinzips bewiesen werden: Umfangreich zitiert das Innenministerium in seinem ersten Schriftsatz demokratiekritische Äußerungen aus dem Umfeld des IfS. Bei fairer Betrachtung bezieht sich die Kritik aber gar nicht auf die Verfassung, sondern den Zustand des politischen Systems. So werfen die Autoren hochrangigen Politikern vor, »die moralische Diffamierung Andersdenkender zum Mittel der Politik«[222] erhoben zu haben. Zudem beklagen sie, die Politik habe sich so weit vom Volk entfernt, dass »bei Wahlen nichts mehr zur Wahl stünde« und Wahlen »reine Makulatur« seien.[223] So jedenfalls behauptet es das Innenministerium Sachsen-Anhalt unter Berufung auf die Akten seines Verfassungsschutzes.

Nun fragt sich natürlich, was eigentlich verfassungswidrig daran sein soll, die programmatische Unterschiedslosigkeit der etablierten Parteien zu beklagen. Viel interessanter aber ist, wie Verfassungsschutz und Innenministerium vor Gericht Hand in Hand zu manipulativen Methoden greifen, um ihr Ziel zu erreichen. Um das zu erkennen, muss man die Argumentation vor Gericht mit der Realität abgleichen.

Konkret geht es um einen Beitrag des Leiters des IfS, Erik Lehnert, aus dem Jahre 2017 über das Phänomen der »Parteienherrschaft«. Im Kern kritisiert Lehnert anhand der Auswertung einschlägiger Literatur der letzten 100 Jahre die angebliche Tendenz der Parteiendemokratie zur »Oligarchisierung«. Die Parteien machten sich das Gemeinwesen zur Beute und hebelten so demokratische Prinzipien aus. Das Innenministerium verarbeitet den Artikel als Beweissache wie folgt: »Mit der Aussage, dass in der angeblichen Elitenherrschaft Deutschlands die ›Mechanismen der Herrschaftssicherung immer gleich geblieben‹ seien, ›egal ob man das Volk abstimmen lässt oder nicht‹, ›da bei Wahlen nichts mehr zur Wahl stünde‹ und dass das Wahlrecht ›reine Makulatur‹ sei, wendet sich der Antragsteller gegen Abstimmungen und Wahlen als Mechanismus der Repräsentation in einer freiheitlichen Demokratie.«[224]

Im inkriminierten Original aber steht etwas anderes. Lehnert referiert dort die Studien des deutschen Soziologen Robert Michels, die in der politikwissenschaftlichen und organisationssoziologischen Forschung als regelrecht kanonisch gelten.[225] Nach dessen Meinung wohnt Organisationen wie Parteien eine notwendige Tendenz zur »Oligarchisierung« inne, also die schrittweise Verlagerung der Entscheidungsbefugnisse auf einen kleinen Zirkel. Vor diesem Hintergrund schreibt Lehnert dann das Folgende (vom Innenministerium als Beweismaterial zitierte Passagen kursiv):

»In vordemokratischen Zeiten gab es keine Notwendigkeit, über die Legitimität von Eliten nachzusinnen. Sie herrschten, weil sie herrschten. Und sie herrschten so lange, bis eine andere Elite sie hinwegfegte oder langsam ablöste. Problematisch wird das erst in dem Moment, wenn die Tatsache der Elitenherrschaft dem demokratischen Dogma widerspricht, wonach jeder eine Stimme hat und am Ende die Mehrheit darüber entscheidet, wer über sie herrscht. In diesem Fall ist die Oligarchisierung der Demokratie zur Parteienherrschaft ein Problem, weil sie den ›wesentlichen

Postulaten der Demokratie‹ widerspricht. Für einen ehrlichen Anhänger der Demokratie muß es daher einigermaßen erschütternd sein, wenn er feststellt, daß die *Mechanismen der Herrschaftssicherung immer gleich geblieben* sind, *egal ob man das Volk abstimmen läßt oder nicht.*«[226]

Lehnert attackiert damit also gar nicht die Verfassung der Bundesrepublik Deutschland, sondern stellt die Frage, ob nicht ein Widerspruch bestehe zwischen dem demokratischen Versprechen der Beteiligung aller an der politischen Herrschaft und der oligarchischen Realität der »Parteienherrschaft«. Noch deutlicher wird die manipulative Absicht von Innenministerium und Verfassungsschutz an der zweiten zitierten Stelle. Nun referiert Lehnert nicht mehr die Theorien Michels', sondern die des deutschen Soziologen Max Weber. Zunächst beschreibt Lehnert, dass Weber ein gewisses Ungleichgewicht in repräsentativen Demokratien festgestellt habe. Während die Bürger im Kriegsfall weiterhin ihr Leben zu riskieren hätten, beschränke sich ihre politische Macht im Regelfall darauf, Stimmzettel in Urnen zu werfen. Weber halte also Rechte und Pflichten des modernen Staatsbürgers nicht für austariert.[227] Dazu schreibt Lehnert (vom Innenministerium als Beweismaterial zitierte Passagen kursiv):

»Für Weber scheint es unvorstellbar gewesen zu sein, daß sich ein Volk aus der Geschichte verabschiede, daß sich seine Teile nicht mehr mit den Interessen seines Ganzen identifizierten, und daß schließlich das Wahlrecht *reine Makulatur* sein könnte, da bei Wahlen *nichts mehr zur Wahl stünde*. Bei Weber dient das Parlament der Kontrolle der Beamtenschaft, heute sind beide Teil der Parteienherrschaft. Bei Weber ist die Wehrpflicht Ausdruck des Anspruchs, politisch mitentscheiden zu dürfen, weil man schließlich seinen Kopf hinhält. Heute gibt es keine Wehrpflicht und so, mit Weber gesprochen, auch keinen existentiellen Grund mehr, das Politische ernstzunehmen. Die staatspolitische Notwendigkeit für das gleiche Wahlrecht ist damit strenggenommen weggefallen.«[228]

Was das Innenministerium auf der Basis der Akten des Verfassungsschutzes zitiert und dem IfS vor Gericht negativ zurechnet, ist also im Wesentlichen eine im Konjunktiv verfasste Wiedergabe und Interpretation der Theorien Max Webers – ein Umstand, über den das zuständige Gericht jederzeit im Unklaren gelassen wird. Man wird für so etwas kaum andere Worte finden können, als dass es sich um einen Vorgang interessengeleiteter staatlicher Manipulation handelt. Und es ist nur ein Beispiel unter vielen.

Die Einschätzung des Innenministeriums vor Gericht zu all dem lautet dennoch: Die Inkriminierten hätten damit keine »legitime Kritik an der Regierung und/oder deren Handeln« geäußert, sondern die gesamten »politischen Verhältnisse verächtlich« gemacht.[229] Die Antragsteller wendeten sich »gegen Abstimmungen und Wahlen als Mechanismus der Repräsentation in einer freiheitlichen Demokratie«.[230] Dadurch sei ein »Verstoß gegen das Demokratieprinzip eindeutig belegt«.[231] Wie allerdings aus einer Kritik am angeblichen Missbrauch der bestehenden Verfahrensregeln und Institutionen auf deren Delegitimierung geschlossen werden kann, bleibt ein Rätsel.

Antisemitismus

Wenn man dem Extremismus von rechts auf der Spur ist, darf der Antisemitismus nicht fehlen. Selbst der Verfassungsschutz muss aber zugeben, dass ein primärer, also eigentlicher Antisemitismus beim IfS nicht nachweisbar ist: »Die Ausführungen des IfS, die eine antisemitische Einstellung belegen, sind ausschließlich in Form des sekundären Antisemitismus zu detektieren, andere Varianten treten nicht auf.«[232] Das zuständige Innenministerium schließt sich dieser Argumentation vor Gericht vollständig an.[233]

Das Konzept des »sekundären Antisemitismus« geht dabei ursprünglich auf die Frankfurter Schule zurück. In den 1950er und 1960er Jahren sollten damit Formen der psychologischen Selbstentlastung von Tätern und Mitläufern von den nationalsozialistischen Verbrechen beschrieben werden: »Beim sekundären Antisemitismus handelt es sich um eine – zunächst auf den spezifisch deutschen Kontext zugeschnittene – ideologische Formation, die es dem Antisemiten ermöglicht, die Vernichtung der europäischen Juden zu verurteilen, zugleich jede Mitschuld daran zu leugnen und in dieser Verleugnung antisemitische Stereotype zu reproduzieren.«[234] Was damals noch Sinn ergeben haben mag, verflüchtigt sich unter den heute lebenden Generationen zu einer ahistorischen Krampfhandlung. Gleich mehrere Rechtsextremismus-Studien der Gegenwart operieren dennoch unter großer öffentlicher Resonanz mit dem Konzept des »sekundären Antisemitismus«, müssen dessen Gehalt aber notgedrungen von Generation zu Generation immer weiter verflüchtigen. Gemäß Leipziger Autoritarismusstudie stimmten im Jahr 2022 ganze 61,3 Prozent der Befragten folgender Aussage zu: »Wir sollten uns lieber gegenwärtigen Problemen widmen als Ereignissen, die mehr als 70 Jahre vergangen sind.«[235] Für die Autoren der Studie gilt bereits dieses Bekenntnis als schuldabwehr-antisemitisch. Das hat die Konsequenz, dass zum Antisemiten wird, wer sich mehr für die Zukunft als für die Vergangenheit interessiert. Dabei misst die Aussage gar nicht, was sie zu messen verspricht. Weder kann mit ihr »Schuldabwehr« noch »Antisemitismus« detektiert werden.

Für sein Konzept des »sekundären Antisemitismus« kann sich der Verfassungsschutz damit aber immerhin auf »wissenschaftliche« Befunde stützen. Als besonders problematisch gilt es ihm, wenn in der rechten Szene vom »Schuldkult«[236] die Rede ist. Gemeint ist damit genau jene Zwangshandlung, die die Frage nach der moralischen Schuld am Holocaust von der Tätergeneration nahtlos auf die Nachgeborenen überträgt. Den Anhängern der Theorie des »sekundären Antisemitismus« scheint dabei allerdings entgangen zu sein, dass dies analytisch eine völkische Schicksalsgemeinschaft voraussetzt. In dieser sollen aber nicht mehr Blut und Gene von Generation zu Generation übertragen werden, sondern Schuld und Verdammnis. Hätte der deutsche Philosoph Karl Jaspers zum Verhältnis von Schuld und Verantwortung im Angesicht von Auschwitz nicht schon alles Erforderliche gesagt, könnte der Verfassungsschutz mildernde Umstände für sich geltend machen. Aber so ist es nicht. Jaspers' Text stammt aus dem Jahre 1946.[237]

Auch wer die Singularität von Auschwitz infrage stellt, ist für das Innenministerium Sachsen-Anhalt »sekundär antisemitisch«. Es ist der krampfhafte Versuch, einer sich historisch verflüchtigenden Kategorie dennoch einen Halt im Leben zu verschaffen. Wer also die Position vertritt, zwischen den politisch motivierten Massenmorden von Stalin, Hitler, Mao Zedong und Pol Pot bestehe kein relevanter moralischer Unterschied, hat ein Problem: »In der Kritik an der Behauptung, dass die NS-Verbrechen ›unvergleichbar‹ seien, muss eine Relativierung dieser gesehen werden. Die Vernichtung der Juden mit industrieller Methodik – im qualitativ wie quantitativ enormen Ausmaß – stellt aus Sicht des IfS keine Singularität dar«[238], notiert der Verfassungsschutz Sachsen-Anhalt vorwurfsvoll. Und das sei letztlich verfassungswidrig.

Schon die Wortwahl der staatlichen Behörden ist intellektuell beklemmend. Selbst wenn man für die These argumentieren wollte, Auschwitz sei singulär, also das bisher schlimmste Verbrechen der Menschheit gewesen, setzt dies logisch immer schon einen Vergleich voraus. Woher sollte man von der Einzigartigkeit wissen, ohne zuvor verglichen zu haben? Wer in Sachen Auschwitz auf Vergleiche verzichten will, muss zugleich wollen, dass »aus dem Schlimmsten nicht mehr gelernt werden soll.«[239] Nicht um »Unvergleichbarkeit« geht es daher in Wahrheit. Logisch betrachtet ist dies ein sinnloses Wort. Es geht um die Behauptung, dass es bisher kein schrecklicheres Verbrechen auf dem Planeten Erde gegeben habe. Und wer das nicht glaube und nicht bekenne, sei ein verfassungsfeindlicher Ketzer.

Damit wird unterstellt, die Singularitätshypothese sei gar keine moralische und historiographische Wertung, über die sich mit

Argumenten streiten ließe, sondern eine Art Naturgesetz im Verfassungsrang. Das freilich ist völlig haltlos. In der Wissenschaft wird selbstverständlich bis heute über die Frage gestritten, ob die Hypothese von der Singularität von Auschwitz argumentativ überhaupt haltbar ist.[240] Das ist aber nicht der entscheidende Punkt. Auch wenn man moralisch nicht zwischen Stalin, Hitler und Pol Pot unterscheiden will, führt das logisch nicht zu dem Ergebnis, das Leid der europäischen Juden zu leugnen oder gar gutzuheißen. Und das tun, ausweislich selbst der Befunde des Verfassungsschutzes, nicht einmal die Anhänger Schnellrodas.

In Wahrheit ist es eher umgekehrt. Spricht man mit führenden Akteuren aus dem Umfeld von Schnellroda, schwingt in Sachen Israel und dem »Volk der Juden« eher Hochachtung mit – und ein bisschen Neid. Das liegt einerseits an den kulturellen und intellektuellen Leistungen, die sie den »Juden als Volk« zuschreiben. Vor allem aber geht es um das politische Selbstverständnis Israels. Im Jahre 1970 wurde im israelischen »Rückkehrgesetz« festgelegt, dass Jude ist, wer entweder eine jüdische Mutter hat oder zum Judentum konvertiert ist. Jude zu sein ist also vorrangig eine Frage der Abstammung, des Blutes und ergänzend eine der Religion: »Im israelischen Staatsangehörigkeitsgesetz gilt ius sanguinis und nicht ius soli.«[241] Deutschlands Rechte bewundert Israel somit ausgerechnet für dessen »völkischen« Volksbegriff, der *für Deutsche* zugleich als verpönt und Ausdruck des politischen Extremismus gilt. Das führt im Herbst des Jahres 2023 zu skurrilen Konstellationen. Nach den Angriffen der Hamas auf israelisches Staatsgebiet überboten sich deutsche politische Eliten darin, die Sicherheit Israels zur deutschen Staatsräson zu erklären. Man ist also dazu bereit, Israel in einem Kampf zu unterstützen, dessen »völkische« Basis man an sich selbst zugleich als reaktionär und voraufklärerisch verachtet. Es sind diese Widersprüche, die in der rechten Szene die Rede vom deutschen »Schuldkult« beflügeln. Nach der neurotischen Logik der deutschen Dinge entpuppt sich damit allerdings bereits der Hinweis auf einen logischen

Widerspruch als »sekundärer Antisemitismus«. Rettung vor diesem Schicksal bietet nur das schizophrene Bewusstsein.

Völkischer Kollektivismus – der Fall Caroline Sommerfeld

Zentral für die »Kriminalisierung« eines ethnischen Volksbegriffes für Deutsche ist ein Text von Caroline Sommerfeld, der Ehefrau des berühmten altlinken Literaturwissenschaftlers Helmut Lethen. Sommerfeld gehört zu Kubitscheks Stammautoren. Eigentlich entstammt sie einem links-grünen Elternhaus und hat über die Ethik Kants promoviert.[242] Aber dann kam die Flüchtlingskrise 2015/16 und sie mäanderte auf die rechte Seite. Geschehen ist das in Wien, der Hauptstadt der identitären Bewegung des deutschsprachigen Raums. Nach Lethens Emeritierung war die ganze Familie dort hingezogen.

Sommerfeld gilt dem Verfassungsschutz Sachsen-Anhalt und dessen Innenministerium als eines der wichtigsten Beweismittel. An ihr will er belegen, dass es in Schnellroda nationalsozialistische Bestrebungen gebe. Die Autorin ist für Kubitschek dabei nach eigenen Angaben »das Äußerste« dessen, was er in seinem Verlag und für seine Leser »noch für vermittelbar« hält. Das hat mit ihrem schwerfälligen, anthroposophischen Stil zu tun. Jedenfalls kann sie nicht als repräsentativ für die Szene gelten. Besonders auf einen Artikel aus ihrer Feder hat es der Verfassungsschutz abgesehen. Er trägt den Titel »Wer gehört zu uns?«[243] und erschien im Jahre 2019 im Schwerpunktheft »Volk« der institutseigenen Zeitschrift »Sezession«. Ausgerechnet in der Nummer 88.

Was das Innenministerium in den Einlassungen vor Gericht aus dem Text zitiert, klingt tatsächlich martialisch. »Abstammung ist in einem ganz materiellen Verständnis eine Frage von Gen- und Blutlinien«. Man müsse zwischen »Abstammungsdeutschen«, »Paßdeutschen« und »Volksseelendeutschen« unterscheiden. Sie spricht vom »Volkskörper«, vom »Volksorganismus«, von

»leiblichen Teilen des Volkes«, von »Volksseele«, von »Fremdkörperdeutschen« usw.[244] Das Resumée des Innenministeriums vor Gericht: Sommferfelds Argumentation knüpfe »deutlich an die Agitation des Nationalsozialismus« an.[245] Vertreten werde am Ende ein »völkisch-abstammungsmäßiger Volksbegriff, (...) der gegen das Menschenwürde-Prinzip verstößt«.[246] Es zeige sich eine »ungehemmte Verwendung von Begriffen, die in einer eindeutigen Tradition des Nationalsozialismus stehen«.[247] Das Innenministerium achtet dabei in Wahrheit aber gar nicht auf Begriffe, sondern bloß auf Wörter. Es fragt nicht danach, was mit den verwendeten Wörtern eigentlich gemeint ist. Es sucht in Texten nach Buchstabenketten.

Genau ein solches Vorgehen hatte die Autorin dabei von Anfang an vorhergesehen. Besser gesagt, mit deren Vorhersage beginnt ihr Text. Sie rechnete damit, ihr werde am Ende ein »Strohmann« vor die Nase gesetzt nach dem Motto: »Rechte wollen die homogene Volksgemeinschaft von allem ethnisch Fremden säubern.«[248] Ausdrücklich zitiert sie Kubitscheks Aussage, dass deutsch im Regelfall jener sei, der deutsche Eltern habe. Aber Kubitschek schiebe aus gutem Grunde auch stets einen zweiten Satz hinterher: »Deutscher kann werden, wer die Sache der Deutschen ohne Wenn und Aber, ganz und gar zu seiner eigenen Sache macht und dies unter Beweis stellt.«[249]

Sommerfeld zehrt dabei gar nicht von Hitler, sondern vom Anthroposophen Rudolf Steiner – von dem hat sie offenbar die krude Sprache – und Max Weber – den sie ausführlich zitiert: »Wir wollen solche Menschengruppen, welche auf Grund von Ähnlichkeiten des äußeren Habitus oder der Sitten oder beider oder von Erinnerungen an Kolonisation und Wanderung einen subjektiven Glauben an eine Abstammungsgemeinschaft hegen, (...) ›ethnische‹ Gruppen nennen, ganz einerlei, ob eine Blutsgemeinschaft objektiv vorliegt oder nicht.«[250] Verfassungsschutz und Innenministerium verschweigen dabei durch selektive Zitation gegenüber dem Gericht, dass Sommerfeld ihre Gedanken nicht mit Adolf Hitler, sondern einem der größten deutschen Soziologen begründet. Vermutlich hat das Verwaltungsgericht Originalquelle und »Auswertung« des Verfassungsschutzes nie miteinander abgeglichen. Erneut werden die Beweisstücke durch Auslassung relevanter Tatsachen manipuliert.

Was Sommerfeld dann daraus macht, auch. Man muss sie im größeren Zusammenhang zitieren, um das absichtsvolle Missverstehen offenzulegen: »Wenn wir einen einzelnen Schwarzafrikaner hernehmen, der nach Deutschland kommt, eine Deutsche heiratet, mit ihr Kinder bekommt und sich sukzessive mit der deutschen Volksseele verbindet, dann nähern sich seine Kinder und Kindeskinder ihrerseits schrittweise dem Abstammungsdeutschtum an und werden so auch leibliche Teile des Volkes (…). Daß es Fremde, Eingebürgerte und Mischlinge gibt, denen es mitunter viel besser als den meisten Deutschen gelingt, für Deutschland einzustehen, greift diesen Volkskörper nicht an, sondern bekräftigt und kräftigt ihn sogar.«[251]

Hitler und jedem anderen echten Nationalsozialisten wäre Derartiges nie über die Lippen gegangen. Den Nazis ging es darum, die angebliche arische Rasse mit dem Staatsvolk identisch zu machen, die Biologie mit dem Recht zu verschmelzen. Dass ein Schwarzafrikaner und dessen Nachkommen in den deutschen »Volkskörper« eingegliedert werden, wäre für sie ein Sündenfall gewesen; auch noch zu glauben, dies könne den »Volkskörper« »kräftigen«, eine diabolische Absurdität. Sommerfeld unterscheidet also offenbar zwischen den rechtlich zu bestimmenden Angehörigen eines Staatsvolkes (»Passdeutsche«), biologischen »Abstammungsdeutschen« und jenen »echten« Deutschen, die sie aus kulturellen Gründen »Volksseelendeutsche« nennt.[252] Es geht um solche Menschen, die sich der deutschen »Volksseele« verbunden fühlen, bestimmten kulturellen Traditionen und Werten also. Diese »Volksseelendeutschen« können sich dabei gleichermaßen aus den »Abstammungsdeutschen« wie den »Paßdeutschen« speisen. Und innerhalb beider Gruppen fänden sich wiederum solche, die für Sommerfeld bloß äußerlich, jedoch niemals innerlich »Deutsche« sind – die »Fremdkörperdeutschen« eben. Das Verhältnis zwischen »Abstammungsdeutschen« und »Volksseelendeutschen« ist für sie dabei nicht gänzlich beliebig. Da angeblich »am Leib die Seele festhängt«[253], könne das biologische »Substrat«[254] auf Dauer nicht ohne Konsequenzen für die »Volksseele« variiert werden. Man stelle sich zur Veranschaulichung dieser komplizierten Argumentation einfach zwei gleich große Quadrate vor, die sich an einer Kante berühren. Das eine Quadrat repräsentiere die »Passdeutschen«, das andere die »Abstammungsdeutschen«. Und genau über die Berührungskante lege man gedanklich und symmetrisch ein drittes gleich großes Quadrat, das die anderen beiden zerschneidet. Dieses dritte Quadrat, bestehend aus einem Teil der »Passdeutschen« und einem Teil der »Abstammungsdeutschen«, bildet für Sommerfeld die Summe der »Volksseelendeutschen«, also der »echten« deutschen Patrioten. Und alle Deutschen außerhalb dieses dritten Quadrates sind für Sommerfeld bloß »Fremdkörperdeutsche«.

Das Innenministerium Sachsen-Anhalt wirft dem IfS, auch unter Berufung auf Sommerfeld, letztlich »völkischen Kollektivismus und übersteigerten Nationalismus sowie einen Antipluralismus und Antisemitismus«[255] und damit eine Gegnerschaft gegenüber der Verfassung vor. Die Begründung hierfür funktioniert so: Erstens klassifiziere Sommerfeld »Migranten, die die deutsche Staatsbürgerschaft erhalten, *per se* als ›Fremdkörperdeutsche‹«[256]. Das ist unzweifelhaft falsch. Ausdrücklich sagt sie in ihrem Text: »Wer nach Deutschland einwandert, um Paßdeutscher zu werden, jedoch nur die Vorteile dieses Status abgreifen will, ohne für die Volksseele auch nur ein Fünkchen Gespür zu haben, ist (...) genauso wie Inländer mit vergleichbarer Geistesverfassung ein Fremdkörperdeutscher.«[257] »Fremdkörperdeutsche« finden sich somit nach ihrer Sicht sowohl unter einheimischen wie fremdstämmigen Deutschen – und Fremdstämmige erklärt sie somit gerade nicht »per se« zu »Fremdkörperdeutschen«, wie vor

Gericht wahrheitswidrig behauptet wird. Offenbar hat allein das Wörtchen »Körper« in »Fremdkörperdeutschen« bei den Verfassungsschützern die völkisch affizierten Verdachtssynapsen zum Explodieren gebracht, ohne dabei noch auf den Sinn des Geschriebenen zu achten. Tatsächlich benutzt die Autorin das Wort »Fremdkörperdeutscher« nicht biologisch oder abstammungsorientiert, sondern als kulturelle Metapher. »Fremdkörper« in der deutschen »Volksseele« sind ihr all jene, die den überlieferten kulturellen Traditionen keinen Tribut zollen.

Das zweite Argument des Innenministeriums und seines Verfassungsschutzes ist da schon gewichtiger. Beide beziehen sich auf folgende Passage im Text Sommerfelds: »Exogene Massen nach Deutschland Verschobener zerstören die semipermeable Membran des Volksorganismus – wie eine Zellwand ist er in einer Richtung durchlässig. Wenn es auf dieser Ebene quantitativ um den Abstammungsdeutschenerhalt ginge, müßten größere Zahlen von Ausländern wieder in ihre Heimat, im Falle heimatzwittriger Zweit- oder Drittgenerationen in die ihrer Vorväter zurückkehren.«[258] Die logische Folge hiervon wären aber »häßliche Bilder«[259] – ein Zitat des ehemaligen österreichischen Bundeskanzlers Sebastian Kurz. »Was ist das häßlichere Bild: Der Untergang der Deutschen oder Grenzanlagen und Abschiebeflugzeuge?«[260], fragt die Autorin rhetorisch. Man müsse sich daher klar sein über die »rettende Sünde«. Gemeint ist das Instrument der Massenabschiebung. Sie schließt den Gedankengang mit dem Satz ab: »Sündensouveränität wäre der Fluchtpunkt dieses Gedankens, den vor dem Zynismus zu bewahren eine existenziell kaum zu bewältigende Aufgabe ist.«[261]

Das Innenministerium interpretiert diese Passage in seinem Schriftsatz vor Gericht wie folgt: »Die Autorin fordert denn auch, dass zum Zweck des ›Abstammungsdeutschenerhalts‹ ›größere Zahlen von Ausländern wieder in ihre Heimat, im Falle heimatzwittriger Zweit- und Drittgenerationen in die ihrer Vorväter zurückkehren‹ sollten. Hier wird also ganz offen postuliert, dass deutsche Staatsbürger, die in zweiter oder dritter Generation von Einwanderern abstammen, nicht wirklich zum deutschen Volk gehören können und daher wieder in die Heimat ihrer Eltern auswandern sollten (…).«[262] Die angeblich beabsichtigte Ungleichbehandlung von Angehörigen desselben Staatsvolks gerät dem Verfassungsschutz zum Nachweis sowohl einer »völkischen« Ideologie im Sinne des Nationalsozialismus als auch eines verfassungswidrigen ethnischen Volksbegriffs. Das allerdings ergibt sich nur, wenn eine völlig falsche Interpretation des Ausgangstextes vorgenommen wird.

Er beginnt mit der Ankündigung, gegen die »Unterstellung« anzuschreiben, Rechte wollten eine »homogene Volksgemeinschaft« im ethnisch-biologischen Sinne herbeiführen. Ganz klar lehnt Sommerfeld ein solches Ansinnen also ab – zumindest behauptet sie dies. Dann geht sie abschnittsweise die Begriffe »Abstammungsdeutscher«, »Paßdeutscher« und »Volksseelendeutscher« durch. Es ist ganz klar, worum es ihr in dem Text am Ende geht: den »Volksseelendeutschen«. Es scheint ihr gleichermaßen unzureichend, bloß auf die Abstammung oder den Rechtsstatus der Bürger zu blicken. In beiden Fällen könnte es an dem mangeln, worum es der politischen Rechten für gewöhnlich geht: das Bekenntnis zum eigenen Volk. »Dieses Fehlen geistiger Identität ist am Ende die größte Schwäche, unter der wir momentan leiden, und es wirkt überdies auf die physische Substanz zurück«[263], beklagt sie.

Die Stelle, auf die sich das Innenministerium kritisch bezieht, befindet sich in der Passage zu den »Paßdeutschen«, kann also schon deshalb noch nicht das eigentlich Intendierte sein. Entscheidend ist auch, dass Sommerfeld absichtsvoll ständig im Konjunktiv II schreibt: »ginge«, »müßten«, »wäre«. Sie gibt also nicht ihre Position wieder, sondern geht Gedankenspiele durch, die ihr von Verfassungsschutz und Innenministerium aber fälschlich als eigene Position zugeschrieben werden. Ordnet man die oben zitierte Passage hermeneutisch fair in den Gesamtsinn des

Textes ein, wäre sie eher wie folgt zu interpretieren: »Wenn man denn glaubte, das Problem wären die bloßen Passdeutschen und es bestünde in rein quantitativer Hinsicht, könnte und müsste eine Bewahrung der Gruppe der Abstammungsdeutschen durch Abschiebung der Paßdeutschen herbeigeführt werden, was hässliche Bilder erzeugte. Allerdings würde die Umsetzung dieses Gedankens (!) mutmaßlich im Zynismus enden.« Und erst nachdem sie diesen Gedanken offensichtlich verworfen hat, geht sie über zur Erörterung des Begriffs des »Volksseelendeutschen« – als der angeblichen Rettung, wovor auch immer.

Auf Nachfrage des Autors, ob sie denn bereit wäre, bloße »Paßdeutsche« abzuschieben, wenn die nicht »Volksseelendeutsche« werden wollten, wiegelt Sommerfeld ab. Sie habe ein »Problem« herauspreparriert, »keine Lösung«: »Das deutsche Volk zu retten heißt eben nicht, alle bloß Paßdeutschen loszuwerden.« Abschiebungspolitik würde bloß in einer »Versündigung« enden und somit ein »neues Problem« schaffen: »Genau deshalb habe ich ja die ›rettende‹ Ebene, das, was ich ›Volksseelendeutschtum‹ nenne, eingeführt. In Abschiebepolitik wird sie verfehlt.«[264] Die Interpretation des Verfassungsschutzes löst sich damit in Luft auf. Man könnte nach der professionellen »Logik des Verdachts« nur unterstellen, dass Sommerfeld mit der nachträglichen Präzisierung ihren ursprünglichen Text bloß zurechtbiegen wollte. Dazu müssten aber Ausgangstext und nachträgliche Selbstauslegung an irgendeiner Stelle in Widerspruch zueinander treten. Nur: So eine Stelle gibt es einfach nicht. Alles, was sie nachträglich ausführte, steht bereits in ihrem Text. Wenn man ihn denn verstehen will. Ein Mitarbeiter des Verfassungsschutzes kommentiert das so: »Das wichtigste hermeneutische Instrument des Verfassungsschutzes ist die freie Assoziation. In der Psychotherapie ist das vielleicht zielführend, für eine Behörde aber nicht.«

Dabei ist die Fehlinterpretation von Innenministerium und Verfassungsschutz nicht einmal sonderlich erstaunlich. Sommerfeld muss sie sich in gewissem Maße selbst zurechnen lassen.

Jeder Autor, der im öffentlichen Raum das Wort ergreift, hat immer mit dem Publikum und dessen Voraussetzungen zu rechnen. Und zu diesem gehört nach Lage der Dinge im Falle des IfS auch der Verfassungsschutz mit seiner berufsmäßigen »Logik des Verdachts«. Sommerfeld will von ihrer Eigenverantwortung aber nichts wissen: »Ich halte die Reaktion des VS nicht für eine mögliche falsche Lesart, die ich hätte vermeiden können durch bessere Formulierung oder Vorwegnahme. (…) Der VS liest doch zirkulär: Er steckt eine Lesart hinein in die eigene Maschine und kriegt dann hinten auch das entsprechende Ergebnis heraus.«[265]

Der »Volksbegriff« als casus belli

Aber all diese Vorwürfe – Demokratiefeindlichkeit, sekundärer Antisemitismus oder völkischer Kollektivismus – sind in der Beweisführung bloß Petitessen. Sie sind nachgelagerte Ableitungen aus einem ganz anderen, für wirklich fundamental gehaltenen Verstoß gegen die Verfassung. Es gibt eine Klammer, die hunderte von Seiten an Verfassungsschutzakten und Schriftsätzen des Innenministeriums zusammenhält: der »ethnische Volksbegriff«[266]. Um ihn dreht sich letztlich die gesamte Argumentation. Die »politische Agitation für eine ethnisch mehr oder weniger homogene Volksgemeinschaft« durch das IfS, so der Verfassungsschutz, basiere eben auf einem »ethnischen Volksbegriff« und damit auf der »Ausgrenzung von ethnisch Nichtdeutschen«. Dies verstoße »gegen die Menschenwürdegarantie« und »gegen das Gleichbehandlungsgebot« des Grundgesetzes.[267] Die ganze Debatte dreht sich somit um die Frage, ob es jenseits des Staatsvolks noch einen anderen legitimen Volksbegriff gibt und wie das Verhältnis beider zueinander zu denken und vor allem staatlich zu exekutieren ist.

Für den Verfassungsschutz geht das IfS von kulturell bedingten, »unveränderlichen Eigenschaften von Menschen und Völkern«[268]

aus – eine Behauptung, die definitiv unzutreffend ist. Die daraus abgeleitete »politische Forderung nach dem Erhalt der ethnokulturellen Identität«[269] – bei Sommerfeld: das »Volksseelendeutschtum« – erklärt das zuständige Landesinnenministerium in einem Schriftsatz vom 17. Februar 2022 per se für verfassungswidrig: »Ein ethnisch-kultureller Volksbegriff verstößt entgegen der Ansicht des Klägers nicht erst dann gegen die Menschenwürde, wenn er dazu führt, dass deutsche Staatsangehörige nach ethnischen Gesichtspunkten ungleich behandelt werden. Die politische Forderung nach dem Erhalt der ethnokulturellen Identität ist nicht erst verfassungsfeindlich, wenn sie die Ausgrenzung und Diskriminierung ethnisch nichtdeutscher Staatsangehöriger bedeutete. (…) Gegen das Menschenwürde-Prinzip verstößt (…) nicht erst eine Form der Herabwürdigung von ›ethnisch nichtdeutschen Staatsangehörigen‹, die erkennbar auf eine rechtliche Diskriminierung derselben hinausläuft. Eine ethnopluralistische Bestrebung, die darauf abzielt, die Zugehörigkeit zum deutschen Volk von ethnisch-kulturellen Merkmalen abhängig zu machen, muss als Verstoß gegen das Menschenwürde-Prinzip gewertet werden.«[270] Oder einfacher formuliert: Man muss, um kein Verfassungsfeind zu sein, letztlich das »deutsche Volk« und das deutsche Staatsvolk für stets miteinander identisch erklären. Selbst wenn man als Rechter Einheimischen und Zugewanderten denselben Staatsbürgerstatus zuerkennt und beide Gruppen rechtlich völlig gleich behandelt, niemand benachteiligt und niemand bevorzugt wird, kann man dennoch gegen die Menschenwürde verstoßen und zum Verfassungsfeind werden. Das passiert angeblich genau dann, wenn man jenseits der Staatsbürgerschaft, aus der allein sich der Rechtsstatus aller Staatsbürger ergibt, zwischen den auf ähnliche Weise kulturell geprägten Einheimischen unterscheidet und sie »ethnisch Deutsche« nennt und den kulturell anders geprägten Zugewanderten, die man in diesem Sinne (noch) nicht für »ethnisch deutsch« hält. Man darf also objektive Tatsachen nicht einmal mehr als objektive Tatsachen benennen, ohne zum Verfassungsfeind zu werden. Es soll bereits ein Verstoß gegen die Menschenwürde sein, wenn man zwischen diesen beiden Gruppen bloß gedanklich (!) unterscheidet.

Nun hat der Anwalt des IfS eine Broschüre des Bundesinnenministeriums gefunden. In dieser lobt dieses sich ausdrücklich dafür, mit einem millionenschweren Programm die »ethnokulturelle Identität«[271] von Auslandsdeutschen zu fördern. Auch auf der Internetseite des Bundesinnenministeriums werden »Erhalt und Weiterentwicklung der ethnokulturellen Identität«[272] der Auslandsdeutschen als politische Ziele der Bundesregierung deklariert. Das tut ausgerechnet jenes Ministerium, dem zugleich das Bundesamt für Verfassungsschutz unterstellt ist. Wenn radikale Rechte also von einem ethnokulturellen Volksbegriff ausgehen und die »ethnokulturelle Identität« Inlandsdeutscher erhalten wollen, ist das verfassungswidrig. Wenn die Bundesregierung ihrerseits von einem ethnokulturellen Volksbegriff ausgeht und die »ethnokulturelle Identität« von Auslandsdeutschen fördert, nicht.

Der Widerspruch in der Argumentation war so offensichtlich, dass das Innenministerium von Sachsen-Anhalt die Kehrtwende einleiten musste. Es erklärte in einem Schriftsatz vom 2. März 2022 unvermittelt und gegen alle bisherigen Ausführungen vor Gericht: »Die Forderung nach dem Erhalt der ›ethnokulturellen Identität‹ einer Bevölkerungsgruppe bewegt sich innerhalb des Rahmens der freiheitlichen demokratischen Grundordnung.«[273] Stattdessen erklärte es die Tatsache für erwiesen, dass das IfS bereits durch die gedankliche Unterscheidung zwischen deutschem Volk und Staatsvolk eine »Identität von Ethnos und Demos«[274] herbeiführen wolle. Dabei bemerkte die oberste staatliche Landesbehörde des Inneren aber gar nicht, dass man schon aus logischen Gründen nicht beides zugleich für richtig halten kann: dass es nun also doch legitim sei, sich für die »ethno-kulturelle Identität« eines Teils des Staatsvolkes einzusetzen und zugleich die Unterscheidung zwischen »Staatsvolk« und ethnisch »deutschem Volk« abzulehnen. Das eine geht nicht ohne das andere.

Am Ende basiert die ganze Konfusion auf der Verwechselung verschiedener begrifflicher Ebenen. Das Staatsvolk ist ein rechtliches Konstrukt, die Annahme eines kulturell oder biologisch existierenden »Volkes« eine völlig andere Angelegenheit. In beiden Fällen meint das Wort »Volk« nicht dasselbe. Auch das Grundgesetz kennt die Unterscheidung zwischen Staatsvolk und »ethnisch Deutschen«, setzt sie sogar voraus. So heißt es in Artikel 116 zur Bestimmung des Staatsvolkes: »Deutscher im Sinne dieses Grundgesetzes ist vorbehaltlich anderweitiger gesetzlicher Regelung, wer die deutsche Staatsangehörigkeit besitzt *oder* (Hervorhebung M. B.) als Flüchtling oder Vertriebener deutscher Volkszugehörigkeit oder als dessen Ehegatte oder Abkömmling in dem Gebiete des Deutschen Reiches nach dem Stande vom 31. Dezember 1937 Aufnahme gefunden hat.«[275]

Die Deutschen bestehen gemäß Grundgesetz also aus zwei Gruppen: einerseits den Inhabern der Staatsbürgerschaft und andererseits denjenigen »Volkszugehörigen«, die definitionsgemäß gerade nicht über die Staatsbürgerschaft verfügen. Beide Gruppen schließen einander aus.[276] Der Terminus »Volkszugehörigkeit« ergibt ohne »ethno-kulturelle« Dimension somit keinen Sinn. Daher ist es auch nicht verfassungswidrig, sondern folgt vielmehr der Logik des Grundgesetzes, dass die Bundesregierung die »ethno-kulturelle Identität« Auslandsdeutscher fördert. Wenn die Argumentation des Innenministeriums bzw. Verfassungsschutzes Sachsen-Anhalts korrekt wäre, müsste selbst Bundeskanzler Helmut Kohl nachträglich als völkischer Extremist gelten. Mit dem Zusammenbruch des Ostblocks und der deutschen Einigung lud der deutsche Staat bekanntermaßen so genannte »Russlanddeutsche« ausdrücklich dazu ein, nach Deutschland zu kommen. Da diese damals noch gar nicht offiziell über die deutsche Staatsbürgerschaft verfügten, musste die Bundesregierung somit von einem Begriff der Deutschen ausgehen, der nicht mit der bloßen Summe der Staatsbürger identisch ist. Das Bundesvertriebenengesetz (BVFG) unterscheidet demgemäß bis heute zwischen

»deutschen Staatsangehörigen« und »deutschen Volkszugehörigen«. In § 6 BVFG werden die »deutschen Volkszugehörigen« ausdrücklich ethno-kulturell bestimmt: »Deutscher Volkszugehöriger im Sinne dieses Gesetzes ist, wer sich in seiner Heimat zum deutschen Volkstum bekannt hat, sofern dieses Bekenntnis durch bestimmte Merkmale wie Abstammung, Sprache, Erziehung, Kultur bestätigt wird.«[277] Mit dem Abstammungsmerkmal ist dem Begriff der Volkszugehörigen sogar eine biologische Komponente beigemischt.

Eine widersprüchliche Entscheidung

Sachsen-Anhalts Behörden sind trotzdem nicht unerfolgreich. Mehr als 14 Monate nach Antragstellung entschied das Verwaltungsgericht Magdeburg am 23. Februar 2023 in einem Eilverfahren gegen die Antragsteller und schloss sich der Beweislage und den Argumenten des Innenministeriums sowie seines Verfassungsschutzes vollumfänglich an. Die entsprechende Begründung lautet wie folgt: »Der Antragsteller wendet sich gegen den Volksbegriff des Grundgesetzes als der Gesamtheit der deutschen Staatsangehörigen. Mit dem Begriff des ›Abstammungsdeutschen‹ kommt zum Ausdruck, dass das Staatsvolk letztlich völkisch-abstammungsmäßig definiert wird und Zuwanderer demnach nicht Teil dieses Volkes werden können.« Das Grundgesetz kenne aber »ethnische Kriterien für die Zugehörigkeit zum Staatsvolk nicht«[278], so das Gericht.

Bereits diese kurze Passage enthält gravierende Fehler: Zunächst wurde der Begriff »Paßdeutsche« ex negativo durch das Gericht ebenso falsch ausgedeutet wie schon vom Verfassungsschutz. Zudem ist es eklatant falsch, dass das Grundgesetz das deutsche Volk als die »Gesamtheit der deutschen Staatsangehörigen« definiert. Artikel 116 Grundgesetz bestimmt das Volk der Deutschen vielmehr ausdrücklich als Summe aus »Staatsangehörigen« sowie

»Volkszugehörigen« ohne Staatsbürgerschaft. Aus demselben Grunde ist es ebenso falsch zu behaupten, das Grundgesetz kenne »ethnische Kriterien für die Zugehörigkeit zum Staatsvolk nicht«.

Das Verwaltungsgericht Magdeburg musste daher im Laufe seines Schriftsatzes sein allzu ausgeprägtes Selbstbewusstsein wieder einkassieren und gestand am Ende ein, dass sich der Volksbegriff des Grundgesetzes jedenfalls nicht »vor allem oder auch nur überwiegend« auf ethnische Kriterien stütze. Ein bisschen Ethnizität und Abstammungsgemeinschaft steckt somit also doch im Grundgesetz. Zumindest als »Kriegsfolgenrecht«[279]. Aber es hilft alles nichts, die Richter dekretieren dennoch: »Das Grundgesetz kennt (...) keine unterschiedlichen Volksbegriffe«[280], obwohl ihre eigene Argumentation und die deutsche Rechtsordnung gleichwohl mehrere Volksbegriffe logisch voraussetzen.

Gegen die Entscheidung des Gerichts wollten Götz Kubitschek und Erik Lehnert nicht vorgehen. Auch in der Hauptsache haben sie ihre Klage zurückgezogen. Das sei am Ende das Ergebnis einer »Kosten-Nutzen-Überlegung« gewesen, sagen sie. Gemeint ist damit aber nicht das Kostenrisiko. »Die Spenden für mögliche Gerichtskosten aufzubringen, wäre kein Problem gewesen«, so Institutsleiter Lehnert. Man wolle sich in Schnellroda aber lieber mit sachlicher Arbeit beschäftigen und sich nicht vom deutschen Rechtsstaat aufreiben lassen. Der Verfassungsschutz habe seine Wirkung längst eingebüßt: »Vor allem im Osten reagieren die Leute allergisch auf Geheimdienste und den Versuch, ihr Denken staatlich zu lenken.«

Die Verirrung in der Arbeit staatlicher Behörden und Gerichte ist dabei keine sachsen-anhaltinische Erfindung. Verschiedene Verwaltungsgerichte haben sich in vergleichbaren Fällen in der Vergangenheit ebenso einer mutmaßlich falschen Rechtsauslegung angeschlossen. Ihren Ausgang nimmt diese Entwicklung mit dem NPD-Urteil des Bundesverfassungsgerichtes im Jahre 2017. Eine grundlegende Fehlinterpretation dieses Urteils wird seitdem nach der »Logik des Verdachts« regelmäßig kombiniert mit Unterstellungen und selbst zusammengebastelten »Beweisen«, um so die Verfassung zu schützen. Wie es so weit kommen konnte, zeigt der Fall Martin Wageners, eines Professors für Politikwissenschaft an der Hochschule des Bundes ausgerechnet im Fachbereich Nachrichtendienste.

Der Fall Martin Wagener: Staatlicher Angriff auf die Wissenschaftsfreiheit

Martin Wagener (geb. 1970), ist Professor für Internationale Politik an der Hochschule des Bundes für öffentliche Verwaltung. Seit dem Oktober 2021 erhält er zwar Monat für Monat weiterhin seine Besoldung, kann aber nicht mehr als Hochschullehrer arbeiten. Er darf das Gelände seiner Lehrstätte nicht einmal mehr betreten. Dort gehört er eigentlich dem Fachbereich »Nachrichtendienste« an und bildet künftige Beamte des Inlands- wie des Auslandsgeheimdienstes aus.

Wagener ist ein konservativer Mann. Er selbst bezeichnet sich als »Patriot«, hat ein großes Interesse an Sicherheitspolitik und vor allem an der deutschen »Kulturnation«. Das dürfte auch der Grund dafür gewesen sein, warum er im Jahre 2018 zur Feder griff und ein umfangreiches Buch mit dem Titel »Deutschlands unsichere Grenze«[281] veröffentlichte. Alle Verlage, denen er es anbot, lehnten dankend ab. Wahrscheinlich lag das am Inhalt. Wagener war kurz nach dem Höhepunkt der Flüchtlingskrise überzeugt davon, dass sich derartige Vorkommnisse wiederholen dürften, wenn der Grenzschutz nicht verstärkt würde. Und da er dies von Europa nicht erwartete, müsse Deutschland seine Grenzen wieder selbst schützen: durch eine Mauer. Im März 2023 dachte dann selbst Bundesinnenministerin Nancy Faeser (SPD) laut über »hohe Zäune und Mauern« zumindest an Europas Außengrenzen nach.[282]

In seinem Buch, das er schließlich im Selbstverlag veröffentlichen sollte, untersucht Wagener vor allem Kosten und technische Machbarkeit des Projektes. Probleme bescheren ihm am Ende seine

Argumente, warum dieser Grenzschutz aus seiner Sicht erforderlich ist: Deutschland könne nicht allen Menschen in Not helfen; das überfordere das Land nicht nur finanziell, sondern gefährde außerdem dessen innere Sicherheit. Um diese These zu erhärten, hat er umfangreich Kriminalitätsstatistiken ausgewertet, die immer dasselbe Bild zeichnen: Die Kriminalität von Migranten oder Ausländern sei größer als beim Rest der Bevölkerung. Je mehr Migranten Deutschland erreichten, desto schwieriger werde die Lage. Wagener will Deutschland außerdem als »Kulturnation« bewahrt sehen. Nur wenn »das deutsche Volk sein kulturelles Erbe und auch seine spezifischen Eigenarten nicht für schützenswert hält«[283], benötige man die von ihm erdachte Grenzanlage nicht. Es ist der von Wagener vertretene Volksbegriff, der seinen Arbeitgeber, den Bundesnachrichtendienst (BND), auf den Plan ruft. Der gibt bei Christoph Möllers ein Gutachten in Auftrag. Der Staatsrechtler gilt als einer der Top-Juristen der Republik und berät regelmäßig die Politik.

Der ethnische Volksbegriff im Grundgesetz

Vom Gutachter will der BND vor allem zwei Dinge wissen: 1. Widerspricht der Inhalt des Buches – zumindest teilweise – der Verfassung? 2. Kann Wagener weiter als Hochschullehrer arbeiten? Der Gutachter beantwortet beide Fragen mit einem eindeutigen »Ja«. Ein Dienstvergehen Wageners schließt er letztlich deshalb aus, weil sich aus dem strittigen Buch für ihn keine »erkennbare politische Absicht« ergebe, »die Ordnung des Grundgesetzes verächtlich zu machen oder zu unterminieren.«[284] Daher solle er weiter unterrichten dürfen. Woran Möllers aber keinen Zweifel aufkommen lassen will, ist die Tatsache, dass sich in dem Buch Wageners zumindest »bedenkliche« Gedanken fänden, die wenigstens in einem Punkt mit der freiheitlichen demokratischen Grundordnung »unvereinbar«[285] sein sollen. Und es geht dabei wie schon im Falle Schnellrodas um den »ethnischen Volksbegriff«[286], der angeblich per se mit der Menschenwürde unvereinbar sei.

Der Gutachter stört sich insbesondere an der folgenden Stelle von Wageners Buch: »Die Überfremdung ist in Deutschland unübersehbar und an offiziellen Statistiken deutlich ablesbar[287]: Sie hat nichts mit einer Umvolkung zu tun, sondern mit einer schleichenden Verschiebung der relativen Anteile von Deutschen und Nichtdeutschen, die auf eine neue Zusammensetzung des Staatsvolkes hinausläuft.«[288] Möllers bewertet das wie folgt: »In diesem Zitat wird unterstellt, dass das relevante, über den Grad von Fremdem und Eigenem entscheidende Kriterium der Zugehörigkeit zum ›Deutschen‹ ein ethnisches, kein rechtliches ist. Die durch das Grundgesetz konstituierte politische Gemeinschaft knüpft aber an die Staatsangehörigkeit an und kennt darüber hinaus keine weiteren Kriterien der Zugehörigkeit zum deutschen Volk, es kennt insbesondere nicht die Unterscheidung zwischen Staatsvolk und deutschem Volk. Zudem ist die Anwendung von Kriterien wie der Abstammung aus Sicht des Bundesverfassungsgerichts bereits mit dem Menschenwürdekern des Grundgesetzes unvereinbar.«[289] Dieses Urteil Möllers' dürfte gleich mehrere rechtliche Fehler enthalten. Auch scheint die Position Wageners nicht zutreffend wiedergegeben.

Zunächst ist es falsch, dass das deutsche Staatsvolk, wie wir bereits beim Fall Schnellroda erläutert haben, ausschließlich aus den Staatsangehörigen bestehe und das Grundgesetz »darüber hinaus keine weiteren Kriterien der Zugehörigkeit zum deutschen Volk« kenne. Die Behauptung Möllers', dass die »Anwendung von Kriterien wie der Abstammung aus Sicht des Bundesverfassungsgerichts bereits mit dem Menschenwürdekern des Grundgesetzes unvereinbar« sei, dürfte daher im Hinblick auf die Bestimmung des »deutschen Volkes« im Grundgesetz unzutreffend sein.[290]

Tatsächlich sagt das Bundesverfassungsgericht in der Entscheidung, auf die sich Möllers beruft, gar nicht das, was er daraus entnimmt. In dem Urteil gegen die NPD im Jahre 2017 heißt es vielmehr: »Das Grundgesetz kennt einen *ausschließlich* (Hervorhebung M. B.) an ethnischen Kategorien orientierten Begriff des Volkes nicht.«[291] Diese Formulierung schließt logisch ein, dass das deutsche Staatsvolk zum Teil eben doch auf »ethnischen Kategorien« basiert. Und was sollte das in der Sache anderes sein als ein »ethnisch deutsches Volk«? Bereits die argumentative Verwendung eines »ethnischen Volksbegriffes« kann somit noch kein Anhaltspunkt für verfassungsfeindliches Denken sein.

Was das Bundesverfassungsgericht sagt, ist präziser, als Möllers behauptet. Verfassungswidrig ist es demnach nicht bereits, auch ethnische Kategorien in den Staatsvolksbegriff zu integrieren. Da dies beim Grundgesetz ohnehin der Fall ist, wird im Staatsvolksbegriff des Grundgesetzes ein ethnischer Volksbegriff sowohl logisch wie historisch »vorausgesetzt«.[292] Verfassungswidrig wird die Anwendung eines ethnischen Volksbegriffes auf das Konzept des Staatsvolks erst dann, wenn ethnische Unterschiede als Rechtsgrund für ungerechtfertigte rechtliche Diskriminierungen herhalten sollen. Es wäre also menschenwürde- und damit verfassungswidrig, unter Bezugnahme auf ethnische Kriterien Staatsbürger erster und zweiter Klasse schaffen zu wollen oder gar, was das Bundesverfassungsgericht im Falle der NPD letztlich für erwiesen hielt, das Rechtsinstitut der Staatsbürgerschaft auf alle »ethnisch Deutschen« beschränken zu wollen. Das hätte zur Folge, dass alle nicht ethnisch Deutschen ihre Staatsbürgerschaft verlören, und dies widerspräche tatsächlich dem Grundgesetz. In allen Passagen, auf die sich Möllers zur Stützung der These beruft, das Bundesverfassungsgericht halte bereits einen »ethnischen Volksbegriff« für »unvereinbar« mit der Menschenwürde, führt das Bundesverfassungsgericht m. E. stattdessen unzweideutig in oben genannter Weise aus.[293] Dort geht es nie um einen ethnischen Volksbegriff an sich, sondern um den Versuch, aus ihm *zugleich* rechtlich ungerechtfertigte Ungleichbehandlungen abzuleiten. Mit all dem erweist sich auch Möllers' These, das

Grundgesetz kenne keine Unterscheidung zwischen »Staatsvolk und deutschem Volk«, als falsch.

Um zu verstehen, warum der Artikel 116 des Grundgesetzes heute erläuterungsbedürftig ist, muss man sich in die Zeit versetzen, in der er entstanden ist. Absatz 2 beinhaltet die Möglichkeit für jene Deutschen, die während der Herrschaft der Nationalsozialisten ausgebürgert wurden, auf Antrag die Staatsbürgerschaft wiederzuerlangen. Es handelt sich um eine Wiedergutmachungsregelung vor allem gegenüber deutschen Juden.[294] Absatz 1 hingegen versucht, das Problem zu lösen, dass es infolge des Krieges zu Vertreibungen und Fluchtbewegungen deutscher »Volkszugehöriger« kam, die nicht automatisch über die Staatsbürgerschaft der BRD oder DDR verfügten. Die Bestimmung des Grundgesetzes führte so zur »Existenz *verschiedener Kategorien von Deutschen*«[295]. Seit Ende des Zweiten Weltkriegs wurden mehr als vier Millionen Vertriebene, Aussiedler und Spätaussiedler aufgenommen und zu Staatsbürgern gemacht.[296]

All das hat zwingend zur Folge, dass das Grundgesetz immer schon zwischen rechtlichem Staatsvolk und ethnisch deutschem Volk unterschieden hat. Allerdings sind das deutsche Volk in diesem Sinne und der Begriff des Staatsvolkes als Kategorien nicht auf derselben Ordnungsebene angesiedelt. Im Kern ist der ethnische Volksbegriff keine verfassungsrechtliche Kategorie, sondern ein »sozialwissenschaftlich-empirischer Begriff«[297], der verfassungsrechtlich in Beschlag genommen wird. Die Behauptung Möllers', dass das Grundgesetz keine Unterscheidung zwischen Staatsvolk und deutschem Volk in einem ethnischen Sinne kenne, ist somit falsch.[298] Was er womöglich meint, ist etwas anderes: dass das Grundgesetz *insofern* keinen ethnischen Volksbegriff kennt, als ethnische Kriterien nicht verwendet werden dürfen, um auf sie *allein* den Rechtsstatus der Subjekte zu stützen. Dann allerdings müsste er Wagener nachweisen, dass dieser im Sinne der NPD ein wie auch immer ethnisch-biologisch definiertes Volk – und nur dieses – zum Staatsvolk erheben will. Aber genau dafür hat

Wagener, soweit ich sehe, nie plädiert. Und Möllers liefert hierfür – auch auf Nachfrage – keinerlei Belege.

Schon im Grenz-Buch Wageners heißt es zur Debatte über die ethnisch und staatsrechtlich charakterisierten Volksbegriffe vielmehr unmissverständlich: »Demnach ist zwischen Volk und Staatsvolk zu unterscheiden. Zum ersten gehören die Deutschen qua Geschichte und Abstammung, zum zweiten über die erlangte Staatsbürgerschaft. Ersteres hat etwas mit Identität zu tun, letzteres etwas mit Recht. (…) Natürlich ist das Recht – die Staatsbürgerschaft – entscheidend, um das Miteinander der Bürger der Bundesrepublik zu ordnen.«[299] Wagener unterscheidet damit jene zwei Volksbegriffe voneinander, die auch im Grundgesetz vorausgesetzt werden, spricht aber nur dem Staatsvolksbegriff Relevanz im rechtlichen und in diesem Sinne einen Vorrang zu. Das alles ist nicht verfassungswidrig und alles andere als »bedenklich«, sondern beschreibt einigermaßen korrekt die Verfassungsrealität.[300] Damit erweist sich auch Möllers weitere Behauptung als falsch, bei Wagener sei das »entscheidende Kriterium der Zugehörigkeit zum ›Deutschen‹ ein ethnisches, kein rechtliches«. Dies wäre nur der Fall, falls Wagener nicht normativ und rechtlich zwischen (ethnischem) Volk und Staatsvolk differenzierte. Bedenklich ist etwas ganz anderes. Der Gutachter behauptet sogar, Wagener vertrete einen »rassisch« definierten Volksbegriff, allerdings ohne dass er das in irgendeiner Weise zu belegen oder zu begründen versucht. Er erreicht dies schlicht dadurch, dass er dekretiert: »ethnisch – (…) das heißt letztlich rassisch«[301]. Damit tut er weder Grundgesetz noch oberster Rechtsprechung einen Gefallen.

Auch die Tatsache, dass Artikel 116 Absatz 1 GG heute im Grunde seine »verfassungsrechtliche Daseinsberechtigung verloren«[302] hat, kann hieran nichts ändern. Es wird in der Literatur sogar als »verfassungswidrig«[303] angesehen, den Status der Spätaussiedler überhaupt auf ihn zu stützen. Eine Lösung für dieses Problem soll eine einfachgesetzliche »Einwanderungsklausel für einen privilegierten Kreis von Ausländern, wenn auch deutscher

Volkszugehörigkeit«[304], herbeiführen. Aber auch damit wird man einen wie auch immer gearteten ethnischen Volksbegriff nicht los. Er verschwindet dann bloß hinter dem seinerseits begründungsbedürftigen Schleier der »Privilegierung«.

Das Imperium schlägt zurück

Eines allerdings tut Möllers nicht: dem Text Wageners trotz methodischer Kritik dessen »wissenschaftlichen Charakter«[305] absprechen. Das tun stattdessen Hochschullehrer aus dem Fachbereich Nachrichtendienste der Hochschule des Bundes, also Wageners eigene Kollegen. Wagner verstoße »gegen minimale Standards wissenschaftlicher Methodik«[306], heißt es in einer öffentlichen Erklärung, kurz bevor Wageners Sicherheitsbescheid vom BND ruhend gestellt wird. Zahlreiche Professorenkollegen Wageners ziehen es vor zu schweigen, wenn man sie nach ihm befragt. Nur Markus Denzler, der Inhaber des Lehrstuhls für Psychologie, rechtfertigt im Gespräch mit dem Autor die öffentliche Erklärung: »Bei Herrn Wagener stimmt die Reihenfolge manchmal nicht: Wissenschaft analysiert erst systematisch Fakten und zieht dann Schlussfolgerungen. Bei Herrn Wagener ist es mitunter umgekehrt: Er geht aus von einem politischen Ziel, das er für richtig hält, und sammelt dann zuweilen selektiv zum Nachweis der Richtigkeit dieser Zielsetzungen entsprechende Fakten – und gegenläufige Befunde werden weggelassen.«

Bei dieser Kritik des Fachbereiches der Hochschule ging es aber schon gar nicht mehr um das Grenz-Buch. Die Sache hatte sich längst eine Runde weiter gedreht. Nach dem Gutachten Möllers' war das Ansehen Wageners zwar irgendwie beschädigt, aber er durfte zumindest weiter unbehelligt unterrichten. Ein Dienstvergehen lag ausweislich des Möllers-Gutachtens nicht vor. Wagener sah sich aber dazu herausgefordert, zu seiner Ehrenrettung ein weiteres Buch mit dem Titel »Kulturkampf um das Volk« (2021)

zu veröffentlichen.[307] Und erst dieses Buch brachte ihn in wirkliche Schwierigkeiten. Seitdem kann er nicht mehr unterrichten, weil der BND seine Sicherheitsfreigabe erst »auf Eis gelegt«, im Mai 2022 ganz entzogen habe und er deshalb nicht einmal seine Lehrstätte betreten dürfe.[308] Wer Beamter des Bundes in besonders sicherheitsrelevanten Bereichen ist, muss im Interesse des Rechtsstaates manches erdulden. Das liegt auch daran, dass Beamte im Unterschied zu allen anderen Bürgern der Verfassungstreuepflicht unterliegen.

Man wird Wageners Buch »Kulturkampf um das Volk« am Ende für eine Verteidigungsschrift halten müssen. Es richtet sich explizit gegen die von Möllers erhobenen Vorwürfe, er vertrete einen biologischen »ethnischen Volksbegriff«, der verfassungswidrig sei.[309] Wagener beschränkt sich aber nicht auf eine bloße Verteidigung seiner selbst, sondern holt zum Angriff gegen das Bundesamt für Verfassungsschutz und dessen Behördenleiter Thomas Haldenwang aus. Unter dessen Führung liefere die Behörde zunehmend »*intelligence to please*«[310], also gelenkte Gefälligkeitstätigkeit (gegen unliebsame politische Gegner). Im Ergebnis habe dies zu einer »Perforierung der Trennlinie zwischen verfassungskonformen und verfassungsfeindlichen Diskussionen nationaler Themen«[311] geführt. Und im Zentrum aller Probleme steht dabei auch nach Ansicht Wageners der ethnische Volksbegriff.

Was nach der Veröffentlichung des Buches geschieht, ist bemerkenswert. Nur kurz darauf legt das Bundesamt für Verfassungsschutz dem Bundesnachrichtendienst ein gegen Wagener gerichtetes Gutachten vor. Daraufhin stellt der BND im Oktober 2021 dessen Sicherheitsfreigabe ruhend. Angeblich ist dieses Gutachten dabei gar nicht vom Bundesnachrichtendienst angefordert, sondern vom Verfassungsschutz auf eigene Initiative hin geschrieben worden. Das Imperium schlug also zurück. Wagener spricht von einem »Aussetzer des Rechtsstaates«[312].

Das VS-Gutachten liegt dabei bis heute weder ihm selbst vor, noch ist der Bundesnachrichtendienst bereit, es zu veröffentlichen.

Auch das Bundesamt für Verfassungsschutz lehnte eine Aushändigung ab. Offiziell weiß Wagener also gar nicht, welche Vorwürfe gegen ihn erhoben werden. Aber er kann dennoch Kenntnis von den Inhalten erlangen und macht sie geschickt öffentlich. In einem eigens produzierten Podcast versucht er, die gegen ihn erhobenen Vorwürfe zu widerlegen, ohne ein einziges Mal aus dem Gutachten zu zitieren. Das ist weiterhin geheime Verschlusssache.[313] Nicht geheim ist es allerdings, öffentlich darzulegen, welche Passagen in seinem zweiten Buch vom Bundesamt für Verfassungsschutz für »verdächtig« gehalten werden. Daraus lässt sich rekonstruieren, worum es den Verfassungsschützern geht. Und natürlich geht es, so Wagener, um den »ethnisch-abstammungsmäßigen Volksbegriff«[314], den er angeblich vertrete.

Mittlerweile liegen zwei Gegengutachten von Verfassungsrechtlern vor, die den Einschätzungen Möllers' wie des Verfassungsschutzes widersprechen. Das eine stammt von Dietrich Murswiek, das andere von Gerd Morgenthaler. Das Gutachten von Murswiek bezieht sich dabei bereits auf das neuere Buch »Kulturkampf um das Volk«, die Stellungnahme Morgenthalers erfasst neben dieser Veröffentlichung auch das Grenz-Buch. Murswiek stellt in seinem Gutachten klipp und klar fest: »Der Autor verwendet den Begriff des Staatsvolkes exakt so wie das Grundgesetz, nämlich als Summe der Staatsangehörigen. Auf die ethnische Zugehörigkeit kommt es dabei nicht an.«[315] Streng genommen ist diese Argumentation dabei ebenso falsch bzw. unvollständig wie schon das Gutachten Möllers'. Das Grundgesetz definiert das Staatsvolk gerade nicht rein republikanisch als Summe seiner Staatsbürger.[316] Aber darauf kommt es im Ergebnis bei Murswiek nicht an. Der entscheidende Punkt ist ein anderer. Er bestreitet, dass Wagener Staatsvolk und »ethnisch deutsches Volk« identisch machen wolle. Wogegen sich der Autor richte, sei vielmehr eine multikulturelle Gesellschaft. Er spreche sich dafür aus, dass »das deutsche Volk im ethnisch-kulturellen Sinne erhalten«[317] bleibe. Murswiek kommt zu dem Schluss: »Diese Auffassungen sind auf dem Boden der freiheitlichen demokratischen Grundordnung vertretbar. (…) Juristisch ist völlig unzweifelhaft, dass das Grundgesetz nicht zu einer Politik verpflichtet, die eine multikulturelle Gesellschaft herbeiführt, und dass das Ziel, den Charakter Deutschlands als wesentlich durch die deutsche Kulturnation geprägten deutschen Nationalstaat zu erhalten, mit dem Grundgesetz vereinbar ist.«[318] So verbietet das Grundgesetz gemäß Artikel 16 dem Staat zwar, eine einmal verliehene Staatsbürgerschaft wieder zu entziehen, sie erweist sich somit als grundsätzlich »irreversibel«[319]. Das bedeutet im Umkehrschluss jedoch nicht, dass das Grundgesetz den Staat dazu verpflichtet, die Staatsbürgerschaft an jedermann zu vergeben. Die gegen Wagener ergriffenen Maßnahmen seien »ein sehr schwerwiegender Eingriff in die Freiheit der Lehre«[320] und damit selbst ein Verstoß gegen die Verfassung.

Zu ganz ähnlichen Ergebnissen kommt auch der Staatsrechtler Gerd Morgenthaler. Er gehört dem mehr als 700 Wissenschaftler umfassenden »Netzwerk Wissenschaftsfreiheit« an. Dieses hatte sich im Jahre 2020 gegründet, um Angriffe auf die Wissenschaftsfreiheit abzuwehren. Als sich auch Martin Wagener dem Netzwerk anschließen will, sorgt das für Unruhe. Ein erster Aufnahmeantrag wird Mitte 2021 abgelehnt. Das hat mutmaßlich damit zu tun, dass Kritiker des Netzwerkes diesem vorwerfen, »rechts« zu sein. Von »neurechten Zündlern«[321] ist in der Berichterstattung gar die Rede. Derartigen Rufschädigungen sollte nicht unnötig weitere Nahrung zugeführt werden. Es trat damit genau das ein, was sich der Verfassungsschutz wünscht: Seine Arbeit soll dazu beitragen, angebliche oder tatsächliche Verfassungsfeinde gesellschaftlich zu isolieren.

Im Vorfeld der Aufnahme Wageners hatte das Netzwerk drei Kurzgutachten aus verschiedenen Fachdisziplinen in Auftrag gegeben. Einer der Gutachter war der Verfassungsrechtler Gerd Morgenthaler. Für eine mögliche Verfassungswidrigkeit Wageners bestehe »kein Anhaltspunkt«, so das Prüfergebnis. Tatsache sei vielmehr: »Wagener argumentiert (…) vehement für den Schutz dieser Ordnung, die er in Gefahr sieht, und zwar hinsichtlich aller vom Bundesverfassungsgericht ausdrücklich hervorgehobenen grundlegenden Prinzipien.«[322] Martin Wagener wird auf dieser Grundlage am 28. Oktober 2022 doch noch in das »Netzwerk Wissenschaftsfreiheit« aufgenommen. Das Gesamtverfahren dauerte damit mehr als ein Jahr. Möllers' Einschätzung des Falles Wagener und dessen juristische Argumentation hält Morgenthaler für »grotesk«. Hätte Möllers recht, wäre »Goethe kein deutscher, sondern allenfalls ein Frankfurter oder Weimarer Dichter gewesen, da es nach der Auflösung des Heiligen Römischen Reichs Deutscher Nation (1806) und vor der Gründung des Bismarckreiches (1871) keinen deutschen Staat gab«. Morgenthaler erklärt sich die Position seines Kollegen Möllers so, dass dieser einem strikt republikanischen Staatsbürgerschaftsrecht wie in Frankreich anhänge. Das sei zwar »rechtspolitisch möglich«, entspreche aber »nicht dem geltenden Verfassungsrecht«.[323]

Begriffe aus Gummi: Der ethnische Volksbegriff und der Verfassungsschutz

Inzwischen bestreitet Wagener ausdrücklich, überhaupt einen »ethnischen Volksbegriff« zu vertreten. Seine Kritiker würden ebenso wie der Verfassungsschutz in das Wort »ethnisch« nach der Logik des Verdachts ja immerfort biologische Komponenten hineininterpretieren. Und einen biologischen Volksbegriff lehne er eben kategorisch ab. Daher verzichte er zur Vermeidung von Missverständnissen lieber auf das Wort »ethnisch«.

Ein Blick in die Verfassungsschutzberichte des Bundes zeigt, dass Wageners Befürchtung zutreffend sein dürfte. Die Begriffsbildung schwankt dort zwischen Widersprüchlichkeit und Beliebigkeit hin und her. Von einer begrifflich präzisen Arbeitsgrundlage kann wie schon im Falle der mangelhaften Unterscheidung zwischen Radikalismus und Extremismus nicht im Ansatz die Rede sein:[324]

- Im Verfassungsschutzbericht des Jahres 2014 etwa wird bei der Definition des Phänomenbereichs Rechtsextremismus ausgeführt: »In der ethnisch-rassistisch definierten ›Volksgemeinschaft‹ werden zentrale Werte der freiheitlichen demokratischen Grundordnung missachtet.«[325] Was dieser Satz zum Ausdruck bringen soll, bleibt dabei unklar. Entweder soll damit gesagt werden, dass ein ethnischer Volksbegriff nur dann *inhaltlich* extremistisch ist, wenn das Staatsvolk biologisch-rassistisch verstanden wird. Dies wäre eine zutreffende Bestimmung. Oder »rassistisch« wird hier als Erklärung von »ethnisch« verstanden, was zur Folge hätte, beides begrifflich für identisch zu erklären. Und das wiederum wäre in der Sache falsch. Wenig später heißt es denn auch: »Eines der traditionellen Ideologieelemente, das nahezu alle Rechtsextremisten eint, ist (…) die Fremdenfeindlichkeit und der Kampf gegen die ethnische und kulturelle ›Überfremdung‹.«[326] Diese Passage scheint etwas eindeutiger. Offenbar ist der Verfassungsschutz hier tatsächlich der Auffassung, dass »ethnisch« etwas anderes bedeutet als »kulturell«. »Ethnisch« wird hier offenbar als Chiffre für »biologisch« bzw. »rassisch« verwendet. Geht man innerhalb des Berichtes von einer kohärenten, nicht-widersprüchlichen Begriffsbildung aus, dürfte mit »ethnisch-rassistisch« also tatsächlich eine Explikation gemeint sein. »Ethnisch« und »rassisch« bedeuteten dann dasselbe. Gegen diese eigentlich wohlwollende Deutung spricht allerdings wiederum eine Bestimmung, die der zuerst analysierten vorausgeht: »Im Rechtsextremismus herrscht die Auffassung vor, die Zugehörigkeit zu einer Ethnie, Nation oder Rasse entscheide über den Wert eines Menschen.«[327] Hier handelt es sich offenkundig um eine Aufzählung von Verschiedenem. »Ethnisch« und »rassisch« bezeichnen demnach am Ende offenbar zwar dasselbe, nicht aber »Rasse« und »Ethnie«. Die begriffliche Konfusion ist perfekt.
- Mit dem Verfassungsschutzbericht 2019 wird neben dem »Flügel« der AfD um Björn Höcke auch die AfD-Jugendorganisation

Junge Alternative (JA) zum »Verdachtsfall« erklärt. Das Bundesinnenministerium führt hierzu aus: »Die Ideologie der JA ist durch einen ethnisch-kulturell geprägten Volksbegriff bestimmt, der im Widerspruch zur Offenheit des Staatsvolkverständnisses des Grundgesetzes steht.«[328] Zudem wird darauf hingewiesen, dass die »Identitäre Bewegung Deutschlands« (IBD) einen »ethnisch und kulturell homogenen Staat«[329] anstrebe. Diese »ethnische Definition des Volkes«[330] sei verfassungsfeindlich. »Ethnisch« wird hier offenbar weiterhin synonym zu »biologisch-rassisch« gebraucht. Noch deutlicher wird dies an folgender Stelle: »Menschen ohne gleiche ethnische Voraussetzungen können aus Sicht der IBD niemals Teil einer gemeinsamen Kultur sein.«[331] Hier muss das Wort »ethnisch« kulturelle Dimensionen regelrecht ausschließen, damit der Satz noch einen Sinn ergibt.
- Mit dem Verfassungsschutzbericht 2020 wird eine Reihe von Organisationen der so genannten Neuen Rechten erstmals zum »Verdachtsfall« erhoben, darunter das Institut für Staatspolitik (IfS) aus Schnellroda. Im Bericht heißt es zu diesem: »Hier wird insbesondere das Ziel verfolgt, (…) Menschen mit anderen ethnischen Hintergründen die Zugehörigkeit zum deutschen Staatsvolk (zu, M. B.) versagen.«[332] Was hier »ethnisch« bedeuten soll, bleibt zunächst unklar. Im Folgenden heißt es aber weiter: »Das IfS beziehungsweise Teile der Autorenschaft der institutseigenen Publikationen vertreten ethnopluralistische Konzepte. Dem Ethnopluralismus liegt die Annahme zugrunde, dass der Begriff des Staatsvolkes in einem exklusiv abstammungsmäßigen Sinne zu definieren ist und somit Menschen auszuklammern sind, die nicht den eigenen ethnischen Voraussetzungen entsprechen.«[333] »Ethnisch« und »abstammungsmäßig« bedeuten also dasselbe.

»Ethnisch-kulturell« ist für den Verfassungsschutz somit offenbar synonym mit »ethnisch«, dies wiederum synonym mit »völkisch-abstammungsmäßig« und dies wiederum synonym mit »biologisch-rassistisch«. Im Kern läuft alles darauf hinaus, die Kategorie der Ethnizität für rein biologisch und insgesamt für illegitim zu erklären. Man müsste alle ethnologischen Lehrstühle an Deutschlands Hochschulen fortan unter den Verdacht der Verfassungsfeindlichkeit stellen – oder besser ganz abschaffen.

Es ist daher verständlich, warum Wagener neuerdings darauf bedacht ist, mit einem »ethnischen« Volksbegriff nichts zu tun haben zu wollen. Er hofft, dadurch die Unterstellung loszuwerden, er vertrete in Wahrheit einen »biologisch-rassistischen Volksbegriff« und sei ein Verfassungsfeind. Und dennoch erscheint Wageners Vorgehen nicht als hilfreich. Es kleistert die begriffliche Konfusion des Verfassungsschutzes sogar noch zu und führt zu ihrer Stabilisierung. Wer »Ethnos« per se mit »Biologie« und sogar »Rasse« in eins setzt, läuft auf ein schwer erklärliches Phänomen zu. Das Bundesverfassungsgericht hat geurteilt, dass der Begriff des deutschen Volkes in gewissem Umfang auch auf ethnischen Kategorien basiert. Würden »Ethnos« und »Rasse« dasselbe bedeuten, müssten ausgerechnet im Bundesverfassungsgericht mehrheitlich Extremisten sitzen.

Ethnos und Demos: zwei Volksbegriffe

Schon seit jeher wird aus gutem Grund zwischen Ethnos und Demos unterschieden. Das aus dem Altgriechischen stammende Wort »Ethnos« bezeichnet lediglich eine Gruppe von Menschen, die durch ihre Abstammung, historisch gewachsene Kultur und Gruppenidentität bestimmt ist. Die »Abstammung« ist dabei zwar theoretisch auch einer strikt rassistisch-biologistischen Ausdeutung zugänglich, aber nicht notwendig mit ihr verknüpft. Gemeint sein kann damit auch bloß die unvermeidliche Generationenabfolge lebender Organismen. Die Biologie spielt insofern bei staatlich organisierten Menschengruppen immer eine gewisse

Rolle, weil Mutter und Vater ihren Nachwuchs erzeugen und anschließend durch Erziehung kulturell assimilieren. Die Generationenfolge ist eine unvermeidbare Bedingung von Staatlichkeit überhaupt.[334]

Vielleicht kann dabei nichts die Sinnhaftigkeit des Ethnos-Begriffes besser verdeutlichen als die deutsche Geschichte. Bereits im Jahre 1848/49 rangen 574 Abgeordnete im Vorparlament der Pauslkirchenversammlung um die staatliche Einheit der Deutschen. Sie repräsentierten 34 selbständige Fürstenstaaten und vier freie Städte. Was sie alle verband, war eine gemeinsame Geschichte, eine gemeinsame Sprache und eine gemeinsame Kultur sowie gemeinsame Sicherheitsinteressen. Das war der Humus, auf dem die Reichsgründung und damit die nationale Einheit gedieh, die unter Bismarck schließlich im Jahre 1871 vollendet wurde.[335] Vor der Reichsgründung existierte kein deutsches Staatsvolk. Aber die, die sich schließlich in einem Staat zusammenschlossen, empfanden sich zumindest zu erheblichen Teilen auch zuvor historisch und kulturell als »Deutsche«.

Genau eine solche Gruppenidentität ist in aller Regel die historische Voraussetzung für die Gründung eines politischen Staatsvolkes, also eines Demos, und in gewissem Sinne auch seiner Fortexistenz.[336] Mit Demos und Ethnos werden »nicht zwei gegensätzliche Modi der Legitimation von Nationalstaatlichkeit bezeichnet (…), sondern dass die Eingrenzung des Demos systematisch auf Ethnos verweist.«[337] Es muss also irgendeinen, letztlich außerrechtlichen materiellen Anknüpfungspunkt für die Entscheidung darüber geben, wer dem Staatsvolk angehören soll und wer nicht. Ohne ihn müsste das Staatsvolk der Deutschen – und jedes andere – moralisch wie faktisch mit der gesamten Menschheit identisch sein. Auch die Euphorie anlässlich der deutschen Wiedervereinigung dürfte bei den meisten Bürgern nicht durch verfassungsrechtliche Grundsatzerwägungen ausgelöst worden sein. Nicht einmal Jürgen Habermas glaubt, dass sich ein Demos unterhalb der Weltrepublik ohne einschränkende Bestimmungen denken lässt: »In der rechtlichen Konstruktion des Verfassungsstaates besteht eine Lücke, die dazu einlädt, mit einem naturalistischen Begriff des Volkes ausgefüllt zu werden. In normativen Begriffen allein läßt sich nämlich nicht erklären, wie sich die *Grundgesamtheit* jener Personen, die sich vereinigen (...), *zusammensetzen* soll. Normativ betrachtet, sind die sozialen Gruppen einer Assoziation freier und gleicher Rechtsgenossen kontingent. Da die Freiwilligkeit des Entschlusses zur verfassungsgebenden Praxis eine vernunftrechtliche Fiktion ist, bleibt es in der Welt, die wir kennen, dem historischen Zufall und der Faktizität der Ereignisse (...) überlassen, wer die Macht gewinnt, die Grenzen einer politischen Gemeinschaft zu definieren.«[338]

Ist der Demos einmal konstituiert, differenzieren sich die Zugehörigkeitsregeln. Die Zugehörigkeit wird dann überwiegend durch Inhaber der Staatsbürgerschaft an ihre Nachkommen weitergereicht, also über Regeln der Abstammung. Das hat die paradoxe Konsequenz, dass »das *ius soli* (das Territorialrecht, M. B.) die Staatsangehörigkeit der Kinder von Zuwanderern reguliert, während der Normalfall, also die Staatsangehörigkeit von Inländern, de facto durch das *ius sanguinis* (das Blutsrecht, M. B.) bestimmt ist.«[339] Aber das ist nur scheinbar paradox. Nicht der Abstammungszusammenhang begründet die Zugehörigkeit zum Staatsvolk im rechtlichen Sinne, sondern vielmehr das Innehaben der Staatsbürgerschaft. Weitergegeben wird also nicht das Blut, sondern der einmal erworbene Rechtsstatus. Der Abstammungszusammenhang wird dabei bloß als lebensnaher Transmissionsriemen, nicht aber als Rechtsgrund gebraucht. Genau deshalb bleibt der Demos offen für die Aufnahme »fremdstämmiger« Bürger.

Die Verwirrung um den »ethnischen Volksbegriff« mag auch daraus resultieren, dass das Deutsche nur das Wort »Volk« kennt, um Ethnos und Demos gleichermaßen zu bezeichnen. Was jeweils gemeint ist, ergibt sich folglich nicht von selbst, sondern muss aus dem jeweiligen Sinnzusammenhang erschlossen werden. Allerdings vermag dies die Verwirrung nicht vollumfänglich zu erklären. Bis vor ein paar Jahren sah sich auch der Verfassungsschutz noch in der Lage, »Volk« im Sinne von Demos und Ethnos sauber voneinander zu unterscheiden. Während »Demos« das politische Staatsvolk bezeichnet, dem grundsätzlich nur Personen angehören, die über die entsprechende Staatsbürgerschaft verfügen, ist mit »Ethnos« in den meisten Fällen eine historisch-kulturelle Abstammungsgemeinschaft mit spezifischer Identität bezeichnet. Aber diese Differenzierung scheint nun Geschichte.

In der Wissenschaft sind diese Unterscheidungen allerdings weiterhin genauso präsent wie im Alltagsleben. Man kann von »Volk« in einem politischen Sinne und damit in Entgegensetzung zu den Herrschenden sprechen.[340] »Volk« ist in diesem Falle kaum staatsrechtlich zu verstehen, da das Staatsvolk aus Herrschenden wie Beherrschten gleichermaßen besteht. Es ist außerdem möglich, sinnvoll von »Volk« in einem historischen Sinne zu sprechen, ebenso in einem kultur-anthropologischen, soziologischen usw. Und in all diesen Fällen ist etwas je anderes gemeint – und eben nicht der Volksbegriff im staatsrechtlichen Sinne: »Ein ethnisch-kultureller Volksbegriff hat als solcher keine verfassungsschutzrechtlich relevanten Implikationen. Er hat nur deskriptive Funktion und dient der Unterscheidung von Völkern anhand von Merkmalen wie Sprache, Traditionen, kulturelle Hervorbringungen. Ob und welche politischen Forderungen an den Begriff geknüpft werden, ist von dem Begriff selbst zu unterscheiden. (…) Zur Begründung eines tatsächlichen Anhaltspunkts für verfassungsfeindliche Bestrebungen kann die Verwendung eines ethnisch-kulturellen Volksbegriffs somit niemals ausreichen.«[341]

Der Versuch des Verfassungsschutzes, jedweden »ethnischen Volksbegriff« zu delegitimieren und allein den Staatsvolksbegriff noch für zulässig zu erklären, läuft nicht nur auf eine widersprüchliche intellektuelle Anmaßung hinaus. Es handelt sich zugleich um den Versuch, zulässige Meinungen zu diskreditieren und bereits das begriffliche Erfassen *objektiver Tatsachen* unter den Verdacht der Staatsfeindlichkeit zu stellen. Es ist eine objektive Tatsache, dass sich menschliche Gruppen anhand ihrer Abstammungsverhältnisse, kulturellen Traditionen *und* ihres Selbstverständnisses voneinander unterscheiden lassen.

Mitunter wird hiergegen eingewandt, dass sich die kulturellen Grenzen zwischen Nationen nicht exakt bestimmen ließen, weil sie – wie zum Beispiel in Europa – erhebliche Schnittmengen aufwiesen.[342] Die Behauptung, dass sich Menschengruppen in kultureller Hinsicht voneinander unterscheiden, ist jedoch nicht gleichbedeutend mit der Behauptung, dass diese sich *in jeder Hinsicht* voneinander unterscheiden müssen. Die Frage danach, was denn »das Besondere an dieser speziellen Nation sein soll«[343], worin ihr »Katalog unwandelbarer Merkmale«[344] bestehe, ist somit falsch gestellt. Trotz großer kultureller Überschneidungen zwischen Kulturnationen können diese durch die je spezifische Kombination kulturell identischer oder zumindest hinreichend ähnlicher Traditionen dennoch auf distinkte Weise voneinander verschieden sein. Und es wäre auch problemlos möglich, dass sich zwei kulturell im Grunde identische Kulturnationen dennoch ganz widerspruchsfrei als zwei und eben nicht eine begriffen. Dazu wäre es ausreichend, dass diese sich zugleich als zwei *politisch* unterschiedene Solidargemeinschaften verstünden. Russland und die Ukraine näherten sich diesem Fall zumindest in der Vergangenheit an. Auch politische Selbstverständnisse gehen in den Psychohaushalt einer jeden Kulturnation ein.

Ebenso wäre es kein überzeugender Einwand gegen das begriffliche Erfassen kultureller Unterschiede von Menschengruppen, dass zwischen und innerhalb dieser fließende Übergänge bestehen. Auch die Existenz der Farben Weiß und Schwarz lässt sich nicht mit dem Hinweis aus der Welt schaffen, dass die Übergänge zwischen Weiß und Grau sowie Grau und Schwarz ebenfalls fließend sind. Soweit man auf eine vielgestaltige Wirklichkeit mit einem Begriff Bezug nimmt, gefährdet man nicht die Verfassung, sondern erfasst bloß, was der Fall ist. Man kann von den Theorien über die Welt keine größere Eindeutigkeit verlangen, als ihre Erkenntnisgegenstände selbst zulassen.[345]

Ob die Mitarbeiter des Verfassungsschutzes im vollen Bewusstsein der Konsequenzen ihres Handelns das tun, was sie tun, vermag der Autor dieses Buches nicht zu beurteilen. Mit dem Versuch, durch »Kriminalisierung« und Tilgung einzelner Worte das Unterscheidungsvermögen der Bürger zu manipulieren, kommen sie jedenfalls dem Kerngeschäft des Winston Smith im Wahrheitsministerium nahe. Wenn der Verfassungsrechtler Murswiek zu dem Ergebnis kommt, der Verfassungsschutz betätige sich mitunter als »Sprachpolizei« und nehme damit einen »nicht zu rechtfertigende(n) Eingriff in die Meinungsfreiheit«[346] vor, ist das untertrieben. Der Verfassungsschutz betätigt sich letztlich sogar als *Gedankenpolizei*. Es geht ihm nicht nur um die Tilgung einzelner Worte, sondern der mit ihnen bezeichneten Unterscheidungsleistungen und Gedanken. Der Versuch, das Denken der Bürger im Staatsauftrag sogar gegen die Realität zu regulieren, ist eigentlich das typische Verhalten totalitärer Gesellschaftssysteme.

Vor diesem Hintergrund ist es verständlich, warum Wagener darum bemüht ist, den Fallstricken des »ethnischen Volksbegriffes« zu entfliehen. Aber so wie beim Verfassungsschutz, der durch die Elimination einzelner Worte nicht das damit Bezeichnete und Gedachte aus der Welt schaffen kann, sondern sich dies bloß andere Ausdrucksformen sucht, verhält es sich freilich auch bei Wagener selbst. Indem er daran festhält, eine (auch) durch Abstammung geprägte »Kulturnation« erhalten zu wollen, vertritt er in der Sache ohne Zweifel einen kulturell geprägten »ethnischen Volksbegriff«.[347] Daran ändert sich auch dann nichts, wenn er das Wort »ethnisch« aus seinem Sprachschatz tilgt und nur noch von einem »kulturellen Volksbegriff« spricht. Es sind dann bloß zwei Sprachzeichen, die sich trotzdem auf ein und dieselbe Sache beziehen. Ausweichmanöver auf der bloßen Wortebene dürften beim Verfassungsschutz eher als Bestätigung für die Richtigkeit seiner Unterstellungen betrachtet werden. Die Logik des Verdachts gebietet es geradezu, nach Ausweichmanövern der Beobachtungsobjekte Ausschau zu halten.

Eine rätselhafte Zurückhaltung

Der Fall Martin Wagener ist eindeutig. Keine seiner Äußerungen ist bei hermeneutisch fairer Betrachtung und bei korrekter Interpretation der Rechtslage als verfassungsfeindlich einzustufen. Eine inhaltlich verfassungswidrige Position verträte man mit einem »ethnischen Volksbegriff« dann, wenn man »die erworbene deutsche Staatsangehörigkeit für eine bestimmte Klasse von Menschen destabilisiert« oder »den Erwerb dieser Staatsangehörigkeit für bestimmte Gruppen kategorisch ausschließt«. Immer geht es also um die »kategoriale Abwertung bestimmter Arten von Menschen.«[348] Verfassungsfeindlich wäre ein ethnischer Volksbegriff also dann und nur dann, wenn auf ihn rechtlich ungerechtfertigte Ausgrenzungen und Benachteiligungen gestützt würden. Bei Wagener ist das nicht der Fall. Um die Verfassung vor vermeintlichen Verfassungsfeinden zu schützen, verletzt der Staat hier stattdessen selbst die verfassungsmäßigen Rechte eines seiner Bürger.

Möglich wird dies trotz der nicht existenten Beweislage durch einen einfachen Mechanismus. Wagener ist vom BND unter Bezugnahme auf § 5 des »Sicherheitsüberprüfungsgesetzes« zu einem »Sicherheitsrisiko« erklärt worden. Hierfür genügt es, wenn auch nur »Zweifel am Bekenntnis der betroffenen Person zur freiheitlichen demokratischen Grundordnung im Sinne des Grundgesetzes oder am jederzeitigen Eintreten für deren Erhaltung«[349] bestehen. Und diese Zweifel hat das Bundesamt für

Verfassungsschutz mit Hilfe eines bis heute geheimen Gutachtens reichlich gestreut.

Mit einem ist nach Lage der Dinge nicht zu rechnen: dass der Verfassungsschutz seine mutmaßlich falsche Argumentation zum »ethnischen Volksbegriff« und damit das Gutachten gegen Wagener freiwillig aus dem Verkehr zieht. Bundesweit müssten dann bedeutende Teile der Verfassungsschutzberichte eingestampft werden. Es käme dem Eingeständnis gleich, im Zentrum der verfassungsmäßigen Ordnung über Jahre hinweg das Recht gebeugt zu haben. Allein deshalb darf man eine Selbstkorrektur des Verfassungsschutzes für nahezu ausgeschlossen halten. Nicht nur die öffentliche Blamage wäre für die Behörde viel zu groß. Sie würde sich in der verfassungsschutzrechtlichen Auseinandersetzung mit der AfD außerdem ohne Not in größte Schwierigkeiten bringen.

Somit bliebe nur eine zweite Möglichkeit, nämlich dass Martin Wagener mit rechtlichen Mitteln gegen BND und BfV vorginge. Er könnte gegen den Entzug der »Sicherheitsfreigabe« klagen und richterlich feststellen lassen, dass er unberechtigt in seinen Rechten verletzt wurde, auch wenn dies Jahre dauern könnte. Bisher beschränkte er sich auf interne Gespräche und verfahrensmäßige Einsprüche. Lediglich das zuständige Parlamentarische Kontrollgremium des Deutschen Bundestages hat Wagener angerufen. Man nehme seine Argumente zur Kenntnis, soll es in einem Schreiben heißen.

Wageners Zurückhaltung ist und bleibt rätselhaft. Welche Strategie er und sein Anwalt gegenüber dem BND vertreten, will er nicht verraten. Auf ein freiwilliges Einlenken des Verfassungsschutzes hofft Wagener jedenfalls nicht: »Wer zu argumentieren versucht, stößt in Köln auf eine Wand, die aus dem Beton einer neuen Zivilreligion gegossen worden ist. (...) In den Augen der Behörde ist der Ball plötzlich eckig, da kann man argumentieren, wie man möchte.«[350] Sollte er in dem Verfahren unterliegen, wäre er eben so etwas wie ein »Kollateralschaden« des Rechtsstaates, sagt Wagener im Gespräch mit dem Autor dieses Buches. Das müsse er im Interesse der Sache hinnehmen. Verhält sich so ein Verfassungsfeind und Staatsgefährder?

Der Fall AfD: Und ewig grüßt der Volksbegriff

Im November des Jahres 2022 war Thomas Haldenwang, der Chef des deutschen Inlandsgeheimdienstes, zu Gast beim »Demokratie-Forum« auf dem Hambacher Schloss. Unter der Moderation des Publizisten Michel Friedman gingen beide der Frage nach, wie bedroht die Demokratie heute sei. Seinen Anfang nahm das Gespräch bei der Tatsache, dass sich im Herbst 2022 erneut eine Protestwelle vor allem in den östlichen Bundesländern Bahn brach. Es ging damals um eine drohende Energiekrise und um Proteste gegen die Waffenlieferungen an die Ukraine. Er warnte vor allem vor der Rolle der AfD. Die Partei konzentriere sich immer mehr darauf, Proteste zu organisieren, und marschiere dabei konsequent »Richtung rechts«.

Friedman hakte sofort ein. Er, der die AfD an diesem Abend selbst eine »Hasspartei« nannte, wollte, statt von »rechts«, lieber von »Hass und Gewalt« sprechen: »›Rechts‹ ist ja erstmal so wie ›links‹.« Er war damit zwar nicht weit entfernt vom Denken seines Interviewpartners, zielte aber auf eine Versachlichung der Debatte. Haldenwang allerdings verstand gar nicht, worum es Friedman ging. Er entgegnete: »›Rechts‹ bedeutet für mich jetzt nicht allein Hass/Hetze, (…) ›rechts‹, das steht eben auch für dieses völkische Denken, für dieses Ausgrenzen von Minderheiten (…). All das, was unser Grundgesetz schützt, unsere bunte, vielfältige Gesellschaft ausmacht, das ist für rechts ein Dorn im Auge. Und ja, das macht für mich Rechtsextremismus aus.« Die Gleichsetzung von »rechts« und »rechtsextremistisch« war damit perfekt. Eigentlich wäre es die Aufgabe eines

Verfassungsschutzpräsidenten, in der Öffentlichkeit gegen derartige begriffliche Verwirrungen anzukämpfen. Haldenwang führte ihnen stattdessen weitere Nahrung zu.

Friedmann erkundigte sich auch, ob die »Letzte Generation« nicht vom Verfassungsschutz beobachtet werden müsse. Der Präsident wies diesen Gedanken weit von sich, obwohl Staatsanwaltschaften und Gerichte immerhin der Frage nachgehen, ob es sich sogar um eine kriminelle Vereinigung handeln könnte. Zwar begingen die jungen Leute auch »Straftaten«. Das sei natürlich nicht akzeptabel und entspreche auch nicht dem »Wesen der Demokratie«. »Aber das Begehen von Straftaten macht diese Gruppierung jetzt nicht extremistisch. (...) Die sagen: ›Hey, Regierung, ihr habt so lange geschlafen, ihr müsst jetzt endlich mal was tun.‹ Anders kann man gar nicht ausdrücken, wie man dieses System eigentlich respektiert, wenn man die Funktionsträger jetzt also zum Handeln auffordert«, so Haldenwang. Und daher sei diese Gruppierung auch kein Beobachtungsobjekt des Verfassungsschutzes.

Freilich war das alles schreiend widersprüchlich. Wenn ein Personenzusammenschluss Geld sammelt, um Straftaten mit dem Ziel zu begehen, die Regierenden ohne jede demokratische Legitimation zum Handeln zu zwingen, ist das nichts anderes als ein organisierter krimineller Angriff auf das Demokratie- und Rechtsstaatsprinzip in einem. Man stelle sich vor, was in der Republik und beim Verfassungsschutz los wäre, wenn die Jugendorganisation der AfD ihrerseits Spenden zur Durchführung politisch motivierter Straftaten sammelte, etwa mit dem Ziel, die Bundesregierung zu einer Änderung der Asylpraxis zu zwingen. Man blickt auf eine Behörde mit doppelten Maßstäben zur Exekution zeitgeistiger politischer Erwartungen.[351]

Der verfassungspolitische Kardinalfall

Die AfD ist der verfassungsschutzpolitische Kardinalfall.[352] Im Herbst 2023 wird die Gesamtpartei vom Verfassungsschutz immerhin als Verdachtsfall eingestuft, einzelne Unterorganisationen als erwiesenermaßen extremistisch. Längst gilt sie mit Umfrage- und Wahlergebnissen von 20 bis 30 Prozent aber als zu etabliert, als dass man sie noch verbieten könnte. Ungefähr so äußerte sich nicht nur die ehemalige Bundesverfassungsrichterin Gertrude Lübbe-Wolff.[353] Auch Kanzler Olaf Scholz schloss in einem Interview ein Verbotsverfahren im Grunde aus: »Es ist gut, dass die Verfassungsschutzämter ihre Aufgaben wahrnehmen. Aber ich bin kein Freund von einem Verbot der AfD.«[354]

Diese Verzichtshaltung löst aber noch nicht alle juristischen Probleme. Der Verfassungsschutz kann die AfD nicht zeitlich unbegrenzt als Verdachtsfall führen. Dieser Status muss aus Gründen der Rechtsstaatlichkeit letztlich *entweder* in der begründeten Feststellung münden, dass sich der Verdacht als nicht berechtigt erwiesen hat. Dann wäre die Beobachtung einzustellen. *Oder* die Maßnahmen erweisen sich als berechtigt. Dann müsste die ganze Partei zum extremistischen Beobachtungsobjekt hochgestuft werden. Aber unabhängig davon, ob bloß Verdachtsfall oder erwiesene Bestrebung: Die AfD wird gegen beides mit allen rechtlichen Mitteln vorgehen. »Notfalls bis zum Europäischen Gerichtshof für Menschenrechte«, wie Roman Reusch entschlossen ankündigt. Früher war er einmal Bundestagsabgeordneter für die AfD, noch früher arbeitete er als Staatsanwalt. Heute betreut er für den AfD-Bundesvorstand die Klageverfahren der Partei gegen den Verfassungsschutz.

Zu den Kosten der Verfahren der Bundespartei gegen den Verfassungsschutz will keiner der Beteiligten etwas sagen. Aber die ungefähren Kosten lassen sich schätzen. Das Hauptverfahren betrifft die Einstufung der AfD als extremistischer Verdachtsfall. Je nach Gang der Dinge können daraus bis zu fünf Instanzen werden. Die von der AfD engagierte Kanzlei gehört zu den großen der Republik. Stundenhonorare von 500 Euro sind da nicht unüblich. Aufgrund der erheblichen Materialsammlung – die Kanzlei Höcker hat dafür extra einen eigenen Aktenraum eingerichtet – darf man je Instanz gut und gerne mit einem Arbeitsaufwand von durchschnittlich 400 bis 500 Stunden rechnen, also mit Mindestkosten von je 200.000 Euro. Selbst wenn die AfD ihre Verfahren vollständig gewinnen sollte, kann sie nur mit einer Erstattung von Anwaltskosten im niedrigen fünfstelligen Bereich rechnen. Der Vermögensschaden der Partei könnte somit selbst im Erfolgsfall mehr als eine Million Euro betragen. Auch deshalb spricht Dr. Christian Conrad, Partner der Anwaltskanzlei Höcker, von einem Kampf von »David gegen Goliath«. Der Verfassungsschutz könne mit »nahezu unbegrenztem Geld und Personal« gegen Organisationen vorgehen und sich außerdem die besten und im Zweifel teuersten Anwälte der Republik einkaufen. Eigentlich wäre es daher fair, betroffenen Parteien im letztinstanzlichen Erfolgsfall deren Anwaltshonorare zu erstatten – zumindest bis zur Höhe anwaltlicher oder vergleichbarer Kosten der Gegenseite.

Ein erstaunlich geheimes Gutachten

Das inzwischen vorliegende Material zur Beurteilung des möglicherweise verfassungsschutzrelevanten Falls AfD könnte Stoff für gleich mehrere wissenschaftliche Arbeiten liefern. Allein 20 Verfahren hat die Kanzlei Höcker seit dem Jahre 2018 für den Bundesvorstand der AfD betrieben. Im Herbst 2023 sind noch immer acht von ihnen offen. Hinzu kommen verschiedene Verfahren von AfD-Landesverbänden. Der bisherige Stand lässt sich so zusammenfassen: Der Verfassungsschutz musste zwar die eine oder andere Niederlage hinnehmen. Aber dies betraf nie die Kernfrage, also die Behauptung, die AfD sei des Extremismus berechtigterweise zumindest verdächtig.

Am 8. März 2022 erlitt die AfD dann eine erste relevante Niederlage gegen den Verfassungsschutz, gegen die sie vor dem Oberverwaltungsgericht NRW Ende 2022 in Berufung gegangen ist.[355] Sie hatte gegen die Einstufung als Verdachtsfall durch die Behörde geklagt. Das Verwaltungsgericht Köln erklärte es allerdings für erwiesen, dass es hinreichende tatsächliche Anhaltspunkte für den Verdacht der Verfassungsfeindlichkeit der AfD gebe. Das Urteil ist in mehrfacher Hinsicht bemerkenswert. Mit der Darstellung und Herleitung des Sachverhaltes beschäftigt sich das Gericht nur auf rund 20 Seiten, mit der Urteilsbegründung hingegen auf nahezu 100 Seiten minutiös und regelrecht ausufernd. Auch der Ton, in dem das Urteil abgefasst ist, belegt eine engagierte Arbeitsweise des Gerichts. Dies reicht bis zu Passagen, in denen es sich den Vortrag der Antragsgegnerin im Begründungsteil gleich mehrfach wortwörtlich zu eigen macht.[356]

Zur Wahrung der Übersichtlichkeit für den Leser konzentriert sich die folgende Analyse auf diesen konkreten Fall. Er ist letztlich der Kern aller rechtlichen Auseinandersetzungen. Aber auch hier ist die Fülle des Materials uferlos.[357] Die folgende Auswertung fokussiert sich daher auf ein vom Verfassungsschutz vorgelegtes Gutachten I sowie das Urteil des Verwaltungsgerichtes Köln vom 8. März 2022. Dies hat mehrere Gründe: Erstens sind beide Dokumente für den interessierten Leser problemlos im Internet auffindbar, zweitens erscheint diese reduzierte Quellenlage in der Sache als ausreichend, da die weiteren Unterlagen des Verfassungsschutzes die Beweislage allein quantitativ und nicht qualitativ anreichern. Und drittens liegt dem Autor dieses Buches ein bisher unveröffentlichtes Gutachten vor. Es fand nicht einmal Eingang in die Gerichtsverhandlung, beschäftigt sich aber mit der Frage, wie beweiskräftig das Gutachten I des Verfassungsschutzes eigentlich ist.

Autor dieses bisher unveröffentlichten, 470 Seiten umfassenden Gegen-Gutachtens im Auftrag der AfD ist der Verfassungsschutzrechtler Dietrich Murswiek.[358] Lediglich die Gesamtergebnisse der Untersuchung wurden Ende 2019 auf einer Pressekonferenz durch diesen vorgestellt: »Das BfV-Gutachten bewertet rund 470 Meinungsäußerungen von AfD-Politikern oder AfD-Organen. Davon werden rund 400 als verfassungsschutzrechtlich relevant, also als unvereinbar mit einem Element der freiheitlichen demokratischen Grundordnung kritisiert. Meine Analyse hat ergeben: Weniger als 20 Prozent der vom Verfassungsschutz als relevant betrachteten Zitate sind nach meiner Auffassung verfassungsschutzrechtlich relevant. Über 80 Prozent der Bewertungen des BfV halte ich für rechtlich falsch.« Und von den rund 20 Prozent an Zitaten, die sich gegen die freiheitliche demokratische Grundordnung richteten, könnten wiederum nur ganze sechs Äußerungen als »tatsächliche Anhaltspunkte« für verfassungsfeindliche Bestrebungen gewertet werden. Murswiek griff damit die verfassungsschutzrechtliche Unterscheidung zwischen *Verfassungsfeindlichkeit* und *Verfassungswidrigkeit* auf. Demnach macht es einen Unterschied, ob sich Äußerungen erkennbar willentlich gegen den Kern der Verfassung richten oder »bloß« materiell mit ihm nicht vereinbar sind. So verstieß auch Angela Merkel im Jahr 2020 mit Äußerungen gegen die Wahl Thomas Kemmerichs (FDP) zum Ministerpräsidenten von Thüringen gegen die Verfassung, aber agierte deshalb nicht sogleich verfassungs*feindlich*. Es sei ein schwerer »methodischer Fehler«, dass der Verfassungsschutz diese Unterscheidung im Falle der AfD vermissen lasse, so Murswiek. Dessen Beweislage sei am Ende »dünn«.[359] Sie stützt sich nach Angaben des Verfassungsschutzes zu erheblichen Teilen auf die Plattform Facebook.[360]

Der Journalist Ronen Steinke hatte Gelegenheit, mit einer Mitarbeiterin des Verfassungsschutzes zu sprechen. Ihre Aufgabe: Sie betreibt in sozialen Netzwerken Fake-Accounts, darf »selbst ein bisschen rechtsradikal spielen«[361] und dabei auch szenetypische Straftaten wie Volksverhetzung begehen. Sie sei zur Behörde gegangen, weil sie etwas gegen Rechtsextreme tun wollte. Die Behörde, so Steinke, beschäftigt für die Anfertigung entsprechender Profilfotos sogar mehrere Kosmetikerinnen: »Beim Bundesamt für

Verfassungsschutz gibt es inzwischen Dutzende virtuelle Agenten für die einzelnen ›Phänomenbereiche‹ (…) und neuerdings auch die verschwörungsideologische Szene.«[362]

Bewertung von VS-Gutachten I durch Murswiek

	Tatsächlicher Anhaltspunkt	inhaltlich mit fdGO unvereinbar	Klärungsbedarf	Beanstandungen VS	unzutreffend beanstandet	unzutreffend beanstandet in %
AfD Gesamtpartei	4	33,5	62	223	185,5	83,2 %
JA	1	19	21	94	74	78,7 %
Flügel	1	12,5	33	90	76,5	85,0 %
gesamt	6	65	116	407	336	82,6 %

Quelle: Murswiek 2019, Tabellenanhang[363]

Bemerkenswert sind die Ergebnisse Murswieks auch deshalb, weil sich zwischen AfD, Junger Alternative (JA) und Flügel kein signifikanter Beurteilungsunterschied ergibt. Ausgerechnet beim Fall »Flügel« soll die Quote fehlerhafter Einschätzungen mit 85 Prozent sogar am größten sein. Der Gutachter führte in der Pressekonferenz aus, dass auch ihn dieses Ergebnis überrascht habe und äußerte eine Vermutung für diesen merkwürdigen Befund: Die Anhänger des Flügels äußerten ihre Meinungen häufig zugespitzter, populistischer als gewöhnliche Parteimitglieder. Und der Verfassungsschutz hätte offenbar den Grad der Impulsivität der Meinungsäußerung mit der Frage ihrer inhaltlichen Unvereinbarkeit mit der fdGO verwechselt. Es sei aber nicht die Aufgabe der Behörde, Äußerungen nach politischen oder moralischen Opportunitätskriterien zu beurteilen.

	Tatsächlicher Anhaltspunkt	inhaltlich mit fdGO unvereinbar	Klärungsbedarf	Beanstandungen	unzutreffend beanstandet	unzutreffend beanstandet in %
AfD Gesamtpartei	0	2	2	15	13	86,7 %
JA	0	7	5	21	14	66,7 %
Flügel	0	2	8	13	11	84,6 %
gesamt	0	11	15	49	38	77,6 %

Übertragung der Bewertung des Gutachters Murswiek auf das Urteil des VG Köln vom 8. März 2022

Das unveröffentlichte Gutachten Murswieks bietet die Möglichkeit, dessen Bewertungen mit der Argumentation des VG Köln abzugleichen. Hierzu wurden die Zitate aus dem Begründungsteil des Urteils ausgewertet, die das Gericht offenbar als verfassungsschutzrechtliche Beanstandungen versteht. Insgesamt 49 von ihnen sind auch Bestandteil des Gegen-Gutachtens. Sie repräsentieren je nach Zählweise rund 30 bis 50 Prozent aller Belege, die das Gericht als tatsächliche Anhaltspunkte zumindest für den berechtigten Verdacht verfassungsfeindlicher Bestrebungen der Partei begreift. Im Abgleich mit dem Murswiek-Gutachten ergibt sich folgender Befund: Vier der 49 Zitate waren wegen unklarer Sachverhalte nicht beurteilbar. In elf Fällen liegt nach Murswiek eindeutig ein Konflikt mit der freiheitlichen demokratischen Grundordnung vor. Hinzu treten vier weitere uneindeutige Fälle.

In insgesamt 15 Fällen hat der Gutachter der AfD außerdem zur parteiinternen »Klärung« geraten. Hierbei handelt es sich aber ausnahmslos nicht um verfassungsschutzrechtlich relevante Fälle, sondern um solche, die in der Öffentlichkeit zu Missverständnissen Anlass geben könnten. In keinem einzigen der 49 Fälle sieht Murswiek einen tatsächlichen Anhaltspunkt für verfassungsfeindliche Bestrebungen. Insgesamt ergibt sich auf dieser Grundlage eine *inhaltliche* Fehlerquote von beachtlichen 78 Prozent.

Auffällig ist, dass nun die JA in Sachen verfassungsfeindlicher Äußerungen und der Flügel in Sachen »Klärungsbedarf« hervorstechen. Die durch das VG Köln vorgenommene Selektion des Beweismaterials führt zumindest in dieser Hinsicht zur Annäherung an die ursprüngliche Vermutung Murswieks. Allein sieben der elf »inkriminierten« Äußerungen entfallen auf die JA, darunter zwei in den Jahren 2016 und 2017 auf den ehemaligen JA-Bundesvorsitzenden und heutigen AfD-Bundestagsabgeordneten Markus Frohnmaier. Auf den Flügel entfallen zwei Äußerungen, die, wenig überraschend, auf Björn Höcke zurückgehen. Auf die Gesamtpartei entfallen zwei weitere Fälle. Einmal ist mit Jörg Urban ein aktueller AfD-Landtagsabgeordneter betroffen, ein anderes Mal mit Ralph Weber ein ehemaliger AfD-Landtagsabgeordneter. Nach Ordnungsmaßnahmen gegen ihn verließ dieser im November 2021 freiwillig die Partei.

Die hohe Fehlerquote überrascht. Eigentlich sollte sie sich durch Würdigung der Beweislage vor Gericht verringern. Dies ist aber – über alles betrachtet – nicht der Fall. Will man nicht in verschwörungstheoretische Spekulationen verfallen, lässt sich das nur durch einen Umstand erklären: Das Gericht schließt sich den verfassungsschutzrechtlichen Grundannahmen des Verfassungsschutzes an und kommt daher auch quantitativ zu einem ganz ähnlichen Ergebnis, das allerdings der Bewertung des Gutachters Murswiek diametral widerspricht. Das wird nicht zuletzt beim ethnischen Volksbegriff offensichtlich werden, der das gesamte

Programm der AfD sowie die Argumentation von Verfassungsschutz und Verwaltungsgericht steuert.

Vor der Analyse der strittigen Stellen sei eine grundsätzliche Erwägung gestattet: Die Gesamtkonstellation lädt zu der Annahme ein, das Ergebnis des Gegen-Gutachtens könne nicht ernst genommen werden, weil dieses von der AfD beauftragt worden und daher nicht objektiv sei. Freilich kann bei Gutachten ein Verzerrungseffekt durch den Auftraggeber nicht generell ausgeschlossen werden. Wer ein solches Argument allerdings vor jeder Prüfung gelten lassen wollte, müsste Gutachten generell für aussagelos erklären, denn sie haben immer einen Auftraggeber. Betroffen wäre dann nicht nur das Gutachten Christoph Möllers' im Fall Martin Wagener, sondern erst recht sämtliche Gutachten des Verfassungsschutzes zur AfD im vorliegenden Fall. Ausdrücklich lässt Murswiek zudem die Frage offen, ob die AfD am Ende mit Recht beobachtet wird oder nicht. Auch betont er, dass er ausschließlich eine rechtliche Bewertung vorgenommen habe: »Wenn ich vom BfV beanstandete Äußerungen als inhaltlich mit der freiheitlichen demokratischen Grundordnung vereinbar beziehungsweise als nicht gegen die freiheitliche demokratische Grundordnung gerichtet bewerte, bedeutet das nicht, dass ich diesen Äußerungen politisch zustimme oder dass ich sie nicht für kritikbedürftig halte.«[364]

49 strittige Zitate

Lässt man gemäß Murswiek vier mehrdeutige und vier unklare Zitate unberücksichtigt, bleiben 41 Zitate übrig, die sowohl Gegenstand des Gutachtens I als auch des Urteils des Verwaltungsgerichts Köln sind. Von diesen können mindestens 16 Vertretern des Flügels zugerechnet werden, davon allein 12 Björn Höcke. Weitere 19 Zitate stammen von Vertretern oder Organen der Jungen Alternative (JA). Nur rund neun Prozent aller Zitate gehen auf das Konto anderer Mitglieder der AfD. Hierdurch wird plausibel, warum der Verfassungsschutz im Gutachten I zu dem Ergebnis kam, zumindest Flügel und JA seien ein Verdachtsfall für den Inlandsgeheimdienst, die Gesamtpartei AfD zu diesem Zeitpunkt allerdings noch nicht. Die gegenteilige Behauptung wurde erst im Jahr 2021 mit dem Gutachten III aufgestellt. Ordnet man die verbliebenen Zitate ideologischen Fallgruppen zu, so entfallen auf den Bereich *Ethnischer Volksbegriff/kulturelle Identität/ethnische Homogenität* 19 Zitate, auf den Bereich *Islam- und Fremdenfeindlichkeit* 18 Zitate und auf den Bereich *Demokratie/Rechtsstaat* nur vier.[365]

	Ethnischer Volksbegriff	Islam-/Fremdenfeindlichkeit	Demokratie/Rechtsstat
mit der fdGO unvereinbar	2	6	3
strittig	17	12	1
gesamt	19	18	4

Inhaltliche Zuordnung der 41 auswertbaren Zitate

Ein anderes Bild ergibt sich bei Konzentration auf jene elf Zitate, die Murswiek, der Verfassungsschutz sowie das Verwaltungsgericht Köln gleichermaßen für mit dem Kern der Verfassung unvereinbar halten. Hier dominiert mit sechs Fällen der Bereich *Islam- und Fremdenfeindlichkeit,* drei Zitate entfallen auf das Segment *Demokratie/Rechtsstaat* und nur zwei auf den *ethnischen Volksbegriff.* Dieser empirische Befund ist ein zentraler Hinweis auf die eigentliche Debatte. Vieles hängt davon ab, wie man den ethnischen Volksbegriff im NPD-Urteil des Bundesverfassungsgerichts aus dem Jahr 2017 versteht. Hinzu kommt die Frage, welche verfassungsschutzrechtliche Relevanz man Äußerungen von Mitgliedern und Organen der AfD aufgrund ihrer Tonlage zumisst. Das mag überraschen, ist aber ein wesentlicher Punkt. Immer wieder schlussfolgert der Verfassungsschutz nicht aus dem objektiven Inhalt von Äußerungen auf eine mögliche Verfassungsfeindlichkeit, sondern aus dem »Ton der Meinungsäußerung«, aus dem Klang des Gesagten. Im Gutachten I findet sich sogar der offizielle Hinweis, dass der Verfasser eine Aussage aus dem Umfeld der AfD als »eindeutig krass abwertend« empfinde und sie zur »Auslösung von körperlichem Ekel geeignet« sei.[366] Die persönlichen Geschmacksempfindungen können aber auch dann keine verfassungsschutzrechtliche Relevanz erzeugen, wenn sie von Verfassungsschutzmitarbeitern geäußert werden. Peter Glotz plädierte bereits in den 1980er Jahren aus gutem Grund dafür, die politische Rechte »*kalt* (...), mit sterilisierten Instrumenten« zu analysieren. Ein Naturforscher könne ja schließlich auch nicht »in Emotionen verfallen, wenn er ein häßliches Tier unter dem Mikroskop hat«.[367]

Die elf unstrittigen Zitate können ebenfalls außer Betracht bleiben, eben weil sie unstrittig sind. Es sollen nur ein paar Hinweise dafür gegeben werden, welche Arten von Aussagen sich dahinter verbergen. So fordert ein ehemaliges Mitglied der AfD im Bereich *Ethnischer Volksbegriff*, dass sich die »Biodeutschen« der »Zuwanderung« entgegenstellen sollten, damit »die Deutschen als Volk« nicht ausgelöscht würden.[368] Hier findet keine Differenzierung zwischen Deutschem Volk im ethnischen Sinne und Staatsvolk im rechtlichen Sinne statt, beides soll wohl in eines fallen. Und das wäre verfassungswidrig. Sodann plädieren im Bereich *Islam- und Fremdenfeindlichkeit* Mitglieder der JA dafür, für alle männlichen Flüchtlinge eine abendliche Ausgangssperre zu verhängen, um Kriminalität zu begrenzen.[369] Hiermit wird für einen Grundrechtseingriff plädiert, der an einem sachlich nicht begründbaren Gruppenmerkmal festgemacht wird. Das ist willkürlich und damit verfassungswidrig. Und Björn Höcke vergleicht im Bereich *Demokratie/Rechtsstaat* Angela Merkel mit

Erich Honecker und sagt dann den Satz: »Diese Regierung ist keine Regierung mehr, diese Regierung ist zu einem Regime mutiert!«[370] Durch die bewusste Entgegensetzung von »Regierung« und »Regime« hält auch der Gutachter Murswiek die »Grenze zur Verunglimpfung«[371] staatlicher Institutionen in diesem Fall für überschritten.

Es ist hier aus verschiedenen Gründen weder möglich noch erforderlich, alle 30 verbliebenen Zitate eingehend zu analysieren. Fokus der Betrachtung ist allein die Frage, ob berechtigte Zweifel an der Begründetheit der Auslegung durch den Verfassungsschutz und das Verwaltungsgericht bestehen. Hierfür genügt eine exemplarische Analyse anhand je eines typischen Beispiels aus den drei Ideologiebereichen.

Demokratie/Rechtsstaat

Im Bereich *Demokratie/Rechtsstaat* geht es um eine einzige strittige Fundstelle. Sie stammt aus einem vielbeachteten Gesprächsband mit Björn Höcke und lautet:

»Ein paar Korrekturen und Reförmchen werden nicht ausreichen. Aber die deutsche Unbedingtheit wird der Garant dafür sein, daß wir die Sache gründlich und grundsätzlich anpacken werden. Wenn einmal die Wendezeit gekommen ist, dann machen wir Deutschen keine halben Sachen. Dann werden die Schutthalden der Moderne beseitigt, denn die größten Probleme von heute sind ihr anzulasten.«[372]

Für den Verfassungsschutz ist klar, was das bedeuten soll: »Der grundsätzliche, strikte und umfassende Antimodernismus Höckes lässt vermuten, dass dieser nicht nur an ein vormodernes, sondern – gemessen an den Maßstäben der freiheitlichen demokratischen Grundordnung – auch vordemokratisches Staatskonzept anknüpfen möchte. (…) Dieses Staatsprojekt könnte in deutlichem Gegensatz zu einer freiheitlichen, säkularen und emanzipatorischen Demokratie im Sinne des Grundgesetzes stehen.«[373] Dabei kommt am Ende alles auf die sprachlichen Feinheiten an: Der Verfassungsschutz selbst hält gar nicht für erwiesen, was er interpretiert. Er sagt vielmehr: Wenn man von einer bestimmten *Vermutung* ausginge, *könnte* es sich um einen Fall von Verfassungsfeindlichkeit handeln. Im Fortgang der Analyse wird der Verfassungsschutz noch weitere vergleichbare Vermutungen anstellen. Und deren »Gesamtschau«[374] soll dann einen eindeutigen Verstoß gegen das Demokratieprinzip ergeben. Allerdings können auch fünf Vermutungen keine höhere Dignität erzeugen als ein oder zwei, denn die Vermehrung des Ungewissen führt nicht zur Gewissheit. Das Verwaltungsgericht Köln schließt sich dieser Interpretation auch nicht direkt an. Es begreift das Zitat vielmehr als Beleg dafür, dass die AfD nicht nur Kritik äußere, sondern »ganz gravierende gesetzgeberische Änderungen«[375] anstrebe, also eine Bestrebung verfolgt. Der Beweisgang verwundert insofern, als eine jede Partei stets als Bestrebung eines Personenzusammenschlusses zu interpretieren ist.

Bei der Analyse der zugespitzten Aussagen Höckes sind mehrere hermeneutische Voraussetzungen zu beachten: Für eine rechtsstaatlich saubere Analyse muss man sich zunächst freimachen von dem Vorurteil, das eigene Sprachempfinden sei gleichsam ein universeller und rechtlich relevanter Maßstab. Hinzu kommt die Tatsache, dass Höcke aufgrund jahrelanger öffentlicher Markierung weithin gleichsam als Parade-Nazi der AfD gilt. Schnell können hierdurch mental Anklänge an den nationalsozialistischen Vernichtungsantisemitismus aufgerufen werden, die dann die Interpretation steuern. Denkt man an Antisemitismus, Auschwitz und Höckes Rede vom »Denkmal der Schande«, können Formulierungen wie »deutsche Unbedingtheit« oder dass »wir Deutschen keine halben Sachen« machten, Beklemmungen auslösen. Aber das ist nicht der Kontext, um den es hier geht.

Vor der zitierten Passage erinnern Höcke und sein Gesprächspartner an die Tatsache, dass sie das gegenwärtige Deutschland für schwer krisengeschüttelt halten. Dann sagt Höcke, dass es aber »berechtigte Hoffnung auf eine Erneuerung«[376] gebe, und sein Gesprächspartner fragt ihn, ob es diese überhaupt benötige. Höcke antwortet: »Ja, an dem heruntergekommenen deutschen Haus sind umfassende Renovierungsarbeiten vonnöten.«[377] Und dann folgt jene Passage, die der Verfassungsschutz Höcke zur Last legt. Gutachter Murswiek hält diese für einen »schwachen Beleg« für Verfassungsfeindlichkeit. Höcke wolle wortwörtlich ja nicht die Moderne, »geschweige denn das demokratische Verfassungssystem«[378], sondern deren »Schutthalden« beseitigen. Sollte Höcke allerdings die »Schutthalden« für einen unvermeidbaren Effekt der Moderne halten, könnte aus einem schwachen auch ein starker Beleg werden.

Im weiteren Gespräch erläutert Höcke, was genau er mit all dem meint. Die »Loslösung des Individuums aus den mittelalterlichen Kollektiven« erklärt er ausdrücklich zu einer Errungenschaft der Neuzeit, die zu »einer Entfesslung unglaublicher Kräfte« geführt habe. Diese Freisetzung des Individuums habe allerdings einer erneuten Begrenzung bedurft, um keine zerstörerischen Konsequenzen zu zeitigen. Dies habe der neuzeitliche Staat geleistet. Die Deregulierung und Privatisierung dieses Staates in der Moderne unter den Bedingungen der Globalisierung bezeichnet Höcke dann »als den springenden Punkt«[379]. Er hält dies für die schleichende Auflösung notwendiger Ordnungsstrukturen. Dies müsse rückgängig gemacht und das Individuum gesellschaftlich wieder besser eingebettet, eine »Symbiose von Staat und Volk«[380] wiederhergestellt werden. All das läuft letztlich auf eine radikale Kritik der individualistischen Moderne hinaus, wie sie auch von Teilen linker Sozialwissenschaft vertreten wurde und immer noch wird – wenn auch mit anderen Gründen, in anderer Sprache und mit mutmaßlich anderen Konsequenzen. Aber es geht hier nicht um Auschwitz. Und auch ein Angriff auf die Institutionen des demokratischen Verfassungsstaates lässt sich zwar *vermuten*, aber nicht belegen. Die Einstufung eines Beobachtungsobjektes als Verdachtsfall darf sich allerdings nicht auf Vermutungen, sondern muss sich auf tatsächliche Anhaltspunkte stützen. So steht es im Gesetz.

Islam- und Fremdenfeindlichkeit

Sehr viel eindeutiger sind die Zitate zum Bereich *Islam-/Fremdenfeindlichkeit.* Sie gruppieren sich um drei Phänomene: um Bestrebungen zur »Re-Migration« von Ausländern, um gesetzliche Beschränkungen zur Ausübung der islamischen Religion in Deutschland sowie um angebliche oder tatsächliche Menschenwürdeverletzungen von Ausländern durch deren pauschale Herabsetzung. Dabei sind folgende Tatsachen zu beachten: 1. Das individuelle Grundrecht auf Asyl ist kein Bestandteil der fdGO. Das Grundgesetz steht nicht einmal seiner vollständigen Abschaffung entgegen. 2. Es gibt keine generelle verfassungsmäßige Pflicht, Ausländer einreisen zu lassen oder gar einzubürgern. 3. Es ist verfassungsrechtlich zweifelsfrei zulässig, die Herbeiführung einer multikulturellen Gesellschaft abzulehnen. Man mag all diese Positionen für altertümlich und aus der Zeit gefallen halten. Aber sie begründen nicht automatisch Verfassungswidrigkeit.

Die folgende Analyse greift einen typischen Fall aus der Gruppe *Menschenwürdeverletzung durch pauschale Herabsetzung* auf. Das Verwaltungsgericht Köln kommt nach der Zitation einiger Aussagen zu dem Ergebnis: »Mit den genannten Äußerungen werden Ausländer bzw. Migranten nachhaltig und generalisierend mit Kriminalität in Verbindung gebracht. Mit Begriffen wie der ›Messerstichkultur‹, ›Vergewaltigungskultur‹ oder Aussagen wie ›Massenvergewaltigungen gehören nicht zur deutschen Kultur‹, wird eine Verbindung zwischen ausländischer Herkunft und Kriminalität aufgezeigt, die geeignet ist, Ausländer insgesamt herabzusetzen. Die JA trifft pauschalisierende Aussagen und bringt zum Ausdruck, dass etwa ausschließlich Migranten

Vergewaltigungen begehen. Die Wortwahl, Diktion und Inhalt sind erkennbar darauf ausgerichtet, Migranten ihre Menschenwürde abzusprechen«.[381] Auch der Verfassungsschutz erkennt in den Zitaten Anhaltspunkte dafür, dass »Flüchtlinge bzw. Migranten in ihrer Gesamtheit in pauschalisierender Weise abgewertet« und so gezielt »Ängste und Vorurteile gegen Migranten in der Bevölkerung« geschürt werden sollen.[382]

Mehrere der zur Last gelegten Aussagen sind strittig. Es handelt sich zum Beispiel um die folgenden:

»Unser stellvertretender JA-Bundesvorsitzender Reimond Hoffmann sagt (…): Die Menschen, die herkommen, um zu randalieren, zu belästigen, zu überfallen und Banden zu bilden, müssen konsequent in ihre Heimat gebracht werden: Verabschiedungskultur statt Vergewaltigungskultur also.«[383]

»Die Kriminalitätsstatistiken bestätigen, dass die Verbrechen seit der unkontrollierten Grenzöffnung dramatisch angestiegen sind. (…) Deutschlands Straßen verkommen zum Freiluft-Bordell für eingewanderte Vergewaltiger.«[384]

Es ist nicht recht erklärlich, wie Verfassungsschutz und Gericht auf den Gedanken kommen, das erste Zitat ziele auf eine pauschale Herabwürdigung von Ausländern »in ihrer Gesamtheit« ab und sei daher mit der Menschenwürde unvereinbar. Die zentrale Aussage lautet ausdrücklich: »Die Menschen, die herkommen, um zu randalieren, zu belästigen, zu überfallen und Banden zu bilden, müssen konsequent in ihre Heimat gebracht werden.« Die Forderung nach Abschiebung krimineller Ausländer ist nicht nur nicht verfassungswidrig, sondern deckt sich mit der deutschen Rechtslage. Das Gericht gibt dabei auch einen wesentlichen Teil des Originalzitates gar nicht wieder. Der Kontext ist entscheidend. Die JA bezieht sich insbesondere auf Vorfälle auf einem Volksfest in Schondorf aus dem Jahr 2017. Vier Flüchtlinge wurden seinerzeit des sexuellen Missbrauchs verdächtigt.[385] Die Bewertung des Gutachters Murswiek überrascht daher nicht: »Entgegen der Bewertung des BfV enthält (…) (das Zitat, M. B.) keine pauschalierende Abwertung aller Flüchtlinge. Vielmehr bezieht sich das Zitat konkret auf die Vorfälle in Schorndorf und fordert, dass Menschen, die sich so wie dort verhalten, abgeschoben werden sollen.«[386] Es handelt sich somit um einen verfassungsschutzrechtlich völlig irrelevanten Vorgang. Er lässt sich wohl nur dadurch erklären, dass sich auch das Verwaltungsgericht von der Tonart des Zitates in die Irre führen lässt. Tatsächlich wirft es der Klägerin im Urteil denn auch insgesamt siebenmal den Gebrauch einer »martialischen Rhetorik« vor. Es gilt in einer freiheitlichen demokratischen Grundordnung jedoch: »Auch Polemik ist in der Demokratie erlaubt und macht verfassungskonforme nicht zu verfassungsfeindlichen, weil ›radikalen‹ Äußerungen.«[387]

Das zweite Zitat erleidet ein ganz ähnliches Schicksal. Dessen zweiten Satz ordnet Gutachter Murswiek wie folgt ein: Dieser enthalte »einen unangemessenen, maßlos übertreibenden und die Polizei diffamierenden Satz zu Vergewaltigungen (Straßen als ›Freiluftbordell‹).«[388] Allerdings führt das nicht zu einem Verstoß gegen die Verfassung, ist also für sich genommen verfassungsschutzrechtlich irrelevant. Und der erste Satz schildert eine Tatsache, die mit einer zumindest legitimen Wertung verbunden wird: »Immerhin weisen die Kriminalstatistiken, auf die der Autor sich beruft, von 2014 auf 2015 einen Anstieg von Ausländern begangener Straftaten um rund 63.000 und von 2015 auf 2016 um rund 50.000 auf. (…) Der Anteil der Asylbewerber an den nichtdeutschen Tatverdächtigen hat sich von 2014–2016 fast verdoppelt. Wir sehen (…) mehr als eine Verdreifachung des Anteils der Asylbewerber an Tötungsdelikten und schweren Sexualdelikten in diesem Zeitraum. Es ist kein ›Schüren von Ängsten‹, auf die amtlichen Statistiken hinzuweisen (…).«[389]

Beide Zitate erfüllen somit eindeutig jene Kriterien nicht, die Verwaltungsgericht und Verfassungsschutz als erfüllt darstellen. In ihnen lässt sich gerade nicht nachweisen, dass Ausländer »pauschalierend« oder »generalisierend mit Kriminalität in Verbindung« gebracht werden und somit ein Verstoß gegen den obersten Verfassungsgrundsatz, die Menschenwürde, vorliegt. Auch für die Richtigkeit der Behauptung, dass nach Ansicht der Urheber »ausschließlich Migranten Vergewaltigungen begehen«, gibt es keinen stichhaltigen Beleg.

Ethnischer Volksbegriff

Letztlich dreht sich in der Argumentation des Verwaltungsgerichtes Köln und des Verfassungsschutzes alles um den ethnischen Volksbegriff. Auch die Ideologiebereiche *Islam-/Fremdenfeindlichkeit* und *Demokratie/Rechtsstaat* werden durch ihn gesteuert. Ganz korrekt gibt dabei der Verfassungsschutz in seinem Gutachten I einführend die Rechtsprechung des Bundesverfassungsgerichtes im NPD-Urteil aus dem Jahr 2017 wieder. Menschenwürdewidrig sei ein politisches Programm dann, wenn es »mit einem biologisch-rassistischen oder ethnisch-kulturellen Volksbegriff verbunden wird, der bestimmte Menschen qua Geburt und ihrer Natur nach aus dem Volk ausschließt.«[390] Dieses kurze Zitat ist aus ganz verschiedenen Gründen sehr bemerkenswert: Erstens wird man am Schluss des Zitates das Wort »Volk« wohl als »Staatsvolk« lesen müssen. Anders ergibt der Satz keinen Sinn. Wenn man das aber tut, unterscheidet der Verfassungsschutz plötzlich selbst zwischen einem ethnisch definierten deutschen Volk und dem rechtlichen Staatsvolk. Verschiedene Autoren, teils auch Gerichte und Verfassungsschutzbehörden halten aber bereits dies für verfassungswidrig. Und zweitens unterscheidet der Verfassungsschutz hier definitorisch strikt zwischen *zwei* ethnischen Volksbegriffen: einem biologischen und einem kulturellen. Und beide sind erst dann verfassungswidrig, wenn auf sie sachlich ungerechtfertigte und damit letztlich willkürliche rechtliche Diskriminierungen gestützt werden.[391] Das alles ist zwar völlig korrekt, widerspricht allerdings in der Sache zahlreichen Veröffentlichungen der Verfassungsschutzbehörden. Ein weiteres Mal sind damit begriffliche Inkohärenzen offenkundig.

Der VS-Autor obiger Zeilen scheint allerdings nicht identisch mit jenen Personen gewesen zu sein, in deren Verantwortung die konkrete Auswertung der Quellen lag. In der Beweisführung wird stattdessen immer wieder unterstellt, dass »deutsches Volk« nichts anderes bedeuten dürfe als »Staatsvolk« und somit ein ethnischer Volksbegriff *generell* verfassungswidrig sei. Die Beweisführung widerspricht in solchen Fällen aber den eigenen Definitionen.[392] In folgendem Zitat des ehemaligen JA-Landesvorsitzenden Sachsens, Matthias Scholz, sieht der Verfassungsschutz nicht nur einen Beleg für verschwörungstheoretische Anwandlungen, sondern auch für einen »ethnisch-homogenen Volksbegriff, der mit der Menschenwürdegarantie des Art. 1 GG nicht vereinbar ist, da er die Menschenwürde derjenigen missachtet, die nicht diesem Volksbegriff unterfallen«[393]. Und das Verwaltungsgericht Köln stellt zu diesem Zitat fest: »Da dieses Konzept auf völkisch-ethnischen Vorstellungen eines ethnisch vorhergehenden deutschen Volkes beruht, stellt das Vertreten dieses Konzepts einen tatsächlichen Anhaltspunkt für gegen die freiheitliche demokratische Grundordnung gerichtete Bestrebungen dar.«[394] Immer wieder wirft auch das Gericht Vertretern der AfD vor, überhaupt von einem »ethnischen Volksbegriff«[395] auszugehen:

»Doch die Multikulti-Kriminalität ist nur ein Symptom, ein Symptom einer falschen Ideologie der Selbstaufgabe. Die Auswüchse der 68er haben unter dem Schleier der Gleichberechtigung ihren krankhaften Geist der Gleichmacherei Stück für Stück in den Geist unseres Volkes gesät. Dem Volk wird quasi von klein auf eingetrichtert, dass es gar nicht existiert. Unsere geliebte Kultur, mit all unserer Tradition und Werten, soll belanglos und schlecht gemacht werden. Mit Gendermüll und Deutschlandhass soll mit aller Gewalt unsere Identität zermürbt werden. Doch wir wehren uns gegen den feuchten Traum von Claudia Roth, unser Volk gegen eine Horde von identitätsleeren Konsumenten auszutauschen.«[396]

Ausgerechnet am entscheidenden Punkt dürfte dem Verwaltungsgericht eine gravierende Missdeutung des Zitates unterlaufen sein. Ganz klar wendet sich der Autor gegen die auch mit dem Prozess der Globalisierung verbundene kulturelle Verflüssigung bisheriger Nationalkulturen. Dies raube dem ethnisch-kulturell definierten deutschen Volk dessen Identität. Wesentlicher Motor dieser Entwicklung scheint für Scholz dabei eine Wirtschaftsweise zu sein, die »identitätsleere Konsumenten« erzeugt. Mit hoher Wahrscheinlichkeit bezieht sich dieser Passus daher auf die autochthone Bevölkerung selbst. Es ist ja *gerade nicht* die Identitätslosigkeit von Zuwanderern, die der AfD Sorgen bereitet, sondern vielmehr umgekehrt deren angebliche Nicht-Bereitschaft, ihre *fremde Identitä*t aufzugeben. Diese Interpretation ist viel plausibler und naheliegender als das, was das Gericht begründungslos als entscheidendes Argument aus dem Zitat herausliest: »Einwanderer werden vom Redner als ›identitätslose Konsumenten‹ herabgewürdigt, die offenbar nicht zum Volk gehören, sondern dieses ›austauschen‹.«[397]

Eine Verfassungswidrigkeit der zitierten Aussage ergäbe sich dabei nur, so Gutachter Murswiek, wenn der ethnische Volksbegriff und mit ihm der Wunsch, eine bestimmte national-kulturelle Identität zu bewahren, an sich verfassungswidrig wäre. Aber auch »durch ständige Wiederholung« werde diese These »nicht richtig«.[398] Das Verwaltungsgericht Köln erklärt schließlich sogar das Konzept einer innerdeutschen »ethnokulturellen Identität«[399] zu einem Verstoß gegen die Menschenwürde. Währenddessen bemüht sich die Bundesregierung weiterhin darum, mit Förderprogrammen die »ethnokulturelle Identität«[400] Auslandsdeutscher zu erhalten. Am 18. Januar 2021 und damit im laufenden Gerichtsverfahren verabschiedeten der gesamte AfD-Bundesvorstand sowie alle AfD-Landesvorsitzenden eine »Erklärung zum deutschen Staatsvolk und zur deutschen Identität«. Ganz offensichtlich ging es den Unterzeichnern darum, den Vorwurf abzuschütteln, sie wollten ein ethnisch definiertes deutsches Volk mit dem Staatsvolk identisch machen und seien deshalb verfassungswidrig. Dabei sind die ersten beiden Punkte der Erklärung entscheidend:

»I. Als Rechtsstaatspartei bekennt sich die AfD vorbehaltslos zum deutschen Staatsvolk als der Summe aller Personen, die die deutsche Staatsangehörigkeit besitzen. Unabhängig davon, welchen ethnisch-kulturellen Hintergrund jemand hat, wie kurz oder lange seine Einbürgerung oder die seiner Vorfahren zurückliegt, er ist vor dem Gesetz genauso deutsch wie der Abkömmling einer seit Jahrhunderten in Deutschland lebenden Familie, genießt dieselben Rechte und hat dieselben Pflichten. Staatsbürger erster und zweiter Klasse gibt es für uns nicht.

II. Gleichwohl ist es ein völlig legitimes politisches Ziel, welches sowohl dem Geist als auch den Buchstaben des Grundgesetzes entspricht, das deutsche Volk, seine Sprache und seine gewachsenen Traditionen langfristig erhalten zu wollen. Damit befinden wir uns im Einklang mit dem Bundesverwaltungsgericht, welches in einem Urteil ausdrücklich festgestellt hat, dass die Wahrung der geschichtlich gewachsenen nationalen Identität als politisches Ziel nicht gegen die freiheitlich-demokratische Grundordnung verstößt.«[401]

Diese Position ist m. E. aus den in diesem Buch ausgeführten Gründen mit dem Grundgesetz vereinbar. Das Verwaltungsgericht Köln hingegen stellte nicht nur in den Raum, dass es sich hierbei möglicherweise bloß um ein rein prozesstaktisches Verhalten handeln könnte, sondern deutete den Text als klar verfassungswidrig: »In Ziffer 2 der Erklärung wird (…) eine Unterscheidung zum ›Deutschen Volk‹ gemacht, welches langfristig erhalten werden solle. Damit wird suggeriert, dass das ›deutsche Staatsvolk‹ ein rechtliches Gebilde, wohingegen das ›deutsche Volk‹ ein dem rechtlichen Konstrukt vorausliegendes tatsächliches und ethnisch-kulturell bestimmtes Gebilde ist. Auch die übrigen Formulierungen verstärken dieses Verständnis. Das in der Erklärung formulierte politische Ziel, ›dem deutschen Staatsvolk auch eine deutsche kulturelle Identität über den Wandel der Zeit erhalten‹

(sic! M. B.), läuft darauf hinaus, die Einbürgerungsvoraussetzungen so zu gestalten, dass das ›Staatsvolk‹ dem ›deutschen Volk‹ möglichst entspricht und es nicht zu viele Abweichungen gibt.«[402] Und das hält das Verwaltungsgericht Köln offenbar für verfassungswidrig. Das allerdings läuft umgekehrt auf eine angebliche verfassungsrechtliche Staatspflicht zur Beförderung von Einwanderung und Einbürgerung sowie zur Errichtung einer multikulturellen Gesellschaft hinaus, die es schlicht nicht gibt: »Es ist ein legitimes Ziel der Politik, sich dafür einzusetzen, daß die Bevölkerungsstruktur des deutschen Staates im Wesentlichen erhalten bleibt und sich nicht durch Einwanderung grundlegend ändert. Das Grundgesetz verpflichtet nicht zu einer Politik der offenen Grenzen und unbegrenzter Einwanderung. (...) Auf die Menschenwürdegarantie kann ein Anspruch auf Einwanderung nicht gestützt werden. Die zuständigen Staatsorgane können somit, ohne gegen das Grundgesetz zu verstoßen, die Einwanderung begrenzen oder sogar ganz unterbinden mit dem Ziel, die überwiegend durch das deutsche Volk im ethnisch-kulturellen Sinne geprägte Bevölkerungsstruktur zu erhalten.«[403]

Es ist erstaunlich und unverständlich, warum deutsche Richter darauf beharren, dass bereits die bloße gedankliche Unterscheidung zwischen einem rechtlich definierten Staatsvolk auf der einen und der kulturellen und politischen Identität einer Gruppe von Menschen auf der anderen Seite ein Verstoß gegen die Verfassung sei. Die ehemalige Berliner Staatssekretärin und Sprecherin des Auswärtigen Amtes Sawsan Chebli (SPD) jedenfalls interessiert Derartiges nicht. Nach dem Überfall der Hamas auf Israel im Herbst 2023 titulierte sich die deutsche Staatsbürgerin mehrfach als »Muslimin und Palästinenserin«[404]. Eigentlich dürften sich die Palästinenser nicht einmal als »Volk« begreifen. Da ihnen nach hiesigen Maßstäben ein Staat fehlt, kann es auch kein Staatsvolk geben und damit angeblich auch keinen legitimen palästinensischen Volksbegriff.

Fazit

Zum Abschluss dieser Analyse sei etwas eigentlich Selbstverständliches betont: Mit der Problematisierung der Argumentation von Verfassungsschutz und Verwaltungsgericht Köln ist die AfD *nicht* generell entlastet. Mithin lässt sich obiger Argumentation keine Unbedenklichkeitsbescheinigung entnehmen. In einem Rechtsstaat muss der Angeklagte aber nicht seine Unschuld beweisen, sondern umgekehrt der Ankläger die Schuld des Angeklagten. Erweisen sich die Beweise des Anklägers als nicht stichhaltig, hat der Angeklagte selbst dann als unschuldig zu gelten, wenn er in Wahrheit schuldig sein mag.

Verfassungsschutz, Verwaltungsgericht und Gutachter Murswiek sind sich darin einig, dass in der AfD verfassungsfeindliche Äußerungen nachweisbar sind, auch wenn deren Zahl deutlich niedriger sein dürfte, als vom Verfassungsschutz behauptet. In obiger Analyse wurden nur wenige Fälle exemplarisch erörtert, die sich wiederum nur aus einem Teil jener Belegstellen speisen, die das Verwaltungsgericht Köln in seinem Urteil aufgeführt hat. Ein abschließendes Gesamturteil ist daraus nicht ableitbar. In diesen exemplarischen Fällen waren die Zweifel an der Korrektheit der Interpretation der Zitate sowie ihrer rechtlichen Einordnung aber so deutlich, dass von erheblichen methodischen Mängeln ausgegangen werden muss. Letztlich werden ohnehin Gerichte entscheiden, wer im Recht ist. Und wahrscheinlich wird alles an der Frage hängen, welche Ausprägung eines ethnischen Volksbegriffes das Bundesverfassungsgericht für verfassungskonform hält und welche nicht. Vorliegender Analyse lässt sich somit keinerlei Argument für oder gegen die These entnehmen, die AfD sei (möglicherweise) extremistisch. Sie zeigt einzig und allein, wie mangelhaft die Beweisführung des Verfassungsschutzes ist.

Das sehen mitunter auch Gerichte so. So unterlag zum Beispiel im August 2023 in einer waffenrechtlichen Entscheidung der Saale-Orla-Kreis gegen ein AfD-Mitglied vor dem Verwaltungsgericht

Gera. Das Gericht rügte nicht nur, dass der Landkreis die Einschätzung des Verfassungsschutzes, die AfD Thüringen sei erwiesen extremistisch, nahtlos und ohne weitere Begründung auf das betroffene Mitglied übertragen habe. Es bemängelte vor allem, dass die Interpretation einschlägiger Äußerungen aus Reihen der AfD nicht »hinlänglich plausibel gemacht worden«[405] sei. Die eindeutige Verfassungsfeindlichkeit von Äußerungen dürfe nicht nur behauptet, sondern müsse argumentativ dargetan werden. Das gelte vor allem für solche, die mehrdeutig seien. In Einzelfällen bezeichnete das Gericht die Interpretationen des Verfassungsschutzes sogar als regelrecht »konstruiert«[406] und damit rechtsstaatlich nicht rechtfertigbar.

Erstaunlich ist daher, dass die AfD das Gegen-Gutachten Murswieks bis heute unter Verschluss hält und nicht in das Gerichtsverfahren eingebracht hat. Bei seiner Vorstellung machten die AfD-Vertreter gegen die Veröffentlichung Gründe des Datenschutzes und Persönlichkeitsrechtes geltend. Das ist schon deshalb nicht plausibel, weil die meisten untersuchten Äußerungen von Personen des öffentlichen Lebens stammen. Man darf daher einen ganz anderen Grund für die Zurückhaltung der AfD vermuten: Das Gutachten von Murswiek belastet auch heute noch in hohen Funktionen tätige Mitglieder und Mandatsträger der AfD. Offenbar ist die Veröffentlichung unterblieben, um diese zu schützen und dadurch auch parteiinterne Konflikte zu vermeiden. Stattdessen hat sich die Gesamtpartei vor Gericht selbst geschwächt. Eine prozesstaktisch erstaunliche Entscheidung.

Der Fall Gera ist dabei bloß eine juristische Petitesse. Ganz anders wäre es, sollte die AfD irgendwann vor dem Bundesverfassungsgericht erfolgreich sein. Für die Glaubwürdigkeit des politischen Systems und vor allem seiner zentralen politischen Akteure wäre dies ein Super-GAU. Hiervon ginge unvermeidlich eine schwerwiegende »Delegitimierung des Staates« aus. Von dem aus diesem Grunde gebotenen Maß an Nachdenklichkeit ist in Deutschlands Öffentlichkeit vorerst aber nichts zu spüren.

Eine sich selbst erfüllende Prophezeiung

Bereits mit ihrer Gründung im Jahre 2013 galt die AfD ihren schärfsten Gegnern als »Nazi-Partei«, obwohl sie anfangs in erster Linie marktradikale und EU-kritische Positionen vertreten hatte. Gegründet wurde die AfD vom Wirtschaftsprofessor Bernd Lucke, vom Journalisten Karl Adam und der Chemikerin Frauke Petry. Sie alle gehören der Partei nicht mehr an, weil sich im Laufe der Zeit immer fremdenfeindlichere, »rechte« Positionen durchgesetzt hätten. Mit derselben Begründung verließ auch der Wirtschaftsprofessor und ehemalige Vorsitzende Jörg Meuthen Anfang 2022 die AfD.

Dabei könnte es sein, dass kritische Öffentlichkeit, politisches System und Verfassungsschutz die Rechtsentwicklung der AfD aktiv mitbefördert haben. So jedenfalls sieht es AfD-Gründer Lucke: »Die Berichterstattung war zur selbsterfüllenden Prophezeiung geworden, weil die moderaten Mitglieder die permanente Rufschädigung nicht ertragen wollten – und weil der schlechte Ruf die falschen Mitglieder anzog.«[407] Demnach hätten ausgerechnet übereifrige Kritiker jenes »Monster«[408] miterschaffen, das sie heute eifrig bekämpfen. Das AfD-Bundesvorstandsmitglied Reusch bestreitet eine Rechtsentwicklung der Partei vehement. Sie sei inhaltlich genau an demselben Punkt, an dem sie schon bei ihrer Gründung war. Lucke, Petry und Meuthen suchten nachträglich bloß eine Erklärung für ihr persönliches Scheitern. Folgen habe die – wie er es nennt – »Verunglimpfung« der AfD aber durchaus. Zumindest für den Westen der Republik bestätigt Reusch, dass die öffentliche Brandmarkung als »Nazi-Partei« insbesondere Mitarbeiter des öffentlichen Dienstes von einer Mitgliedschaft abhalte. Die wollten nicht ihre eigene Karriere gefährden.

Reusch will dabei gar nicht leugnen, dass sich manches, was der Verfassungsschutz zitiert, durchaus nach einem biologisch verstandenen Staatsvolk anhöre. Das begegne ihm auch in Gesprächen mit Parteimitgliedern immer wieder. »Aber wenn ich denen den Unterschied zwischen ›deutschem Volk‹ und ›Staatsvolk‹ erkläre, wird schnell deutlich, was sie eigentlich zum Ausdruck bringen wollen. Letztlich geht es ihnen um den Erhalt der deutschen Kulturnation und deshalb um eine konsequente Anpassung von Zuwanderern an die hier herrschende Mehrheitskultur. Und darum, dass Integration nicht unter den Bedingungen quantitativ uferloser Zuwanderung und Regellosigkeit gelingen kann«, betont Reusch. In der AfD gebe es eine stattliche Anzahl von Mitgliedern mit Migrationshintergrund. Und es sei einfach unfair, von einem »Otto Normalverbraucher« eine Argumentation zu erwarten, als sei dieser ein Verfassungsrechtler.

Die etablierte Politik scheint dabei zunehmend zur Geisel ihrer eigenen Ambitionen geworden zu sein. Der gemeinsam von Medien, Politik und Verfassungsschutz über Jahre hin verabreichte Pillen-Cocktail aus Nazi-Markierung und staatlicher Überwachung hat die AfD mutmaßlich gestärkt und nicht geschwächt. Die entgegen aller Mahnungen ansteigenden Zustimmungswerte der Partei dokumentieren einen massiven Vertrauensverlust in elementare staatliche Institutionen. Vielleicht hat ja ausgerechnet der Erfinder der »verfassungsschutzrelevanten Delegitimierung des Staates« kräftig an ihr mitgewerkelt – und merkt es nicht einmal.

Präsident Haldenwang scheint dabei die Dosis des falschen Medikamentes immer weiter erhöhen zu wollen und unbeirrt an den letztlichen Erfolg der Therapie zu glauben. Andernfalls müsste er sich einen historischen Irrtum eingestehen. Aber zunehmend bringen sich auch nachdenkliche bis robuste Stimmen ein und verändern nicht bloß den Sound der Republik, sondern verschieben die politischen Achsen. Kanzler Olaf Scholz jedenfalls will nach den Wahlerfolgen der AfD des Jahres 2023 »endlich im großen Stil (…) abschieben«[409]. Vor noch nicht allzu langer Zeit hätte man eine derartige Wortwahl für zumindest rechtspopulistisch, möglicherweise sogar für einen tatsächlichen Anhaltspunkt verfassungsfeindlicher Bestrebungen gehalten. Inzwischen aber tragen selbst die Grünen im Angesicht eines drohenden

Machtverlustes mit einer restriktiveren Asylpolitik den Verrat an *ihren* universalistischen Idealen mit.

Im Grunde kommt das alles dem wortlosen Eingeständnis der etablierten Politik gleich, jene Zustände zumindest fahrlässig zugelassen zu haben, die zum Aufstieg der AfD führten. Am Ende droht sich so eine düstere Prophezeiung zu erfüllen: »Wenn (…) die AfD (…) weiter wächst, bleibt den Altparteien nur ein einziger Ausweg: Um die populistische Gefahr zu bannen, müssen sie selbst das Programm der AfD umsetzen (dies aber als Notmaßnahme gegen den Populismus deuten).«[410] Andernfalls müsste man einer Partei zumindest teilweise Recht geben, die man jahrelang als direkten geistigen Abkömmling Adolf Hitlers markiert hat. Vor diesem beklemmenden Akt bietet vorerst die alldeutsche Bekämpfung des muslimischen Antisemitismus Zuflucht. Sie dürfte noch weitreichendere politische Folgen provozieren, als ohnehin schon eingetreten sind. Ausgelöst hat all das die Terrororganisation Hamas und nicht die eigene politische Klugheit.

Den Präsidenten des Verfassungsschutzes erklärt die AfD-Vorsitzende Alice Weidel dabei im Sommer 2023 im Gespräch mit dem Autor dieses Buches für »hochgradig gefährlich« und intellektuell »keine ernstzunehmende Instanz«. Er diffamiere bloß eine rechte Oppositionspartei im Interesse der Etablierten. Deutlich sei das für sie im Zusammenhang mit der Vorstellung des Verfassungsschutzberichtes 2022 geworden. Damals sagte Haldenwang, es sei nicht allein seine Aufgabe, die »Umfragewerte der AfD zu senken«[411]. Weidel hält das für das Eingeständnis, dass der Staat illegitim in die Demokratie eingreifen wolle: »Aber da hat er sich verplappert.« Dabei muss man gar nicht bloß mutmaßen, dass sich der deutsche Verfassungsschutz nicht allein an verfassungsschutzrechtlichen Maßstäben orientiert. Man kann es belegen.

Am 10. Dezember 2019 richtete sich die Behörde mit einem internen Schreiben an das Bundesministerium des Innern. Dieses hatte den Verfassungsschutz zuvor per Erlass angewiesen, bei der Abfassung des Verfassungsschutzberichtes 2019 darauf zu verzichten, Junge Alternative und Flügel in ihn aufzunehmen – es sei denn, beide seien »zwischenzeitlich als gesichert extremistische Bestrebungen eingestuft« worden. Der Verfassungsschutz bat darum, von dieser Vorgabe »unbedingt abzusehen« und begründete das Begehren wie folgt: »Eine solche Vorgehensweise würde mindestens auf Unverständnis bei Politik, Medien und Öffentlichkeit stoßen. Dafür spricht beispielsweise auch die breite Resonanz, die bereits die Benennung beider Organisationen zu Verdachtsfällen hervorgerufen hatte.«[412] Der Inlandsgeheimdienst setzte sich gegenüber dem Ministerium schließlich durch. JA und Flügel wurden erstmals im Verfassungsschutzbericht 2019 als Verdachtsfälle ausgewiesen. Es handelt sich um ein Paradebeispiel für die »Selbstpolitisierung« (Grumke/van Hüllen) der Behörde.

Am 9. November 2023 moderierte Michel Friedman im Berliner Ensemble dann erneut eine Podiumsdiskussion mit Thomas Haldenwang. Nach 90-minütiger Debatte fragte der Moderator, ob dieser sich denn »irgendwann« eine Bundesregierung mit Beteiligung der AfD vorstellen könne, zum Beispiel im Jahr 2030. Haldenwang antwortete ganz unbedarft: »Ich hab' keine Glaskugel, aber ich sehe natürlich Tendenzen, und die gehen leider aktuell in die eine Richtung und leider nicht in die andere Richtung. (…) Wir müssen jetzt tätig werden, um so etwas in sieben Jahren vielleicht zu verhindern.«[413] Für den Verfassungsrechtler Volker Boehme-Neßler ist klar, dass der Präsident des Inlandsgeheimdienstes damit – erneut – gegen das »beamtenrechtliche Neutralitäts- und Mäßigungsverbot« verstoßen hatte. Die Auffassung jedenfalls, der Verfassungsschutz sei auch dafür zuständig, eine Regierungsbeteiligung der AfD zu verhindern, nennt er »skandalös«: »In der Demokratie, die sich das Grundgesetz vorstellt, ist es undenkbar, dass sich ein Geheimdienst in die politische Arbeit und den parteipolitischen Wettbewerb einmischt. Das ist typisch für Scheindemokratien und autokratische Staaten.«

Von den Medien, dem Verfassungsschutz und der etablierten Politik wünscht sich Weidel am Ende nur eines: Alle sollten doch bitte einfach genau so weitermachen wie bisher. Die Beschimpfung der AfD-Anhänger als »Nazis« sei die bestmögliche Wahlkampfhilfe für die Rechtspartei: »Ich brauche doch gar nichts mehr zu machen.« Schon wenige Monate nach diesen Worten sind die Umfragewerte der AfD erneut geklettert, und bei den Landtagswahlen in Bayern und Hessen sind Rekordwerte eingefahren worden.

Der Fall Volkserziehung: »Eine rechtsstaatliche Sauerei«

Am 15. Juni 2021 war für den Verfassungsschutz ein außergewöhnlicher Tag. Wie in jedem Jahr stellte er der Öffentlichkeit im Sommer den Verfassungsschutzbericht für das Vorjahr vor. Das war natürlich nicht ungewöhnlich, sondern eingeübte Tradition. Neu war aber schon etwas. Im Nachgang anschwellender Proteste gegen die Corona-Maßnahmen verkündete Präsident Haldenwang die Einrichtung eines neuen bundesweiten »Sammelbeobachtungsobjekts«. Es sei eine »Radikalisierung« der Proteste gegen die Corona-Maßnahmen zu beobachten. Manch ein Demonstrant äußere sich »verächtlich« gegenüber »Staat und Demokratie«, zudem würden vermehrt »verschwörungstheoretische Narrative verbreitet«. Haldenwang betonte, dass es dem Verfassungsschutz dabei nicht um Bürger gehe, die bloß ihre »kritische Haltung« gegenüber den verhängten Maßnahmen zum Ausdruck brächten. Es gehe um jene Personen, die das »Vertrauen in staatliche Institutionen und seine Repräsentanten nachhaltig« beschädigen wollten. Dem neuen Beobachtungsbereich gab der Verfassungsschutz vorerst den, wie selbst Haldenwang eingestand, etwas sperrigen Namen: »Demokratiefeindliche und/oder sicherheitsgefährdende Delegitimierung des Staates«.[414]

Mit dem Bericht für das Jahr 2021 begann der Bundesverfassungsschutz damit, unter der etwas griffigeren Überschrift »Verfassungsschutzrelevante Delegitimierung des Staates«[415] regelmäßig und offiziell über den neuen Beobachtungsbereich zu berichten. Dabei mutet die neu geschaffene Kategorie kurios an. Die »verfassungsschutzrelevante Delegitimierung des Staates« ist auf der

Einstellungsebene identisch mit dem Begriff des Extremismus, denn genau darum geht es Extremisten ja: den demokratischen Verfassungsstaat zu delegitimieren, um ihn zu überwinden. Während mit Kategorien wie Linksextremismus, Rechtsextremismus oder Islamismus die Teilbereiche extremistischer Bestrebungen allerdings präziser voneinander unterschieden werden sollen, weist der Begriff der Delegitimierung in die genau entgegengesetzte Richtung.

Verschwörungstheoretische Verwirrung

Vor einem ähnlichen Problem stand der Verfassungsschutz schon einmal. Damals ging es um die so genannten Reichsbürger und die Selbstverwalter. Die einen akzeptieren die bundesrepublikanische Staatlichkeit nicht, weil sie vom Deutschen Reich als Gegenentwurf zur BRD träumen[416] – die anderen glauben, aus der Staatlichkeit überhaupt austreten und »autonom« leben zu können. Zwar gibt es zwischen diesen Szenen und dem Rechtsextremismus gewisse ideologische Überschneidungen. Aber diese sind nach Ansicht des Verfassungsschutzes nicht groß genug, um sie eindeutig dem Rechtsextremismus zuschlagen zu können. Deshalb wurde seit dem Jahr 2017 über diese erste verfassungsschutzrelevante Reste-Kategorie berichtet. Mit den »Delegitimierern« folgte nun die zweite. Und beide verbindet nach Ansicht des Verfassungsschutzes eine ausdrückliche Klammer: »verschwörungsideologische Überzeugungen«[417]. Dieselbe Klammer soll zudem »verbindendes Element«[418] zum Phänomenbereich des Rechtsextremismus sein. Sie avanciert, trotz anders lautenden Versicherungen der Behörde, zusehends zum eigentlichen Erkennungsmerkmal extremistischer Bestrebungen.

Im Innenausschuss des Deutschen Bundestages kündigte der Vizepräsident des Verfassungsschutzes, Sinan Selen, am 16. Dezember 2020 deshalb an, endlich eine offizielle Definition des Begriffes »Verschwörungstheorie« vorzulegen – und zwar ausdrücklich »im Zusammenhang mit den Protesten gegen die Corona-Schutzmaßnahmen«[419]. Als sich tags darauf die Bundestagsabgeordnete Beatrix von Storch (AfD) erkundigte, bis wann damit zu rechnen sei, konnte das Ministerium hierzu keine Angaben machen. Bereits damals hantierte der Verfassungsschutz allerdings mit dem Begriff der »Verschwörungstheorie«, um so Anhaltspunkte für extremistische Bestrebungen auszumachen. Ein halbes Jahr später fragte die Abgeordnete dann nach, wie weit die Begriffsarbeit gediehen sei. Sie bekam eine erstaunliche Antwort: »Der Begriff ›Verschwörungstheorien‹ ist weder in der Rechtssprache verankert noch in allgemeinverbindlicher Weise definiert. (…) Relevanz für den Verfassungsschutzverbund erzeugen sog. Verschwörungstheorien dadurch, dass sie durch die Bestätigung von Kernelementen extremistischer Ideologien (…) zur Übernahme, Verhärtung und Radikalisierung extremistischer Einstellungen beitragen können. Aufgrund der Maßgeblichkeit dieses Aufgabenbezugs in Verbindung mit der Vielfältigkeit von Erscheinungsformen von sog. Verschwörungstheorien wird der Ansatz einer für den Bereich des Verfassungsschutzverbundes spezifischen Arbeitsdefinition nicht weiterverfolgt.«[420] Oder auf Deutsch: Die Sache ist unglaublich vielschichtig und kompliziert und außerdem für die Frage, ob jemand ein Extremist ist, ziemlich irrelevant. Daher ist eine Definition völlig überflüssig und der Definitionsversuch aufgegeben worden.

Damit gab das Innenministerium verklausuliert zu, einfach ohne eine präzise Definition mit dem Begriff der Verschwörungstheorie zu arbeiten. Beatrix von Storch unternahm deshalb einen weiteren Anlauf. Sie fragte am 30. Juni 2021: »Wie können die Mitarbeiter des Bundesamtes für Verfassungsschutz feststellen, ob es sich bei einer bestimmten Äußerung um eine ›Verschwörungstheorie‹ handelt und diese als solche im Bundesverfassungsschutzbericht aufführen, wenn sie nicht einmal über eine allgemein verbindliche Arbeitsdefinition für diesen Begriff verfügen

(…)?«[421] Die Antwort des Ministeriums bestand bloß aus einer Wiederholung dessen, was es bereits am 24. Juni 2021 widersprüchlich ausgeführt hatte.[422]

Wie der Verfassungsschutz auf die Idee kommt, in seinen Verfassungsschutzberichten von »Verschwörungstheorien« von Extremisten zu sprechen, ohne diesen Begriff definieren zu können, war damit freilich nicht beantwortet. Begriffe zu verwenden, deren saubere Definition zugleich verweigert wird, ist – wie schon der Fall »Radikalismus« zeigte – kein Ausrutscher, kein Versehen. Werden die Begriffe, die Rechtsfolgen nach sich ziehen, elastisch belassen wie Kautschuk, lässt sich mit ihnen allerhand anstellen. Das kann bis zum staatlich verantworteten Rechtsbruch reichen. Außerdem kann man sich so nicht nur der öffentlichen, sondern selbst der sporadischen parlamentarischen Kontrolle entziehen. Obwohl sich der Verfassungsschutz weigert, eine amtliche Definition des Begriffes »Verschwörungstheorie« vorzulegen und ihn verfassungsschutzrechtlich für irrelevant erklärt, hat sich gegenüber 2020 und 2021 die Häufigkeit entsprechender Wortbildungen für das Berichtsjahr 2022 auf den Wert 40 fast verdoppelt. Und selbstverständlich spielen Vorwürfe, die AfD vertrete verschwörungstheoretische Positionen, auch in den geheimen AfD-Gutachten des Verfassungsschutzes ebenso eine prominente Rolle wie selbst noch im Jahr 2023 vor Gericht.[423]

Wie aus »Kümmerern« plötzlich Verfassungsfeinde werden

Der Verfassungsschutz wirft den »Delegitimierern« und damit einem Teil der Corona-Demonstranten vor, dass deren Kritik an Regierungsmaßnahmen »über einen legitimen Protest hinaus«[424] gegangen sei. Es habe stattdessen eine »ständige Verächtlichmachung von und Agitation gegen demokratisch legitimierte Repräsentantinnen und Repräsentanten sowie Institutionen des

Staates« gegeben. Und weiter heißt es: »Dieses Vorgehen (…) untergräbt (…) die demokratische Ordnung, indem es das Vertrauen in das staatliche System insgesamt erschüttert und so dessen Funktionsfähigkeit gefährdet.«[425]

Schon diese Definition ist geeignet, rechtsstaatliche Beklemmungen auszulösen. Die freiheitliche demokratische Grundordnung verbürgt keinen Gesinnungsgehorsam der Staatsbürger, sondern eine auf Persönlichkeitsrechte und Meinungsfreiheit gestützte Willensbildung. Dies schließt nicht nur das Recht auf – und sei es auch polemisch überspitzte – Kritik an den Herrschenden, den durch sie veranlassten Maßnahmen sowie den durch sie repräsentierten staatlichen Institutionen ein. Die Demokratie muss es zudem hinnehmen, durch Meinungsäußerungen selbst in ihrem Kernbestand abgelehnt zu werden. Verfassungsschutzrechtliche Relevanz wird erst dort erreicht, wo entsprechende Kritik zu einer nachweisbaren Bestrebung wird, die Fundamente des demokratischen Verfassungsstaates zu beschädigen oder gar beseitigen zu wollen. Indem der Verfassungsschutz bereits bloße Formen der Kritik als verfassungswidrig brandmarkt, greift er rechtswidrig in den freien Meinungsbildungsprozess des Souveräns ein.

Wenn man wissen will, wozu ein Begriff führt, muss man sich ansehen, welche Sachverhalte unter ihn fallen. Der Verfassungsschutz ist weit davon entfernt, nur inhaltlich verfassungswidrige Positionen öffentlich zu brandmarken. Verfassungsrechtlich illegitim soll es bereits sein, die staatlichen Corona-Maßnahmen als »diktatorisch« zu bezeichnen. Das sei keine »legitime Kritik« mehr, sondern eine »Verunglimpfung«[426] der gesamten Verfassungsordnung. Auch wenn man den politisch und gesellschaftlich aufgebauten Impfdruck als faktische »Zwangsimpfung« bezeichnet, gilt man dem Verfassungsschutz selbst noch im Jahre 2023 ausdrücklich als »Verschwörungstheoretiker« und verfassungsfeindlicher Delegitimierer des Staates.[427] Der Verfassungsrechtler und ehemalige Präsident des Bundesverfassungsgerichtes, Hans-Jürgen Papier, verschaffte im September 2023 allerdings selbst härtesten Maßnahmekritikern ein gehöriges Maß an Legitimität. Er kritisierte nicht nur die politisch Verantwortlichen, sondern auch die »verfassungsrechtliche Judikatur« bis hin zum Bundesverfassungsgericht. Beide hätten im Rahmen der Corona-Pandemie dem Rechtsstaatsgrundsatz der Verhältnismäßigkeit nicht in hinreichendem Maße Rechnung getragen. Und er kritisierte Bundeskanzler Olaf Scholz scharf für dessen Bekenntnis, bei der Bekämpfung der Pandemie dürfe es »keine roten Linien« geben: »In einem freiheitlichen Verfassungsstaat sollten solche Erwägungen selbst in Notzeiten, selbst in Krisenzeiten eindeutig zurückgewiesen werden. (…) Unsere freiheitliche demokratische Ordnung kennt keine, keine Notstandsverfassung, die eine völlige oder auch nur partielle Suspendierung der Grundrechte gestattet.«[428] Während der Verfassungsschutz seinerzeit Bürger unter Beobachtung stellte, die die Maßnahmen der Regierung für rechts- und verfassungswidrig hielten, bestätigte ausgerechnet ein ehemaliger Bundesverfassungsrichter, dass genau diese Kritik ins Schwarze traf. Eigentlich müsste nun auch Hans-Jürgen Papier als »Delegitimierer« unter Beobachtung gestellt werden – oder umgekehrt der Bundeskanzler.

Auch gilt es als unstatthaft, »das Vertrauen in die parlamentarische Demokratie, in staatliche Institutionen zu untergraben«[429]. Daraus muss man wohl schlussfolgern, dass der Verfassungsschutz das demokratische Recht auf Kritik am Handeln seiner Repräsentanten im Grunde für verfassungswidrig hält. Dass dies nicht überspitzt interpretiert ist, zeigt der Verfassungsschutzbericht für das Jahr 2021 Wort für Wort. Wer sich im Zusammenhang mit der Überflutung des Ahrtals privat als »Kümmerer« betätigt und »Geld und Sachspenden an die örtliche Bevölkerung« verteilt hat, ist dem Inlandsgeheimdienst verdächtig. Wer so handelte, habe ja »aktiv den Eindruck« erweckt, »dass staatliche Stellen bewusst nur unzureichend an der Verbesserung der Versorgungslage arbeiten würden beziehungsweise mit der Bewältigung der Lage komplett überfordert gewesen seien«.[430] Das käme einer »Delegitimierung«

des Staates gleich. Bereits wohltätiges zivilgesellschaftliches oder bürgerschaftliches Engagement kann so zu einem staatsgefährdenden Akt werden.

Man sollte es zweimal lesen, um sich die Dimension dieser wenigen Worte zu vergegenwärtigen. Der Verfassungsschutz erklärt alle Bürger zu Verfassungsfeinden, die es wagen, der Regierung vorzuwerfen, sie sei mit irgendetwas »komplett überfordert« – und zwar selbst dann, wenn es die Wahrheit ist. Dass seinerzeit ausgreifendes Staatsversagen zum vermeidbaren Tod zahlreicher Menschen führte, gilt heute als unbestritten. Ein Landes- und ein Bundesminister mussten genau deshalb ihren Hut nehmen.[431] Betrachtet man die Rücktritte durch die Brille des Verfassungsschutzes, hätten sich die beiden dadurch allerdings selbst einer verfassungswidrigen »Delegitimierung des Staates« schuldig gemacht. Immerhin haben sie durch ihren Rücktritt das Staatsversagen offiziell eingestanden. Das Vorgehen des Verfassungsschutzes läuft darauf hinaus, eine Lüge nicht mehr als eine solche bezeichnen zu dürfen, um kein Gedankenverbrechen zu begehen. Es ist beklemmend, dem Verfassungsschutz dabei zusehen zu müssen, wie er der Logik des Orwell'schen Wahrheitsministeriums Ozeaniens Konkurrenz macht. Das dahinter stehende Staatsverständnis könnte einem feudalen Obrigkeitsstaat zur Ehre gereichen.

Eine Staatsverschwörung

Ausgerechnet während der Corona-Pandemie erwies sich manche Verschwörungstheorie nicht einmal als unberechtigt. Das belegt ein Papier aus dem Bundesinnenministerium mit dem Titel »Wie wir COVID19 unter Kontrolle bringen«. Das Dokument war zunächst ausdrücklich als »nur für den Dienstgebrauch« eingestuft – also als geheim. Was die Mitarbeiter des Staates darin empfahlen, kann man nur als atemberaubend bezeichnen.

Sie regten zum Beispiel an, in der öffentlichen Kommunikation künftig nicht mehr auf die »Fallsterblichkeitsrate« Bezug zu nehmen. Die war so niedrig, dass sich dadurch keine Panik in der Bevölkerung erzeugen ließ. Stattdessen sollte zu anderen Methoden gegriffen werden. Die eindeutig ausgesprochene Absicht: Es müsse darum gehen, »die gewünschte Schockwirkung zu erzielen«. Künftig solle die Regierung vermitteln, dass »viele Schwerkranke« nur deshalb »qualvoll um Luft ringend zu Hause« sterben mussten, weil es zu viele Infizierte gab. Und weiter: »Das Ersticken oder nicht genug Luft kriegen ist für jeden Menschen eine *Urangst*.« Außerdem empfahl man, Kinder gegen ihre Eltern und Großeltern in Stellung zu bringen. Wenn diese »bei den Nachbarskindern« zum Spielen gingen, könnte man das Szenario kommunizieren, dass der Tod der Eltern ihre persönliche Schuld sei. Erst die durch die Kinder erzeugte Ansteckung hätte dann dafür gesorgt, dass die eigenen Eltern »qualvoll zu Hause« sterben mussten. Das würde bei den Kindern das Gefühl erzeugen, »Schuld daran zu sein, weil sie z. B. vergessen haben, sich nach dem Spielen die Hände zu waschen«. Die Autoren dieser perfiden Passagen glaubten, einen Treffer ins Schwarze gelandet zu haben: Das alles sei nämlich »das Schrecklichste, was ein Kind je erleben kann.«[432] Teile des Staates diskutierten also darüber, wie sich die Bevölkerung mittels Mobilisierung einer »Urangst« in Panik versetzen ließe und wie man zu diesem Zweck sogar Kinder instrumentalisieren könnte.

In George Orwells Roman »1984« gibt es eine Szene, die in besonderer Weise die Auswüchse totalitärer Gesellschaftssysteme versinnbildlichen soll. Im Grunde handelt es sich um die plastische Veranschaulichung einer These Hannah Arendts zum Wesenskern des Totalitarismus. Im Unterschied zu demokratischen Systemen würden totalitäre Systeme daran arbeiten, jede Privatheit aufzulösen, um damit auch die Basis politischen Handelns zu zerstören.[433] In »1984« übernimmt diese Funktion ohnehin der »Televisor«, der in jedem Raum hängt. Es handelt sich um einen großen Bildschirm, über den das totalitäre System seine Botschaften jederzeit an den Mann und die Frau bringen kann. Er ist außerdem mit Kamera und Mikrofonen ausgestattet, um sämtliche Lebensregungen aller Einwohner Ozeaniens dauerüberwachen zu können. Aber der Große Bruder hat sich zur Vollendung der Zerstörung des Privaten noch etwas Besonderes ausgedacht. Die Kinder werden in Spitzel-Organisationen konditioniert: »Für Leute über dreißig war es beinahe schon normal, sich vor den eigenen Kindern zu fürchten. Und das mit gutem Grund, denn es verging kaum eine Woche, in der die *Times* nicht einen Bericht darüber brachte, wie irgend so ein kleiner, leisetreterischer Lauscher – ›Kinderheld‹ war die gängige Phrase dafür – eine kompromittierende Bemerkung mitgehört und seine Eltern bei der Gedankenpolizei denunziert hatte.«[434] Zumindest in dieser Hinsicht lag das Ozeanien des Jahres 1984 der Bundesrepublik des Jahres 2020 nicht sonderlich fern.

Dass das Geheimpapier des deutschen Ministeriums des Innern kein Fake war, wurde nach dessen Enthüllung ganz offiziell bestätigt. Auch stellte sich heraus, dass die Regierung an dessen Erarbeitung mehrere externe Wissenschaftler beteiligt hatte. Das alles war also kein Ausrutscher, sondern ernst gemeint. Dass es letztlich nicht zur Umsetzung kam, dürfte der Veröffentlichung des Papieres durch ein Recherche-Netzwerk und einem entsprechenden öffentlichen Aufschrei zu verdanken sein. Allerdings lagen damals alle relevanten Merkmale zumindest für den Plan einer handfesten staatlichen Verschwörung gegen die eigene Bevölkerung vor. Dass der Verfassungsschutz bis heute Maßnahmen-Kritiker als »Verschwörungstheoretiker« tituliert, erscheint vor diesem Hintergrund desto grotesker.

Verfassungsschutz als Regierungsschutz

Einen besonders tiefen Einblick in die Gedankenwelt des Verfassungsschutzes in Sachen Delegitimierung bietet das Land Nordrhein-Westfalen. Im Jahr 2021 veröffentlichte das zuständige Innenministerium einen fast 200 Seiten umfassenden »Sonderbericht zu Verschwörungsmythen und ›Corona-Leugnern‹«. Freilich wurde darin betont, dass die »Corona-Leugner« nicht »*in Gänze*«[435] Untersuchungsobjekte der staatlichen Behörde seien. Es gehe vielmehr um jene Menschen, die »ein vom Staat enttäuschtes Personenpotenzial« darstellten und sich »bei zukünftigen krisenhaften Entwicklungen erneut für Botschaften« mobilisieren ließen, »die in Teilen staats- und verfassungsfeindlich sind«.[436]

Dabei ist schon die Bezeichnung »Corona-Leugner« irreführend. Die Kritiker staatlicher Maßnahmen behaupteten ja in der Regel nicht, es existiere kein Corona-Virus. Dennoch definierten die Verfassungsschützer: »Wer die Existenz der Corona-Pandemie grundlegend in Abrede stellt, wird im Folgenden als ›Corona-Leugner‹ bezeichnet.« Und nur diejenigen unter den Leugnern, die zugleich »die Legitimität der Verfassung und ihrer Institutionen« bezweifelten und »zu ihrer Überwindung« aufriefen bzw. aktiv handelten, seien auch Gegenstand der Beobachtung durch den Verfassungsschutz.[437] Sinn ergibt das alles nicht. Auch unter bloßen Kritikern von Maßnahmen könnten sich ja Verfassungsfeinde befinden.

Geradezu verräterisch agiert das Innenministerium von NRW, wenn es über die Entstehungsgeschichte der Kategorie »Corona-Leugner« ins Plaudern kommt. Das Phänomen sei in Wahrheit nämlich gar nicht neu, sondern habe einen Vorläufer in den »Wutbürgern«, die einst in Stuttgart gegen das Bahnprojekt Stuttgart21 protestierten.[438] Man erinnere sich: Die Bahn plante einen Neubau des Hauptbahnhofes von Stuttgart, der von Anfang an massiver öffentlicher Kritik ausgesetzt war. Insbesondere Vertreter des grünen Milieus lehnten ihn wegen zu hoher Kosten und ökologischer Schäden ab. Für den Verfassungsschutz waren das »Wutbürger«, die sich gegen die politischen Entscheidungsträger gestellt hatten – und offenbar aus diesem Grunde in das Blickfeld des Inlandsgeheimdienstes gerieten.

Begründet wird die Aktivität des Inlandsgeheimdienstes offiziell stets mit der angeblichen Gegnerschaft gegenüber der demokratischen Grundordnung – so wie es in den Gesetzen steht. Nimmt man aber die konkreten Fälle in den Blick, entpuppt sich die angebliche Gegnerschaft gegenüber der Demokratie häufig bloß als Wahrnehmung des Rechts auf freie Meinungsäußerung. Der Verfassungsschutz ist dabei nicht selten so ungeschickt, dies auch noch zuzugeben. Zu den »Wutbürgern« von Stuttgart21 schreibt er selbst: »Eine ältere Untersuchung unter den damaligen Protestteilnehmern ergab mit rund 90 % einerseits ein hohes Maß an Identifikation mit demokratischen Werten – andererseits mit rund 50 % aber auch eine kritische Haltung zum – vermeintlich – schlechten Zustand der Demokratie in der Bundesrepublik Deutschland.«[439] Die Wörtchen »aber« und »vermeintlich« sind im verfassungsschutzrechtlichen Kontext verräterisch. Zwar könnte der Eindruck entstehen, die Wutbürger seien demokratisch, »aber« in Wahrheit sind sie es wohl nicht. Sie erdreisten sich nämlich, mit der Realität der Demokratie ziemlich unzufrieden zu sein. Das allerdings ist bloß »vermeintlich« berechtigt, also letztlich illegitim. Ein Verfassungsfeind ist demnach nicht der Feind der Verfassung, sondern bereits der Kritiker der Regierung. Ausdrücklich hält der Verfassungsschutz NRW es für verfassungsfeindlich, wenn »die Demokratie in Deutschland in ihrer jetzigen Form (…) auch nur in Teilen«[440] abgeschafft werden soll. Bereits die Reform des Status quo gilt damit als Bedrohung der staatlichen Ordnung. Wieder einmal fürchtet sich der Verfassungsschutz vor »Veränderungen«.

Wie die Reise weitergehen wird, kann man dem Verfassungsschutzbericht des Bundes für das Jahr 2022 entnehmen. Schon die Behörde aus NRW hatte davor gewarnt, dass sich bestimmte

Menschen auch »bei zukünftigen krisenhaften Entwicklungen« für regierungskritische Positionen erwärmen lassen könnten. Nach dem Abflauen der Corona-Pandemie stehen nicht mehr die »Corona-Leugner« im Vordergrund. Längst sind neue Gefechtsfelder des Regierungsschutzes identifiziert. Das Feld der Delegitimierer könne sich nämlich auch »gegen staatliche Klimaschutzmaßnahmen« oder »die wirtschaftlichen und politischen Folgen des russischen Angriffskriegs gegen die Ukraine«[441] richten. Wer sich zu laut oder impulsiv gegen Wärmepumpen oder Waffenlieferungen an die Ukraine äußert, kann also ebenfalls in das Blickfeld des Inlandsgeheimdienstes geraten. Genau aus diesem Grund nennt Rolf Gössner den Verfassungsschutz einen »ideologischen Regierungsgeheimdienst«[442]. Er schützt häufig nicht die Verfassung, sondern die Regierenden und schränkt damit demokratische Grundrechte ein.

Dieser Vorwurf wird bereits seit Jahrzehnten gegen den Verfassungsschutz erhoben. Aber erst mit der Einführung des Beobachtungsobjekts »Delegitimierung« habe dieser seinen Kritikern auch noch recht gegeben. So jedenfalls sagt es der ehemalige Chef des deutschen Inlandsgeheimdienstes Hans-Georg Maaßen im Gespräch mit dem Autor dieses Buches. Dieser hält das Beobachtungsobjekt Delegitimierung nicht nur für verfassungswidrig, sondern sogar für verfassungsfeindlich. Nicht also für einen bloßen Rechtsirrtum, sondern letztlich für einen politisch motivierten, staatlich organisierten Angriff auf die freiheitliche demokratische Grundordnung. Der Verfassungsschutz müsse sich immer darauf konzentrieren, lediglich Angriffe auf den Kern der Verfassung abzuwehren. Es müsse immer um die Ziele der Verfassungsfeinde gehen. »Delegitimierung« sei aber gar kein Ziel, sondern bloß ein Mittel. Dieses Mittel könne auch eingesetzt werden, um damit die eigene Unzufriedenheit mit der aktuell betriebenen Politik zum Ausdruck zu bringen, und sei genau deshalb eben nicht per se verfassungsfeindlich. »Mit der Erfindung der Delegitimierung des demokratischen Verfassungsstaates als eines

Beobachtungsobjektes ist der Verfassungsschutz endgültig zum Regierungsschutz mutiert. Das geht gar nicht«, so Maaßen.

Verfassungsschutzrechtliche Dimensionen der Delegitimierung

Nun soll eines nicht bestritten werden: Natürlich marschierten während der Corona-Pandemie auch Reichsbürger und Rechtsextremisten gegen die Regierung. Und natürlich befanden sich auch unter den sonstigen Maßnahmen-Kritikern zweifelhafte Gestalten mit teils unappetitlichen, verfassungsfeindlichen Entgleisungen. Das Innenministerium von NRW dokumentierte in seinem Sonderbericht aus dem Jahre 2021 zum Beispiel ein Flugblatt, auf dem von einer »Judenpandemie« fabuliert und das Robert Koch-Institut als »Judeninstitut« bezeichnet wurde.[443] Und gleichwohl muss festgehalten werden, dass diese Tatsachen unter rechtsstaatlichen Aspekten kein Argument dafür sind, Regierungskritiker unter Generalverdacht zu stellen und damit die Grenzen des Zulässigen zu überschreiten. Wenn es um den Schutz der Verfassung geht, sind Pfeil und Bogen und nicht Schrotflinten das Mittel der Wahl.

Der Staat hätte ganz anders auf die Kritiker reagieren können und müssen, als es am Ende geschehen ist: »Stellen Sie sich vor, im Land des Grundgesetzes und der so viel gepriesenen ›freiheitlichen demokratischen Grundordnung‹ dürfen Sie eines Tages (…) über Wochen und Monate das Haus nicht mehr ohne ›triftigen Grund‹ verlassen, noch nicht einmal allein auf einer Bank im Park ein Buch lesen (…). Der Staat schreibt Ihnen vor, dass Sie nur noch eine Person aus einem anderen Haushalt zuhause oder im Freien treffen dürfen, aber nur mit Abstand und Maske, also ohne direkten Kontakt und Berührungen. Ihnen wird untersagt, Ihre nächsten Angehörigen in Pflege- oder Altenheimen zu besuchen, selbst wenn diese sterbenskrank sind. Kitas, Schulen und Universitäten werden geschlossen, darüber hinaus Einzelhandelsgeschäfte, alle Restaurants, Museen, Kinos, Theater, Konzertsäle et cetera – bundesweit. (…) Bei Verdacht auf eine mögliche Corona-Infektion müssen Sie sich in Quarantäne begeben. Diese zwangsbewehrten Anweisungen und Verbote werden von der Polizei und Ordnungsbehörden kontrolliert und bei Verstößen mit mehr oder weniger hohen Bußgeldern oder Strafen geahndet. Bei Quarantäne-Verweigerung droht Ihnen Zwangseinweisung etwa in eine Klinik, Erstaufnahmeeinrichtung oder Arrestanstalt.«[444]

Was Deutschland und andere Länder während der Corona-Pandemie erlebten, gemahnte eher an das Ozeanien des Großen Bruders als an eine Gesellschaft, die das persönliche Lebensrisiko als Preis der Freiheit akzeptiert. Nie zuvor in der Geschichte der Bundesrepublik war derart tief und resolut in Grundrechte eingegriffen worden. Dazu führte zwar keine totalitäre Ideologie, sondern die Furcht vor einer möglicherweise nicht beherrschbaren Pandemie. Angesichts dieses Ausnahmezustandes wäre es aber ein Wunder gewesen, wenn es bei einem Teil der Betroffenen nicht zu Traumata, Überreizungen und auch unberechtigten Verschwörungstheorien gekommen wäre. Die Freiheitsberaubungen waren derart eklatant, dass der durch sie ausgelöste psychische Stress auch in Verzweiflung, Aggressionen und Radikalisierungen umschlagen musste. Und genauso hätte man sich ausmalen können, dass sich die Lage wieder beruhigt, sobald die Gesellschaft in den Normalzustand ihrer Freiheit zurückfindet – wie es dann letztlich auch geschehen ist. Stattdessen meint der Verfassungsschutz zur Aufrechterhaltung der Alarmstimmung, nunmehr mit Kritikern von Klimaschutzmaßnahmen oder Waffenlieferungen an die Ukraine die begangenen Fehler fortsetzen zu müssen.

Es ist dabei alles andere als unzulässig, die »Delegitimierung des Staates« verfassungsschutzrechtlich in den Blick zu nehmen.[445] Auch das geltende Strafgesetzbuch kennt mit Paragraf 90a den Straftatbestand der Verunglimpfung des Staates. Aber der

Verfassungsschutz hat den Tatbestand der Delegitimierung bisher »sehr offen«[446] formuliert. Und genau deshalb ist er »ambivalent«[447] und überaus anfällig für politischen Missbrauch: »Es ist gerade diese Ungewissheit, die bei potentiell Betroffenen wie Nichtbetroffenen zu *Einschüchterung und Grundrechtsverzicht* führen können, welche ihrerseits geeignet wären, die freiheitliche und pluralistische Demokratie zu delegitimieren.«[448] Ausgerechnet der Verfassungsschutz selbst könnte bei der eifrigen Suche nach Delegitimierern selbst zu einem solchen werden.

Beim Verfassungsschutz zeigt sich immer und immer wieder dasselbe Problem. Seine Begriffe sind unzureichend bis schlampig ausgearbeitet und provozieren schon deshalb Verstöße gegen die Verfassung. Dietrich Murswiek spricht nicht ohne Grund von einem »Gummibegriff«[449], wenn es um die »Verächtlichmachung« des Staates geht. Bisher hat der Verfassungsschutz keinerlei belastbare Kriterien dafür formuliert, wann die Schwelle der Kritik hin zur Delegitimierung überschritten ist. Die freiheitliche demokratische Ordnung gewährt jedermann das Recht auf radikale, sogar extremistische Kritik am Bestehenden. Das ist der Kern des Demokratieprinzips im Hinblick auf das Grundrecht auf Meinungsfreiheit: »Der Verfassungsschutz (…) verwechselt Kritik an der Regierung mit Kritik am Demokratie- und am Rechtsstaatsprinzip. (…) Im demokratischen Staat gehört es zum Wesen der Opposition, Kritik an der Regierung zu üben. Es ist das verfassungsrechtlich verbürgte Recht (…), alles zu kritisieren, was die Regierung macht – ob diese Kritik berechtigt ist oder nicht. Ob sie berechtigt ist oder nicht, entscheidet nicht der Verfassungsschutz, sondern das entscheidet jeder für sich, insbesondere an der Wahlurne.« Kein Innenministerium und kein Verfassungsschutz dürfe für sich die Rolle eines »Wahrheitsministeriums«[450] in Anspruch nehmen.

Kommunizierende Röhren in der Gesetzgebung

Der Weg von der freiheitlichen Demokratie zur totalitären Diktatur sei gar nicht so weit, hatte dem ehemaligen Chef des Bundesamtes für Verfassungsschutz, Hans-Georg Maaßen, einst dessen Chef eingeimpft. Was es dazu brauche, seien bloß ein paar unauffällige Gesetzesänderungen und Abgeordnete, die die Dimension dessen, was sie beschließen, gar nicht überblicken.[451]

Was Maaßen schildert, könnte am 20. Oktober 2022 um 22.30 Uhr im Deutschen Bundestag tatsächlich geschehen sein. In einer Aussprache von nur etwas mehr als 20 Minuten und ohne öffentliche Anhörung wurde in die geplante Änderung des Bundeszentralregistergesetzes eine scheinbar harmlose Anpassung des Strafgesetzbuches eingefügt. Es ging um den Volksverhetzungs-Paragrafen 130. Seit dem Jahr 1871 hat dieser sich zu einem rechtspolitischen Monstrum entwickelt. Selbst einschlägige Experten wie der emeritierte Strafrechtsprofessor Wolfgang Mitsch halten ihn nicht gerade für einen juristischen »Leckerbissen«. Auch er müsse gestehen, »dass er das Gestrüpp der Strafbarkeitsvoraussetzungen noch nicht ganz durchschaut (hat, M. B.) und immer wieder aufs Neue zum Lesen ansetzen muss, um zu begreifen, was alles Einfluss auf Strafbarkeit nach dieser Norm hat.«[452] Das betrifft auch die am 20. Oktober 2022 vorgenommene Änderung im Kontext des Ukraine-Krieges. Demnach ist es nun unter Strafe gestellt, Völkermorde oder Kriegsverbrechen in einer Weise zu billigen, zu leugnen oder »gröblich« zu verharmlosen, »die geeignet ist, zu Hass oder Gewalt (…) aufzustacheln und den öffentlichen Frieden zu stören«.[453] Mitsch hält das gleich aus zwei Gründen für misslich. Es gehe erstens um den durch Gesetz verbotenen Hass: »Hass als besonders intensiv empfundene Abneigung verletzt kein Rechtsgut. Abgesehen davon, dass es ethisch ›gut‹ sein kann, etwas (z. B. den Krieg) oder jemanden (z. B. den ›Satan‹) zu hassen (…), kann man Hass ebenso wenig verbieten wie man Liebe gebieten kann. (…) Eine Handlung, die nur zu

Hass, nicht aber zu Gewalt auf Grund von Hass aufzustacheln geeignet ist, hat keinen ausreichenden Strafwürdigkeitsgehalt.«[454] Sodann sei das Wort »gröblich« überaus »schwammig« und »erzeugt zunächst einmal ratloses Kopfschütteln«.[455] Da gesetzlich nicht geklärt sei, was genau eine »gröbliche Verharmlosung« eines Völkermordes oder Kriegsverbrechens sein soll, komme alles auf die »Wertung des konkreten Rechtsanwenders«[456] an, also auf die persönliche Weltanschauung des urteilenden Richters.

Noch kritischer sieht die Gesetzesänderung die Strafrechtlerin Elisa Hoven von der Universität Leipzig. Ihr Argument ist schlagend: »Der Nachweis völkerrechtlicher Verbrechen ist hochkomplex. Selten wird so viel gelogen wie im Krieg, Beweise werden vertuscht oder manipuliert, Zeugen sind schwer zu finden, und auch die rechtliche Einordnung ist nicht immer einfach.«[457] Warum aber sollten Menschen der Gefahr einer strafrechtlichen Verfolgung in Angelegenheiten ausgesetzt werden, über deren Wahrheit und Falschheit noch gar nicht objektiv befunden ist? Für Rechtsanwalt Gerhard Strate ist klar: »Die Novellierung von § 130 StGB lässt durch ihre fast völlige Unbestimmtheit jede Menge Raum für die Kriminalisierung des politischen Gegners.«[458]

Aber die jüngste Gesetzesänderung ist nicht das einzige Problem am Volksverhetzungs-Paragrafen. Unter Strafe steht es bereits, wenn man den öffentlichen Frieden dadurch gefährdet, dass man jemanden in menschenwürdewidriger Weise »beschimpft, böswillig verächtlich macht oder verleumdet«[459]. Wann aber ist eine Äußerung eine Beschimpfung, wann eine Verächtlichmachung oder eine Verleumdung? Diese weitere Ansammlung unbestimmter Rechtsbegriffe ist eine regelrechte Einladung, das Strafrecht für politische Auseinandersetzungen in Stellung zu bringen.

Ein beredtes Beispiel dafür lieferte im Sommer des Jahres 2023 Alfonso Pantisano. Er ist die offizielle »Ansprechperson Queeres Berlin«. Er stellte Strafanzeige wegen Volksverhetzung gegen den ehemaligen »Bild«-Chefredakteur Julian Reichelt. Was war geschehen? Die Berliner Polizei hatte im Beisein Pantisanos vor dem Polizeipräsidium die Regenbogenfahne gehisst. Reichelt kommentierte dies auf Twitter wie folgt: »Jeder vernünftige Mensch in diesem Land würde sich wünschen, dass vor der Polizei und vor den düstersten Fassaden unserer Geschichte nie wieder die Flaggen einer politischen Bewegung gehisst würden.«[460] Man kann diese Sätze mit Verstand lesen. Dann sind sie ein Plädoyer für die weltanschauliche Neutralität des Staates. Tatsächlich gibt es keinen Grund, staatlicherseits die Regenbogenfahne den Erkennungsmerkmalen anderer Gruppen vorzuziehen. Oder man kann Reichelts Hinweis ideologisch ausdeuten und die Strafverfolgung mobilisieren. Pantisano, ein hochrangiger Mitarbeiter des Staates, entschied sich für Letzteres.

Der Vorgang war aus Sicht Reichelts ein »massiver Angriff auf die Pressefreiheit«[461]. Überraschen muss, wie die Berliner Polizei reagierte. Sie stellte das Verfahren nicht aus offensichtlichen Gründen der Lächerlichkeit ein, sondern sah den Anfangsverdacht der Volksverhetzung ausdrücklich als bestätigt an. Sie übergab den Vorgang zur weiteren Klärung an die Staatsanwaltschaft. Als der Autor dieses Buches die Berliner Polizei um Auskunft darüber bittet, welche Sachgründe den Anfangsverdacht gegen Reichelt erhärten, erhält er einen Anruf von einem freundlichen Mitarbeiter. Zwei Gründe hätten dazu geführt, das Verfahren weiter zu betreiben und an die Staatsanwaltschaft zu übergeben: Einerseits sei das alles ja wegen der Anzeige Pantisanos ein »politischer Fall«. Auf Deutsch: Da es zum Konflikt mit einem politischen Repräsentanten des Berliner Senats hätte kommen können, schob man die heiße Kugel lieber zur Justiz weiter. Und zweitens sei der Fall gleich »mehrfach zur Anzeige« gebracht worden. Das erhärte den Verdacht, dass an der Sache etwas dran sei. Nicht die Qualität der Argumente soll also Rechtsgründe stützen, sondern die schiere Anzahl von Beschwerden. Wenn sich das herumspräche, könnten politisch motivierte Kampagnen gegen jedermann zum Volkssport werden. Als der Autor dieses Buches um schriftliche Bestätigung der Ausführungen bittet, erhält er wieder einen

Anruf, diesmal von der Vorgesetzten. Der Mitarbeiter habe das alles gar nicht gesagt, sei – falls doch – dazu gar nicht befugt gewesen und außerdem sei alles auch ganz anders. Über die wahren Gründe, die einen Anfangsverdacht wegen Volksverhetzung gegen Reichelt stützen sollen, schweigt sich die Mitarbeiterin allerdings aus. Aus »ermittlungstaktischen Gründen« würde sich die Polizei zu so etwas nie äußern. Der Fall Reichelt demonstriert sinnfällig, wie geltendes Recht zu politischen Zwecken missbraucht werden und wie schnell man es heutzutage mit der Staatsanwaltschaft zu tun bekommen kann. Die Grundlage hierfür sind schwammige Gesetze. Und aktivistische Bürger.

Deutschland hat längst die technischen und gesetzlichen Voraussetzungen für die Errichtung eines regelrechten Denunziantensystems zur Bekämpfung von »Hetze« im Internet geschaffen. Seit dem 1. Februar 2022 sind Betreiber sozialer Netzwerke durch das Netzwerkdurchwirkungsgesetz (NetzDG) dazu verpflichtet, mögliche Rechtsverstöße ihrer Nutzer an eine Zentrale Meldestelle des Bundeskriminalamtes (ZMI BKA) zu übermitteln. Es geht vor allem um die Bekämpfung politisch motivierter Kriminalität. Bis zum Herbst 2023 hatte aber kein einziger Anbieter Datensätze übermittelt. Stattdessen wurden von Juni 2021 bis September 2023 mit im Zeitverlauf stark steigender Tendenz 13.730 Meldungen von »freiwilligen Kooperationspartnern« an die Zentralstelle weitergereicht. In 73 Prozent der Fälle wurden etwaige Äußerungen als strafrechtlich relevant eingeschätzt und den zuständigen Behörden zur Strafverfolgung übergeben.[462] Zu den Kooperationspartnern des Bundeskriminalamtes gehört zum Beispiel die Meldestelle »respect!« der Jugendstiftung Baden-Württemberg. Finanziell gefördert wird sie nach eigenen Angaben vom Land Baden-Württemberg ebenso wie aus Bundesprogrammen. Auf ihrer Internetseite können besorgte Bürger rund um die Uhr Verdachtsmeldungen gegen ihre Mitbürger einreichen. Und das Netz an »freiwilligen Kooperationspartnern« soll weiter wachsen.

Aber das ist im verfassungsschutzrechtlichen Kontext nicht das Kernproblem. Weitere Gesetzesänderungen kommen hinzu. Die eine stammt aus dem Jahr 2001 und betrifft das Artikel-10-Gesetz. In ihm wird geregelt, wann deutsche Geheimdienste die Telekommunikation von Bürgern überwachen dürfen. Vor mehr als zwanzig Jahren wurde § 3 so geändert, dass auch die Tatbestände des Volksverhetzungs-Paragrafen die Anwendung nachrichtendienstlicher Mittel rechtfertigen können. Das heißt konkret: Der Verfassungsschutz darf schon dann zu Überwachungsmaßnahmen nach diesem Gesetz greifen, wenn »tatsächliche Anhaltspunkte« dafür bestehen, dass jemand volksverhetzende Äußerungen auch nur »plant«.[463] Als dies beschlossen wurde, ahnten die Abgeordneten wohl kaum, wie der Volksverhetzungs-Paragraf einst aufgebläht werden würde. Aber indem die rechtliche Pipeline zwischen beiden Gesetzen einmal geschaffen war, wirkte sich die Änderung des einen Gesetzes durch das Prinzip kommunizierender Röhren auch in dem anderen aus. Grundsätzlich darf der Verfassungsschutz zwar nur zur »Abwehr von drohenden Gefahren für die freiheitliche demokratische Grundordnung«[464] zu diesem Instrument greifen. Aber was am Ende die Verfassungsordnung gefährdet, ist selbst wiederum eine Frage der Interpretation.

Betroffen vom Pipeline-Effekt ist auch eine Änderung des Verfassungsschutzgesetzes aus dem Sommer 2021. Diesmal wurde nicht nachts verhandelt, sondern gegen Mittag. Aber wieder nahmen sich die Abgeordneten des Deutschen Bundestages in der dritten Lesung wenig mehr als 30 Minuten vor fast vollständig leeren Rängen Zeit für ein Gesetz, das tief ins Mark der Demokratie einschneidet. Bis zum Jahr 2021 konnte der Verfassungsschutz grundsätzlich nur Organisationen zu Beobachtungsobjekten erheben. Die Beobachtung von Einzelpersonen war ausdrücklich nur dann vorgesehen, wenn von diesen Gewalt drohte oder eine erhebliche Gefahr der Beeinträchtigung der Verfassung bestand. Mit der Neufassung des Bundesverfassungsschutzgesetzes kann nun auch jede Einzelperson zum Beobachtungsobjekt werden, von der der Verfassungsschutz glaubt, sie verfolge Bestrebungen gegen die freiheitliche demokratische Grundordnung (fdGO). Dies provoziert einen permanenten Konflikt mit dem Gebot der rechtsstaatlichen Verhältnismäßigkeit. Als Begründung für die Gesetzesverschärfung verwies die Bundesregierung seinerzeit auf die Anschläge von Halle und Hanau und auf die Effekte sozialer Medien. Künftig sollten »angesichts eruptiver Radikalisierungsverläufe von Einzelpersonen Extremisten bereits im Vorfeld militanter Handlungen besser in den Blick«[465] genommen werden können. Wieder einmal musste der »Kampf gegen Rechts« dafür herhalten, den Freiheitsraum der Demokratie zu schrumpfen.

Im November 2023 ergriff der Verfassungsschutz dann eine weitere Gelegenheit, seine Kompetenzen auszuweiten. Eigentlich sollte damals bloß die Übermittlung von personenbezogenen Daten des Verfassungsschutzes an andere Stellen auf eine sichere rechtliche Grundlage gestellt werden. Der ursprüngliche Gesetzentwurf sah aber nicht nur vor, zur Minderung der »Verwundbarkeit« und Stärkung der »Resilienz« der Verfassungsordnung personenbezogene Daten an öffentliche Stellen übermitteln zu dürfen, sondern ausdrücklich auch an private. Das sollte sogar »für sonstige erhebliche Zwecke der öffentlichen Sicherheit oder für sonstige erhebliche Interessen des Empfängers« möglich sein.[466] Also für ziemlich unbestimmte und daher dem Missbrauch leicht zugängliche Sachverhalte.

Was das hätte konkret bedeuten können, führte Ralf Poscher in einer Anhörung vor dem Bundestag aus. Er ist Direktor der Abteilung Öffentliches Recht des Max-Planck-Instituts zur Erforschung von Kriminalität, Sicherheit und Recht: »Die Nachrichtendienste können dann Schulleiter über die Bestrebungen ihrer Schülerinnen und Schüler, Universitäten über die ihrer Studierenden, Arbeitgeber über ihre Beschäftigten etc. informieren, auch wenn von ihnen keinerlei konkrete oder auch nur konkretisierte Gefahr ausgeht.« Es sei leicht vorstellbar, was das für die »Betroffenen bedeuten« könnte. Regelrecht »dystopische« Szenarien seien aus Sicht Poschers denkbar.[467] Der Verfassungsschutz strebe an, zu einer volkspädagogischen Einrichtung aufgewertet zu werden.

Poscher erklärte den entsprechenden Paragrafen des Gesetzesentwurfes daher für nicht mit der Verfassung vereinbar und mahnte Änderungen an. Der letztlich nach knapp 26-minütiger Diskussion beschlossene Gesetzestext ist nach Poschers Überzeugung zwar weniger problematisch als befürchtet, aber »noch immer verfassungswidrig«. Ausdrücklich ist es nun zwar doch gestattet, personenbezogene Daten über Verdächtige z. B. auch an Kindergärten, Schulen und Einrichtungen der Kinder- und Jugendhilfe zu übermitteln – aber immerhin unter weit strengeren Kriterien als ursprünglich geplant.

Auf ein anderes Problem macht der Verfassungsschutzrechtler Dietrich Murswiek aufmerksam. Das Bundesverfassungsschutzgesetz lasse es nun auch zu, dass der Inlandsgeheimdienst personenbezogene Erkenntnisse »zur wissenschaftlichen Erforschung und Bewertung von verfassungsfeindlichen Bestrebungen und Tätigkeiten«[468] an nicht-öffentliche Stellen übermittelt. Murswiek hält das für nicht erforderlich und zugleich für eine Gefahr für die Demokratie: »Wissenschaft ist kein Gericht, das im Einzelfall entscheidet, sondern Wissenschaft beschäftigt sich mit allgemeinen Erkenntnissen. Dafür reichen anonymisierte Daten und Statistiken.« Vielmehr entstehe hierdurch die Gefahr, dass sich so »eine Tür für Leaks seitens des Verfassungsschutzes öffnet, die andernfalls strafbarer Geheimnisverrat wären«. Und schließlich bietet das Verfassungsschutzgesetz nun auch die Möglichkeit, personenbezogene Daten schon dann an nicht-öffentliche Stellen zu übermitteln, wenn dies zur Erfüllung »der Aufgaben der empfangenden Stelle«[469] erforderlich ist. Für Murswiek kann sich der Verfassungsschutz damit im schlimmsten Fall »zum Lieferanten von Informationen an NGOs oder an die Medien« entwickeln, »denen er Recherchearbeit abnimmt.« Mit den eigentlichen Aufgaben des Verfassungsschutzes habe das aber nichts mehr zu tun. Das andauernde Drängen, seinen Informationsauftrag beständig auszuweiten, wirkt daher wie die Kompensationshandlung einer Behörde, der es an echten operativen Kompetenzen mangelt.

Der rechtliche Instrumentenkasten des Verfassungsschutzes zur Überwachung von Einzelbürgern ist durch den Effekt kommunizierender Röhren somit ins nahezu Uferlose gesteigert: Das Bundesverfassungsschutzgesetz erlaubt neuerdings auch die Beobachtung von Einzelpersonen bei vermuteten Bestrebungen gegen die fdGO. In Verbindung mit dem Artikel-10-Gesetz kann der Verfassungsschutz Abhörmaßnahmen gegen Einzelpersonen im Zweifel bereits dann auslösen, wenn diese auch nur im Verdacht stehen, sich volksverhetzend äußern zu wollen.[470] Der Volksverhetzungs-Paragraf ist so unbestimmt, dass es eine Frage der Wertung und persönlichen Weltanschauung der Rechtsanwender ist zu beurteilen, was am Ende alles unter ihn fällt. Schon heute dürften sich in der Behörde daher ganze Berge an fragwürdigen Grundrechtseingriffen aufgetürmt haben. Und nun kann der Verfassungsschutz auch noch ganz offiziell ins Denunziantengeschäft einsteigen und Verdächtigen das Leben zusätzlich schwer machen. Bis das Bundesverfassungsgericht die Behörde möglicherweise wieder einmal stoppt, werden viele Jahre ins Land gegangen sein.

Ein Wort allerdings findet sich in den jüngsten Vorlagen der Bundesregierung zur Änderung des Bundesverfassungsschutzgesetzes nicht: »Delegitimierung«. Ein ehemals führender Mitarbeiter des Verfassungsschutzes ist sich im Gespräch mit dem Autor aber völlig sicher, dass es einen Zusammenhang zwischen dem einen und dem anderen gibt. Die Anpassung des Bundesverfassungsschutzgesetzes zur Beobachtung von Einzelpersonen sei ja zeitgleich zur Ausrufung des neuen »Sammelbeobachtungsobjektes« erfolgt. Dadurch habe man behördlicherseits absichern wollen, Regierungskritiker leichter überwachen zu können. Natürlich habe die Regierung den Vorgang so nicht offiziell begründet. Aber genau das habe dazu beigetragen, dass die Abgeordneten gar nicht verstanden hätten, was sie da beschließen.

Jeder Entwurf zur Änderung des Bundesverfassungsschutzgesetzes geht auch über den Schreibtisch des Behördenleiters. Er wird im Regelfall von ihm ausgelöst.

Der ehemalige Mitarbeiter des Verfassungsschutzes nennt die geltende Rechtslage »völlig uferlos« und »höchst fragwürdig«: »Das Beobachtungsobjekt ›Delegitimierung‹ fällt in Verbindung mit der Änderung des Strafgesetzbuches ganz klar aus dem rechtsstaatlichen Rahmen. Auch der Begriff ›Verschwörungstheoretiker‹ ist doch nur der Versuch, ein Unwerturteil über Leute zu verhängen, gegen die man im Grunde keine Beweise hat.« Am Ende sei das alles »eindeutig verfassungswidrig«, und was Haldenwang treibe, eine »rechtsstaatliche Sauerei«. Auch die DDR kannte im Grunde schon den Tatbestand der »verfassungsschutzrelevanten Delegitimierung des Staates«, hatte dafür aber die etwas eingängigere Bezeichnung »staatsfeindliche Hetze« ersonnen. Was seinerzeit darunter fiel, kann einem bekannt vorkommen: »Diskriminierung, Verächtlichmachung oder Verleumdung von Repräsentanten oder anderen Bürgern der DDR, der staatlichen Organe, Einrichtungen oder gesellschaftlichen Organisationen oder deren Tätigkeit oder Maßnahmen«.[471]

Vom Hautgout der »wehrhaften Demokratie«

Die in diesem Buch untersuchten Fälle sind überwiegend eindeutig. Über Bodo Ramelow und Rolf Gössner muss man angesichts höchstrichterlicher Urteile nicht mehr diskutieren. Die Vorwürfe gegen Martin Wagener sind nur mit Hilfe fragwürdiger Rechtsinterpretationen und unbelegter Unterstellungen aufrechtzuerhalten – und anhand des Beobachtungsobjekts Delegitimierung ist deutlich geworden, wie sehr der Verfassungsschutz auch mit Hilfe gesetzlicher Änderungen längst rechtsstaatliche Selbstverständlichkeiten hinter sich gelassen hat. Weil die Öffentlichkeitsarbeit des Verfassungsschutzes in Sachen Delegitimierung sehr allgemein bleibt und für gewöhnlich nicht konkret auf bestimmte Personen abzielt, kann hiergegen nicht einmal der Rechtsweg beschritten werden.

Uneindeutiger ist die Lage in Sachen Schnellroda und AfD. In beiden Organisationen lassen sich durchaus Äußerungen und Betätigungen nachweisen, die verfassungsschutzrelevante Fragen aufwerfen. Dieses Buch ist aber darauf beschränkt, die Qualität der Arbeit des Verfassungsschutzes zu untersuchen. Es ist weder Absicht noch Aufgabe des Autors, einer Behörde zuzuarbeiten, deren Abschaffung er für geboten hält. Daher standen die Anhaltspunkte, die für eine Beobachtung dieser Organisationen sprechen, nicht im Vordergrund. Selbst für den Fall des Nachweises allerdings, dass Schnellroda und die AfD *als Organisationen* eindeutig verfassungswidrige Bestrebungen verfolgen, steht dies an keiner Stelle meiner Argumentation entgegen. Auch dann wäre das Strafgesetzbuch in Verbindung mit der Möglichkeit zum Verbot von Organisationen ein ausreichend scharfes Schwert, um die Verfassung zu verteidigen.

Dieses Buch erzeugt dabei ein in gewisser Weise schiefes Bild. Es könnte der Eindruck entstehen, als arbeiteten im Verfassungsschutz vollends inkompetente Mitarbeiter, die zudem ständig geltendes Recht brechen. Eine derartige These indes habe ich in diesem Buch weder aufgestellt, noch vertrete ich sie. Es war nicht meine Absicht, eine wissenschaftlich abgesicherte, allumfassende Darstellung der Arbeit des Inlandsgeheimdienstes vorzulegen. Eine solche käme nicht nur zu einem differenzierteren Ergebnis, sondern fiele unvermeidlich uferlos aus. In diesem Buch geht es allein um die Beantwortung der Frage, ob die Schäden, die der Verfassungsschutz in zunehmendem Maße verursacht, nicht zu groß sind, als dass eine gefestigte liberale Demokratie sie auf Dauer zu ertragen bereit sein sollte. Damit stellt sich unweigerlich die Frage nach dessen Zukunft.

Auf einer grundsätzlichen Ebene steht man dabei vor einem Zielkonflikt, der sich nicht durch verfassungsrechtliche Erwägungen lösen lässt. Zwei Möglichkeiten stehen zur Wahl:

- Man kann entweder an der Idee der wehrhaften Demokratie festhalten und einen *präventiven Republikschutz* praktizieren, also auch die geheimdienstliche Tätigkeit noch weit vor jeder konkreten Straftat. Da es in diesem Fall um die Abschätzung bloß *möglicher* Gefährdungen der Demokratie geht, müssen bereits bloße Gedanken zum Untersuchungsgegenstand staatlicher Behörden werden. Sie sind zwar nicht der eigentliche Zweck der Beobachtung, aber ohne sie lässt sich keine Prognose über eine Bestrebung abgeben. Hiermit verbunden ist, wie weiter oben gezeigt wurde, ein tiefer, nicht selten verfassungswidriger Eingriff in die Ausübung der Meinungsfreiheit. Der Vorteil der wehrhaften Demokratie ist es dabei unzweifelhaft, die Gefährdungsschwelle für die Staatsordnung denkbar gering zu halten. Aber man kauft sich zugleich eine Beschädigung demokratischer Prozesse mindestens an den Rändern der politischen Spektren ein. Wie mit dem Phänomenbereich »Delegitimierung« gezeigt wurde, strahlt diese aber längst bis weit in die Mitte der Gesellschaft aus.

- Die zweite Möglichkeit besteht darin, auf einen strikt *repressiven Republikschutz* zu setzen, wie es in allen anderen westlichen Demokratien üblich ist. In diesem Falle würde der Staat erst dann eingreifen, wenn politisch motivierte Straftaten durchgeführt oder zumindest nachweislich vorbereitet würden. Nicht bereits bloße Gedanken, die durch ihre Interpretationsbedürftigkeit außerdem ein erhebliches Potenzial des Missverstehens beinhalten, wären das Objekt staatlichen Handelns, sondern erst gegen die Staatsordnung gerichtete Straftaten. Der Vorteil eines so verfahrenden Republikschutzes liegt auf der Hand. Die Gefahr illegitimer Grundrechtsverletzungen wäre denkbar gering. Allerdings kaufte man sich zugleich einen erheblichen Nachteil gegenüber der Idee der wehrhaften Demokratie ein. Gerade weil man hier nicht bereits im Vorfeld möglicher Gefährdungen einschreitet, sondern erst bei ihrem Auftreten, kann es für die Rettung der Republik im Ernstfall schon zu spät sein. Gegen die formal legale Machtergreifung einer extremistischen Partei scheint der repressive Republikschutz machtlos.

Damit kehrt das Entscheidungsdilemma in Sicherheitsfragen auch beim Verfassungsschutz wieder. Sicherheit und Freiheit sollen zugleich gewahrt und verteidigt werden, sind in äußerster Zuspitzung aber unvereinbare Gegensätze. Allein mit wissenschaftlichen Argumenten lässt sich dieser Zielkonflikt nicht auflösen.

Der Verfassungsschutzstaat

Thomas Grumke und Rudolf van Hüllen wollen den Verfassungsschutz und damit die wehrhafte Demokratie stärken. Die beiden ehemaligen Mitarbeiter des Verfassungsschutzes zählen zu den namhaften verfassungsschutzfreundlichen Autoren.

Eine erste geeignete Maßnahme zur Stärkung des Verfassungsschutzes erblicken beide darin, den Anteil von Juristen auch in Führungspositionen des Verfassungsschutzes deutlich zu reduzieren und die politikwissenschaftliche Kernkompetenz zu stärken. Es bestehe nämlich ein »eklatanter Mangel an sozialwissenschaftlicher Analysekompetenz«[472] in den Behörden. Sowohl an der Diagnose als auch am Therapievorschlag sind jedoch Zweifel angebracht. Tatsächlich hat der Verfassungsschutz ein »Juristenproblem«. Das besteht aber darin, dass offensichtlich nicht einmal die überreichliche Beschäftigung von Juristen genügt, um eine verfassungsrechtliche Aufgabe befriedigend zu bewältigen. Die analytische Schwäche des Inlandsgeheimdienstes wird daher mit sozialwissenschaftlichen Mitteln erst recht nicht zu beseitigen sein. Durch sie dürfte sie sich vielmehr weiter vergrößern. Schon heute bedient sich der Verfassungsschutz in seiner analytischen Arbeit des politikwissenschaftlichen Extremismusbegriffes. Dieser ist viel weitreichender als der verfassungsschutzrechtliche und verwickelt schon heute den Verfassungsschutz in rechtswidriges Handeln. Mit einer Erhöhung »sozialwissenschaftlicher Analysekompetenz« dürfte dieses Phänomen eher weiter forciert werden. Dafür spricht auch, dass der Extremismus-Begriff unter Sozialwissenschaftlern ohnehin hoch umstritten ist. Von einem wissenschaftlichen Konsens kann nicht ansatzweise die Rede sein. Für all diese sozialwissenschaftlichen Auseinandersetzungen darf sich der Verfassungsschutz als Behörde, die zu Grundrechtseingriffen befugt ist, in ihrem Handeln allerdings nicht interessieren. Die Arbeitsgrundlage ist und bleibt einzig und allein die Verfassung.

Sodann halten Grumke und van Hüllen sowohl das Trennungsgebot zwischen Verfassungsschutz und Polizei in seiner bisherigen Ausprägung als auch den »Fetisch Datenschutz«[473] für erhebliche Hemmnisse in der Arbeit des Inlandsgeheimdienstes. Sie plädieren in beiden Fällen für Aufweichungen, um die Effektivität des Inlandsgeheimdienstes zu erhöhen. Ausdrücklich wünschen sie sich die Ausdünnung der bestehenden gesetzlichen Regelungen, damit der Verfassungsschutz zumindest teilweise »dem Zugriff der berühmten ›richterlichen Kontrolle‹ entzogen«[474] wird. Im Sinn haben sie wortwörtlich die »Restitution des Geheimen«[475]. Man muss sich das auf der Zunge zer gehen lassen: Der Verfassungsschutz bricht, wie wir gesehen haben, nachweislich geltendes Recht, seine analytischen Werkzeuge sind auch nach Jahrzehnten seiner Gründung auf bedauernswerte Weise widersprüchlich und untauglich, er entzieht sich gezielt der öffentlichen Kontrolle und wird politisch gelenkt – und van Hüllen und Grumke wollen den Werkzeugkasten dieser Behörde nicht nur ausweiten und die Rechte der Bürger dadurch nicht nur weiter einschränken. Das alles soll am besten auch noch hinter verschlossenen Türen geschehen, damit Gerichte mit dem Verweis auf den Rechtsstaat nicht unnötig bei der Arbeit stören. Dazu greifen die Autoren sogar ins Pathologische aus. In Sachen Sicherheit und Verfassungsschutz existiere nämlich »ein spezifisch deutsches Syndrom der Realitätsverweigerung«, eine »kollektive narzistische (sic!) Störung«[476] der Nation sei gar feststellbar. Wer Skepsis oder Vorsicht gegenüber dem Verfassungsschutz walten lassen will, den erklären sie kurzerhand zu einem Anhänger einer »Verschwörungstheorie«[477].

Die beiden Autoren fordern sogar das Parlament offen dazu auf, sich zugunsten der Sicherheitsbehörden über Urteile des Bundesverfassungsgerichts hinwegzusetzen. Im Jahr 1983 hatte dieses im Rahmen des Volkszählungsstreits ein »informationelles Selbstbestimmungsrecht« der Bürger »unter den Bedingungen der modernen Datenverarbeitung«[478] postuliert. Es handelte sich um die konsequente Fortentwicklung von Grundrechten unter neuen gesellschaftlichen Bedingungen: »Und da ›Karlsruhe‹ in Deutschland einen fast sakralen Stellenwert genießt, gehorchten die Sachwalter der Volkssouveränität den Weisungen der Richter. Einem selbstbewussten Parlamentarismus wäre das nicht passiert.«[479] Streng genommen handelt es sich bei diesen Worten um einen fundamentalen Angriff auf das Rechtsstaatsprinzip, also um einen möglichen tatsächlichen Anhaltspunkt für eine extremistische Bestrebung.

Im Kern entsprechen die Argumente van Hüllens und Grumkes nicht mehr einem Plädoyer für den demokratischen Verfassungsstaat, sondern für einen Verfassungsschutzstaat. Egal, ob parlamentarische Willensbildung oder höchstrichterliche Rechtsprechung: Maßstab der Beurteilung sind nicht mehr die Normen und Verfahren der Verfassung, sondern Fragen der Nützlichkeit. Die sorglose Leichtigkeit der Argumentation lässt vermuten, dass sie wesentliche Existenzbedingungen repräsentativer Demokratien im 21. Jahrhundert mindestens unterschätzen. Sie denken den demokratischen Verfassungsstaat konsequent von oben nach unten und nicht umgekehrt. Nicht der Staat aber ist der Souverän, sondern das Staatsvolk. Der Staat fungiert nur als Beauftragter und Treuhänder des eigentlichen Souveräns.

Besonders offenkundig wird bei den Autoren das Missverständnis über die Funktionsweise repräsentativer Herrschaft, wenn es um die Rolle der Presse geht. Ihre abschätzigen Bemerkungen hierzu sind zahlreich. Sie sprechen sich ausdrücklich dagegen aus, »ausgerechnet gegenüber der Presse mit erhöhter Auskunftsbereitschaft zu reagieren«[480]. Die »verfassungsrechtliche Rolle der Medien«[481] bezeichnen sie wortwörtlich als bloße Erfindung des Bundesverfassungsgerichtes: »Journalisten sind *extra legem* privilegiert und unterliegen nicht im gleichen Maße wie andere Bürger der Herrschaft des Gesetzes.«[482] Besonders hat es den Autoren dabei die Tatsache angetan, dass sich die Presse für ihre unabhängige Berichterstattung auf den »Informantenschutz«

berufen kann: »Ein gleichermaßen absoluter Quellenschutz bei Nachrichtendiensten würde hingegen als Verschleierungsversuch gegenüber dem ›Informationsinteresse‹ der Öffentlichkeit oder sogar als Förderung extremistischer Kräfte angesehen.« Für van Hüllen und Grumke zeigen sich darin bloß unangemessene Verschiebungen »im Gefüge gesellschaftlicher Macht«.[483] Sie denken den Verfassungsstaat konsequent von oben.

Was Grumke und van Hüllen monieren, ist für repräsentative Demokratien in Wahrheit aber existenznotwendig. Der Staat ist der Öffentlichkeit und damit der Presse deshalb rechenschaftspflichtig, weil er »bloß« Treuhänder des Souveräns ist. In einem repräsentativen System übernimmt die Presse eine wesentliche Funktion der Kontrolle der Herrschenden und versorgt den Souverän mit Informationen. Sie ist das unabdingbare Bindeglied in einer eigentlich ziemlich fragilen Konstruktion und stabilisiert die Verfassungswirklichkeit. Indem van Hüllen und Grumke diese Funktion der Presse relativieren wollen, sprechen sie dem Souverän faktisch das Recht ab, den Staat und damit die Herrschenden zu kontrollieren. Stattdessen plädieren sie für eine massive Ausweitung der Kompetenzen des Inlandsgeheimdienstes und eine »Restitution des Geheimen«: weniger Juristen in der Behörde, weniger Datenschutz, kein Recht auf informationelle Selbstbestimmung, reduzierte richterliche Kontrolle, keine oder jedenfalls eingeschränkte Kontrolle durch die Presse und zumindest ein intensiver Informationsaustausch mit der Polizei und in dieser Hinsicht eine Aufweichung des Trennungsgebotes.

Hielte der Verfassungsschutz unter solchen Bedingungen an der Praxis fest, die Öffentlichkeit regelmäßig über angebliche oder tatsächliche verfassungsfeindliche Bestrebungen zu informieren, wären wir von der Vision des »Großen Bruders« zumindest in struktureller Hinsicht nicht mehr weit entfernt. Heute findet Öffentlichkeit nicht mehr nur »da draußen«, sondern auch in der eigenen Wohnung und selbst auf dem allgegenwärtigen Mobiltelefon statt. Durch die Digitalisierung ist ein kommunikatives

Netz entstanden, das binnen Sekunden allumfassende Informationseffekte produzieren kann. Die Wucht und Wirksamkeit und damit das Ausmaß möglicher Grundrechtseingriffe durch den Inlandsgeheimdienst hat sich damit nahezu uferlos ausgeweitet. Der Verfassungsschutz kann daher seine Arbeit nicht mehr nach den Maßstäben des 20. Jahrhunderts fortsetzen wollen, ohne der Demokratie selbst Schaden zuzufügen. Die Vorschläge Grumkes und van Hüllens passen nicht mehr in die Welt eines digitalen »Strukturwandels der Öffentlichkeit« (Jürgen Habermas).

Der eingehegte Verfassungsschutz

Auch wer den Verfassungsschutz in seiner heutigen Form erhalten will, muss sich folgenden drei offenkundigen Problemen stellen:

1. Der Verfassungsschutz ist als politische Behörde je nach Regierungskonstellation parteipolitischer Beeinflussung ausgesetzt. Gerade im Zentrum der Demokratiesicherung ist das misslich. Denn rechtlich ist es dem Staat verboten, seine Instrumente zum zielgerichteten Eingriff in den politischen Wettbewerb zu missbrauchen.
2. Die derzeitigen Rechtsgrundlagen des Verfassungsschutzes verstoßen an verschiedenen Stellen gegen elementare rechtsstaatliche Prinzipien.
3. Durch die Restrukturierung digitalisierter öffentlicher Räume hat die Prangerwirkung des Verfassungsschutzes Ausmaße angenommen, die mit einer liberalen Demokratie nur noch schwer in Einklang zu bringen sind.

Mindestens diese drei Probleme müssten auch jene lösen, die an der Existenz eines Inlandsgeheimdienstes festhalten wollen und zugleich an einer wahrhaft liberalen Demokratie interessiert sind:

- Wer einen weltanschaulich neutralen Verfassungsschutz will, kann ihn nicht in der Hand der Regierung belassen. Es hat aber wenig Sinn, ihn alternativ dem Deutschen Bundestag und damit der Legislative zu unterstellen. Diese ist noch viel mehr Arena parteipolitischer Auseinandersetzungen als die Exekutive. Eine an rechtsstaatlichen und rein sachlichen Kriterien ausgerichtet arbeitende Behörde wäre unter solchen Umständen noch viel weniger zu erwarten. Das höchste Maß an Unabhängigkeit dürfte die Judikative und in ihr das Bundesverfassungsgericht garantieren. Es ist jedoch zugleich jene Instanz, die allein über ein Parteiverbot oder die Aberkennung von Grundrechten zu befinden hat. Daher wäre es im Sinne des Gewaltenteilungsprinzips höchst problematisch, den Verfassungsschutz dem Bundesverfassungsgericht zu unterstellen. Man kann schwerlich jene Richter zugleich zur Leitung einer Ermittlungsbehörde emporheben, über deren Erkenntnisse dieselben Richter in einem Verbotsverfahren zu befinden hätten. Zwar ergeben sich in der deutschen Verfassungswirklichkeit immer wieder Durchbrüche an der Front der Gewaltenteilung, aber die beste aller Lösungen wäre das mit Sicherheit nicht.

Somit dürfte nur das Modell Rechnungshof als eine dritte Option übrig bleiben. Dessen Leitung wird zwar durch das Parlament und den Bundesrat gewählt und auf diese Weise demokratisch legitimiert, die Behörde selbst arbeitet aber unbeeinflusst sowohl vom Parlament als auch von der Regierung. Das Bundesrechnungshofgesetz garantiert den Mitgliedern des Rechnungshofes ausdrücklich den Status der richterlichen Unabhängigkeit. Die einzige Möglichkeit, dem Verfassungsschutz jene Unbeeinflussbarkeit zu gewähren, die er für die verfassungsschutzrechtlich gebotene Aufgabenerfüllung benötigt, ist dessen Verselbständigung zu einer unabhängigen Behörde in diesem Sinne. Die Wahl des Leiters der Behörde sollte dabei aufgrund ihrer fundamentalen Bedeutung für das Funktionieren der Demokratie *mindestens* eine

Zwei-Drittel-Mehrheit erfordern. Eine solche Konstruktion hätte auch den Vorteil, den Verfassungsschutz den parteipolitisch motivierten parlamentarischen Ränkespielen zu entziehen. Die bewusst hergestellte Intransparenz des Inlandsgeheimdienstes muss auch als Akt der Selbstverteidigung der Behörde gegen diesen Missbrauch interpretiert werden. Ständig steht der Verfassungsschutz in den parlamentarischen Kontrollgremien vor der Gefahr, dass dessen Erkenntnisse und Arbeitsweisen von Vertretern der Opposition öffentlich missbraucht werden, um die Regierung in Misskredit zu bringen. Eine derartige Instrumentalisierung des Verfassungsschutzes wäre sinnlos, wenn er zu einer unabhängigen Behörde umgewandelt würde. Zur Wahrheit gehört aber auch: In dieser Konstruktion könnte sich der Verfassungsschutz noch mehr verselbständigen, als er es heute schon getan hat.

- Vor allem zwei Dinge lassen sich mit der Idee des Rechtsstaates kaum in Einklang bringen: 1. Der Verfassungsschutz berichtet heute nicht nur über Fälle eines erwiesenen Extremismus, sondern ebenso über bloße Verdachtsfälle. Da derartige Berichte nach höchstrichterlicher Rechtsprechung eine staatliche Sanktion darstellen, ergeht diese, ohne dass die tatsächliche »Schuld« der Betroffenen überhaupt als erwiesen gilt. Die Verdachtsberichterstattung des Verfassungsschutzes ist daher grundsätzlich gesetzlich auszuschließen. Dietrich Murswiek hält sie in ihrer heutigen Form gar für eindeutig »verfassungswidrig«[484]. Sie kann nur in seltenen, besonders schwerwiegenden Ausnahmefällen überhaupt in Betracht kommen. 2. Es besteht kein geregeltes Anhörungsverfahren für jene Fälle, in denen der Verfassungsschutz eine öffentliche Berichterstattung beabsichtigt. Während jedem Bürger bei jedem auch noch so kleinen Verwaltungsakt ein Recht auf Stellungnahme zusteht, klafft hier eine elementare Rechtsstaatslücke.[485] Dass betroffene Bürger derzeit auf Rechtsstreitigkeiten angewiesen sind, um die Entscheidungen und Maßnahmen des Verfassungsschutzes einer

Überprüfung zu unterziehen, ist ein unzumutbarer Umstand. Auch wenn der Verfassungsschutz eine extremistische Bestrebung für erwiesen hält, kann er sich irren. Das wäre selbst dann der Fall, wenn es ein reguläres Anhörungsverfahren gäbe. Um die Möglichkeiten des Irrtums mit grundrechtsverletzenden und demokratieschädlichen Wirkungen zu minimieren, hat Dietrich Murswiek vorgeschlagen, die Veröffentlichung im Verfassungsschutzbericht unter generellen Richtervorbehalt zu stellen.[486] Mindestens im Falle der gemäß Artikel 21 Grundgesetz privilegierten Parteien erscheint dies sinnvoll. Es würde den Verfassungsschutz dazu zwingen, sich strikt an den verfassungsrechtlichen Normen zu orientieren und nicht, wie zumindest im Falle der AfD nachweisbar, Fragen politischer Opportunität als Entscheidungsmaßstab heranzuziehen. Eine deutliche Qualitätssteigerung seiner Arbeit dürfte die Folge sein. Schließlich wäre es fair, ein rechtsstaatlich problematisches Übergewicht des Staates bei gerichtlichen Auseinandersetzungen zu beseitigen. Die Behörden verfügen nicht nur über ein riesiges Arsenal an Mitarbeitern, die sie jederzeit mobilisieren können. Gehörten der Behörde auf Bundesebene im Umfeld ihrer Gründung nur knapp 100 Personen an, waren es 2002 schon mehr als 2.000. In nur 20 Jahren hat sich diese Zahl noch einmal auf rund 4.000 verdoppelt.[487] Hinzu kommt, dass der Verfassungsschutz bei gerichtlichen Auseinandersetzungen problemlos in die Staatskasse greifen und sich die besten und teuersten Anwälte der Republik leisten kann. Eigentlich wäre es daher fair, zumindest bei Parteien im letztinstanzlichen Erfolgsfall deren Anwaltskosten zu erstatten – bis zur Höhe anwaltlicher oder vergleichbarer Kosten auf staatlicher Seite. So ließe sich ein indirekter Eingriff in die Chancengleichheit der Parteien durch Vermögensschäden vermeiden. Ergänzend zu diesen Maßnahmen wären auch die jüngsten Änderungen des Bundesverfassungsschutzgesetzes wieder rückgängig zu machen und das Beobachtungsobjekt Delegitimierung außer Funktion zu nehmen.

Einzelpersonen sollten nur dann unter Beobachtung gestellt werden dürfen, wenn von ihnen Gewalt oder eine erhebliche Bedrohung der verfassungsmäßigen Ordnung ausgeht.

- Seit ungefähr 20 Jahren arbeitet der Verfassungsschutz parallel zur Entstehung digitaler Öffentlichkeiten an der Ausweitung seiner medialen Wirkung weit über seine Verfassungsschutzberichte hinaus. Darüber sind aus dem Umfeld der Behörde ganze Bücher geschrieben worden.[488] Wie kein Präsident vor ihm strebt Thomas Haldenwang auf eine Art in die Öffentlichkeit, dass die durch den Gesetzesauftrag statuierten Informationspflichten mit illegitimen politischen Interventionen vermischt werden. Was technologisch nahe liegen mag, hätte, wie beim Urteil des Bundesverfassungsgerichts zur informationellen Selbstbestimmung, umgekehrt zur Zurückhaltung führen müssen. Weil die Prangerwirkung des öffentlichen Raumes und damit des Verfassungsschutzes unter den neuen Bedingungen zugenommen hat, kommt es auch zur Intensivierung von Grundrechtseingriffen und damit zu einem Schaden an der Demokratie. Um dies zu vermeiden, hätte der Verfassungsschutz seine Öffentlichkeitsarbeit drastisch einzuschränken und gerade nicht immer mehr auszuweiten.

Eine solche behutsame Reform des Verfassungsschutzes wäre zwar ein deutlicher Fortschritt, aber inkonsequent. Sie würde lediglich eine Begrenzung jener Schäden bedeuten, die eine ganz grundsätzlich falsche Konstruktion verursacht. Konsequenter wäre es, die falsche Konstruktion gleich ganz aufzugeben und sich damit jenem Standard anzugleichen, der in westlichen Demokratien üblich ist.

Repressiver Republikschutz

Der Politikwissenschaftler Claus Leggewie und der Jurist Horst Meier gehören schon seit Jahrzehnten zu den Kritikern des Verfassungsschutzes. Zu tun hat das mit zwei Gründen. Der eine ist pragmatischer, der andere prinzipieller Natur. Insbesondere im Zusammenhang mit der NSU-Mordserie hat sich für Leggewie und Meier gezeigt, dass der deutsche Inlandsgeheimdienst seine eigentliche Aufgabe nicht zu erfüllen in der Lage ist: relevante Informationen zu sammeln, um die Verfassung präventiv zu schützen. Sie sprechen in diesem Zusammenhang vom »fatalen Versagen« der Behörde: »Von Frühwarnung beim rechten Terror keine Spur!«[489] Es sei daher auch kein Wunder, wie tief das Ansehen der »deutschen Sicherheitsbehörden gesunken«[490] sei. Letztlich handele es sich bei ihm nur noch um »rausgeschmissenes Geld«. Der Verfassungsschutz habe es nicht einmal »verdient, reformiert zu werden«.[491]

Aber die mangelnde Effektivität des Inlandsgeheimdienstes ist für sie nicht das eigentliche Problem. Selbst wenn er seiner Aufgabe gewachsen wäre, hätten beide prinzipielle Probleme mit ihm. Und das liegt an seiner Konstruktion. Deutschland sei die einzige westliche Demokratie, die in dieser Angelegenheit einem »Sonderweg«[492] folge und »die vorbeugende Überwachung des Extremismus verdächtiger Bürger weit im Vorfeld messbarer Gefahren«[493] erfunden habe. Damit werde der »bloße politische Verdacht zur allgemeinen Geschäftsgrundlage des Verfassungsschutzes« und ermögliche ihm »einzigartige Eingriffsmöglichkeiten in die Rechte gesetzestreuer Bürger«.[494] In der heutigen, gefestigten bundesrepublikanischen Demokratie läuft die Arbeit des Verfassungsschutzes auf eine Einschränkung der Meinungsfreiheit und damit auch auf eine Beschädigung des demokratischen Diskurses hinaus. Und als ob dem Verfassungsschutz unbedingt daran gelegen gewesen wäre, noch mehr Belege für diese Behauptung zu produzieren, erfand er neben Rechts- und

Linksextremismus sowie Islamismus und auslandsbezogenem Extremismus noch eine weitere Kategorie der Verfassungsfeindlichkeit: die »Verfassungsschutzrelevante Delegitimierung des Staates«.[495] Seitdem rückten auch jene Bürger in den Fokus des Inlandsgeheimdienstes, die sich auf Corona-Demonstrationen gegen die Pandemiebekämpfung der Bundesregierung richteten. Kritiker von Klimaschutzmaßnahmen oder Gegner von Waffenlieferungen an die Ukraine sollen folgen.

Hinzu kommt für Leggewie und Meier die Tatsache, dass der herkömmliche Kriterienkatalog der fdGO nie »hinreichend präzisiert« worden und daher anfällig dafür sei, »eigenes Wunschdenken als Staatsziel auszugeben«.[496] Das NPD-Urteil aus dem Jahre 2017 habe daran nichts Wesentliches geändert. Die Arbeit der Verfassungsschützer drohe als »ideologischer Verfassungsschutz«[497] in Erscheinung zu treten – je nach politischer Konjunktur mal nach links oder rechts austeilend: »Es liegt auf der Hand, dass die geheimdienstliche Ausforschung potentiell jeglicher Opposition mit schweren Eingriffen gegen die Freiheit der legalen politischen Betätigung einhergeht«.[498] Eine aktuelle Bestätigung hierfür sieht Leggewie auch in dem neuen Untersuchungsobjekt »Delegitimierung des Staates«. Die Vokabel der »Verächtlichmachung« sei keine analytische Kategorie, sondern durch und durch »schwammig«.

Die Lösung, die Leggewie und Meier für die durch den Verfassungsschutz verursachten Probleme vorschlagen, ist schlagend und einleuchtend. Sie plädieren für dessen Auflösung und dafür, die Frage der Verfassungsfeindschaft künftig strikt an der politisch motivierten Gewaltanwendung bzw. Straffälligkeit auszurichten. Das sei ein weitaus weniger ideologisch anfälliges Kriterium. Zuständig hierfür sind schon heute die Staatsschutzkommissariate der Kriminalpolizei, so dass der Verfassungsschutz völlig überflüssig wäre. Zudem könnte man »fähiges Personal«[499] aus den Verfassungsschutzämtern als Verstärkung in die Kriminalpolizei versetzen.[500] Begleitend hierzu müssten auch § 130 Strafgesetzbuch stark überarbeitet und die jüngsten Änderungen im Bundesverfassungsschutzgesetz rückgängig gemacht werden. Diese inzwischen ausufernden, tief in den Bereich der Meinungsfreiheit eingreifenden Regelungen sind einer Demokratie unwürdig. Genau genommen würde der Verfassungsschutz seiner Funktion nach damit gar nicht aufgelöst, sondern nur organisatorisch neu geordnet. Würden die Zuständigkeiten auf beschriebene Weise eingeschränkt, aber zugleich die Befugnisse erweitert und am besten in einer bundesweit agierenden Behörde konzentriert, könnte sich die Schlagkraft des Verfassungsschutzes in Wahrheit deutlich erhöhen.[501] Aber eben ohne Kollateralschäden für die Demokratie: »Wer (fast) alles weiß, soll nicht alles dürfen; und wer (fast) alles darf, soll nicht alles wissen.«[502]

Und die politische Debatte? Die überlässt man in einer reifen Demokratie am besten den Bürgern, Medien und Parteien, und damit der öffentlichen Meinungsbildung: »Selbstbewusste Demokratie funktioniert ohne Verfassungsschutz. Sie besinnt sich auf die Abwehr konkreter Gefahren und lebt im Übrigen mit den Unwägbarkeiten, die Freiheit auszeichnen. Gewiss, es gibt keine politischen Lebensversicherungen. Die deutsche Demokratie bleibt gefährdet, so wie jede Demokratie es allenthalben ist: Dies ist ihr Risiko, ihre Gefahr, aber auch ihre Ehre.«[503]

Diese Argumentation hat Kritiker auf den Plan gerufen, und nicht einmal zu Unrecht. Im Fokus der Kritik steht dabei auch und vor allem die entsprechende Begründung. Ausdrücklich berufen sich Leggewie und Meier auf den Rechtspositivisten Hans Kelsen und nehmen bei ihm bis ins Detail sprachliche Anleihen.[504] In seinem Aufsatz »Was ist Gerechtigkeit?« aus dem Jahre 1953 heißt es:

»Wenn die Demokratie eine gerechte Staatsform ist, so nur darum, weil sie Freiheit bedeutet; und Freiheit bedeutet Toleranz. Aber kann Demokratie tolerant bleiben, wenn sie sich gegen anti-demokratische Umtriebe verteidigen muss? (…) Gerade durch solche Toleranz unterscheidet sich die Demokratie von

Autokratie. (…) Aber es ist das Recht jeder, auch einer demokratischen Regierung, Versuche, sie mit Gewalt zu beseitigen, mit Gewalt zu unterdrücken und durch geeignete Mittel zu verhindern. (…) Es mag mitunter schwierig sein, eine klare Grenzlinie zu ziehen zwischen der Verbreitung gewisser Ideen und der Vorbereitung eines revolutionären Umsturzes. (…) Es mag auch sein, dass solche Grenzziehung eine gewisse Gefahr in sich schließt. Aber es ist das Wesen und die Ehre der Demokratie, diese Gefahr auf sich zu nehmen; und wenn Demokratie diese Gefahr nicht bestehen kann, dann ist sie nicht wert, verteidigt zu werden.«[505]

Eingebracht hat der Anschluss an Kelsen den Autoren den Vorwurf, eine »komplett werterelativistische Verfassungskonzeption«[506] zu vertreten, wie sie letztlich auch der dem Untergang geweihten Weimarer Verfassung zu eigen war, und daher auf »Steinzeitniveau«[507] zu argumentieren. Doch ganz so einfach ist die Sache nicht.

Tatsächlich zählte Kelsen in der Weimarer Republik zu den führenden Vertretern des Rechtspositivismus und war beim Streit um den »Hüter der Verfassung« einer der gewichtigen Gegenspieler Carl Schmitts. Kelsen war überzeugt, dass es beim Recht und in der Politik nicht um Wahrheit, sondern bloß um »menschliche Interessen und daher Interessenkonflikte«[508] gehe. Die Verfassungsentscheidungen ergeben sich unter dieser Voraussetzung als bloße Mehrheitspräferenzen und können keine darüber hinausgehende Dignität für sich in Anspruch nehmen, allemal nicht den Status einer Wahrheit.[509] Damit aber verliert die Idee eines unantastbaren Verfassungskerns und damit auch die freiheitliche demokratische Grundordnung ihre Legitimität. Leggewie und Meier attackieren die fdGO denn auch als »antipluralistisch« und »antiliberal«.[510]

Sie fühlen sich zu dieser Attacke auch deshalb berechtigt, weil sie neben der innerstaatlichen Feinderklärung eine zweite Anleihe des Grundgesetzes bei Carl Schmitt ausmachen. In seiner Schrift »Legalität und Legitimität« aus dem Jahre 1932 hatte sich Schmitt kurz vor dem Ende der Weimarer Republik mit der Reichsverfassung »voller Widersprüche« auseinandergesetzt. Der erste Teil war nach seiner Auffassung rechtspositivistisch-relativistisch gefasst, der zweite setzte auf den »Versuch einer substanzhaften Ordnung«. Auf wessen Seite der Dezisionist Schmitt dabei stand, überrascht nicht: »Eine Verfassung, die es nicht wagen würde, sich hier zu entscheiden, sondern statt einer substanzhaften Ordnung den kämpfenden Klassen, Richtungen und Zielsetzungen die Illusion geben wollte, daß sie legal auf ihre Rechnung kommen, alle ihr Parteiziel legal erreichen und alle ihren Gegner legal vernichten können, ist heute nicht einmal mehr als ein dilatorischer Formelkompromiß möglich und würde im praktischen Ergebnis auch ihre eigene Legalität und Legitimität zerstören.«[511] Ausgerechnet der spätere »Kronjurist des Dritten Reiches« nahm damit noch vor der Machtergreifung der Nazis die Begründung für die freiheitliche demokratische Grundordnung der späteren BRD vorweg. Dabei haben Leggewie und Meier durchaus recht: Die Idee der fdGO ist in ihrer Struktur dem Denken Carl Schmitts verwandt. Aber sie irren sich, wenn sie glauben, dass dies irgendetwas gegen sie bedeuten könnte. Und ebenso irren Grumke und van Hüllen, wenn sie Leggewies und Meiers Vorschlag zur Auflösung des Verfassungsschutzes allein deshalb für erledigt halten, weil sie dessen wertrelativistische Begründung verwerfen.

Für Kelsen ist der Begriff der Toleranz zentral, wenn es um die Demokratie geht. Um Toleranz als Norm begründen zu können, setzt er auf eine relativistische Basis.[512] Nur mit der Annahme, dass es keinerlei Wahrheit gibt, scheint ihm dies überhaupt möglich. Aber man muss kein Relativist sein, um Toleranz aufbringen zu können. Des Rätsels Lösung heißt »Fallibilismus«.[513] Es ist die Einsicht in die schlichte Tatsache, dass Menschen irren können, sogar die Mitarbeiter des Verfassungsschutzes. Toleranz gegenüber anderen Positionen ist vor dem Hintergrund der eigenen Fehlbarkeit nichts anderes als ein Gebot der praktischen Klugheit. Es begreift den Mitmenschen als prinzipielle Gelegenheit zum

Dazulernen. Dafür muss man nicht gleich die Idee der Wahrheit opfern. Leggewies und Meiers Vorschlag für die Abschaffung des Verfassungsschutzes bzw. dessen Integration in die Staatsschutzkommissariate der Polizei ist – soweit es um die Extremismus-Bekämpfung geht – plausibel, aber die dafür gelieferte Letztbegründung weder überzeugend noch zwingend.

Es bleibt nur ein Problem übrig: die Bedrohung der Verfassungsordnung durch legal handelnde Extremisten. Dieses Problem lässt sich aber relativ einfach aus der Welt schaffen. Die »wehrhafte Demokratie« besteht ja nicht nur aus dem Verfassungsschutz. Hinzu kommen die politische Bildung, die Möglichkeit zur Aberkennung von Grundrechten, zum Verbot von Vereinen oder gar Parteien. Und man muss nicht, wie es Leggewie und Meier tun, gleich die Axt an mehrere dieser Bäume gleichzeitig legen. Ein revolutionärer Umsturz wäre nach Lage der Dinge auf legalem Wege nur durch eine Partei zu realisieren. Bleiben die Möglichkeiten von Vereins- und Parteiverboten aufrecht erhalten, hat der Staat jederzeit die Möglichkeit, rechtzeitig die Notbremse zu ziehen. Da über ein Parteiverbot nur das Bundesverfassungsgericht entscheiden kann, griffe dann immerhin jene Instanz in die politische Willensbildung des Staatsvolkes ein, der man ein unabhängiges und faires Urteil am ehesten zutrauen darf.

Gegen dieses Argument dürfte allerdings der Einwand formuliert werden, dass dem Staat ohne die Arbeit des Verfassungsschutzes nicht die nötigen Informationen zur Verfügung stünden, die er für ein erfolgreiches Verbotsverfahren benötigte. Argumentieren kann so indes nur, wer nie in eine Akte des Verfassungsschutzes geblickt hat. Auch Verfassungsschützer bestätigen, dass sich die Behörde fast ausschließlich auf öffentlich zugängliche Quellen stütze. Die nachrichtendienstliche Quellenlage sei in Wahrheit »miserabel«. Und es sei daran erinnert, dass das NPD-Verbotsverfahren 2003 nicht an zu wenigen, sondern zu vielen »Erkenntnissen« des Verfassungsschutzes scheiterte. Dieser hatte den Apparat der rechtsextremen Partei mit derart vielen Spitzeln durchsetzt, dass das Gericht zwischen originärer Bestrebung und staatlicher Beeinflussung nicht mehr unterscheiden konnte. Das zweite NPD-Verbotsverfahren kam denn auch ganz ohne geheimdienstliche Quellen im engeren Sinne aus. Besser kann man gar nicht dokumentieren, dass man den Verfassungsschutz nicht einmal für ein Parteiverbotsverfahren benötigt. Mit der Abschaffung des Verfassungsschutzes wird die wehrhafte Demokratie entgegen interessierten Unkenrufen keinesfalls wehrlos, aber ein gutes Stück demokratischer.

An einer Stelle verdienen Leggewie und Meier aber scharfen Widerspruch. Sie plädieren dafür, den Republikschutz der Zivilgesellschaft »zu übertragen«[514]. Dafür solle eine Stiftung nach Art der Amadeu-Antonio-Stiftung »an die Stelle des ansonsten ersatzlos gestrichenen Geheimdienstes treten und die Aufgabe des Republikschutzes in einem umfassenden Sinne übernehmen«[515]. Ganz im Sinne dieser Argumentation schlägt Rolf Gössner vor, die bisherige Analysearbeit des Verfassungsschutzes einem wissenschaftlichen Institut zu überantworten: »Eine offen arbeitende Institution hätte gegenüber dem VS den enormen Vorteil, dass sie weniger interessegeleitet wäre als ein Regierungsgeheimdienst, dass sie kontrollierbar wäre und dass ihre wissenschaftlichen Diagnose- und Analysefähigkeiten denen des Verfassungsschutzes deutlich überlegen wären.«[516]

Keines dieser Argumente trägt. Wer an die Stelle des Staates treten soll, müsste selbst weltanschauliche Neutralität praktizieren. Die Aufgabe und Funktion der Zivilgesellschaft ist das glatte Gegenteil. Auch die Sozialwissenschaften sind neben paradigmatischen Differenzen von weltanschaulichen Perspektiven überformt. Kein wissenschaftliches Institut kann sich, wenn es seinen Erkenntnisgegenstand sorgfältig bearbeiten will, außerdem mit dem verfassungsschutzrechtlichen Extremismusbegriff bescheiden. Aber mit genau diesem müsste es arbeiten, wenn es tatsächlich an die Stelle des Verfassungsschutzes treten sollte.

Der Hautgout der Zersetzung

Wer hingegen unbedingt am deutschen Sonderweg festhalten will, muss unerfreuliche Konsequenzen hinnehmen. Er stützt damit ein Amt, das Parallelen zur Arbeit des Staatssicherheitsdienstes (Stasi) der DDR zeigt. Für den Verfassungsschutz sind derartige Vergleiche mitunter Anhaltspunkte für angebliche verfassungsfeindliche Bestrebungen. Das allerdings würde immerhin voraussetzen, dass der Verfassungsschutz selbst Bestandteil der freiheitlichen demokratischen Grundordnung wäre. Aber das ist nicht der Fall. Wer bereits bloße Vergleiche für unstatthaft hält, muss das Denken ganz verbieten. Denn Vergleiche sind die logische Voraussetzung selbst dafür, begründet Nichtübereinstimmung zwischen zwei Erkenntnisgegenständen feststellen zu können.

Selbstverständlich weisen Verfassungsschutz, Gestapo, Stasi und alle anderen Geheimdienste Gemeinsamkeiten auf. Andernfalls wäre es weder möglich noch sinnvoll, sie gleichermaßen als »Geheimdienste« zu bezeichnen.[517] Entscheidend sind jedoch nicht die Gemeinsamkeiten zwischen diesen Behörden, sondern ihre jeweiligen Unterschiede. Es kommt vor allem auf die Fragen an, welchen *Zwecken* sie dienen und ob die *Mittel*, die sie dabei anwenden, den Zwecken zuträglich sind oder nicht.

Dass sich der Verfassungsschutz hinsichtlich seines Zweckes fundamental von Stasi und Gestapo unterscheidet, bedarf keiner intensiven Erörterung. Der Verfassungsschutz ist trotz aller Schwächen und Fehler eine im Rahmen der bestehenden Staatsordnung demokratisch legitimierte Behörde. Sie soll im Unterschied zu Stasi und Gestapo nicht der Unterdrückung der Bevölkerung, sondern dem Schutz der Demokratie dienen.

Aber es gibt im Bereich der angewandten Mittel eine Parallele zur Staatssicherheit der DDR, die nachdenklich stimmen sollte. Die Stasi verfügte mit der Richtlinie 1/76 über eine eigens geschaffene Handlungsanweisung, um die »Zersetzung« der Staatsfeinde herbeizuführen, und betrieb in diesem Zusammenhang gezielt

Studien in so genannter »operativer Psychologie«. Es ging darum, die tatsächlichen oder vermeintlichen Republikfeinde zu spalten, zu verunsichern, zur Umkehr anzuregen oder im Zweifel, wenn das alles nichts half, gesellschaftlich zu isolieren. Die Richtlinie gab dabei auch vor, wie das Ziel am besten erreicht werden kann. Man empfahl anonyme Briefe und Telefonanrufe oder kompromittierende Fotos »z. B. von stattgefundenen oder vorgetäuschten Begegnungen«. Auch »die gezielte Verbreitung von Gerüchten« kam für die Stasi infrage, ebenso »gezielte Indiskretionen«, die »Vorladung von Personen zu staatlichen Dienststellen« oder die »systematische Organisierung beruflicher und gesellschaftlicher Misserfolge zur Untergrabung des Selbstvertrauens«.[518] Es ging darum, Systemkritiker mit allerlei Psychoterror in die Knie zu zwingen und in den wortwörtlichen Wahnsinn zu treiben: »MfS-Mitarbeiter drangen zum Beispiel mit Nachschlüsseln in die Wohnung eines ihrer Opfer ein, um dort Gegenstände neu zu sortieren. Einmal verhängten sie die Bilder in der Wohnung von Frau R. Beim nächsten heimlichen Einbruch verstellten sie nur die Gewürzdosen in der Küche. Ein anderes Mal tauschten sie den Lieblingstee der Frau durch eine andere Sorte aus. Die Mitarbeiter kamen wieder und wieder. (…) Als Frau R. ihren Freunden von den Vorgängen in ihrer Wohnung erzählte, glaubten sie ihr nicht.«[519]

An erster Stelle stand in der Richtlinie aber etwas anderes. Es ginge um die »systematische Diskreditierung des öffentlichen Rufes, des Ansehens und des Prestiges«[520] der jeweiligen Zielperson. Ob der Mitarbeiter der Staatssicherheit hierzu Wahrheiten oder Lügen verbreitete, war ihm ausdrücklich selbst überlassen. Die Mittel hatten sich stets dem verfolgten Zweck zu beugen. Das Ziel der *Zersetzung* war die politische Unschädlichmachung durch gesellschaftliche Isolation, durch Einwirkung des Staates auf privateste Lebensverhältnisse.

Die Parallelen zum Verfassungsschutz sind offenkundig. Auch dieser setzt darauf, mögliche Verfassungsfeinde gesellschaftlich zu isolieren. Immer wieder betont er, dass er auf die tätige denunzierende und ausgrenzende Mitarbeit der ganzen Gesellschaft angewiesen sei. Er wirft nur den Stein ins Wasser, aber am Ende geht es um die Wellen. Auch der deutsche Inlandsgeheimdienst zielt auf eine Form der »Zersetzung« ab, auch wenn sich die dabei angewandten Methoden von denen der Stasi deutlich unterscheiden dürften.

Die Einwirkung des Staates auf privateste Lebensverhältnisse bis hin zur Aufhebung des Unterschiedes zwischen dem Öffentlichen und dem Privaten – für Hannah Arendt ist genau das ein Kernmerkmal totalitärer Gesellschaften. Dass es einem demokratisch legitimierten Geheimdienst gestattet ist, ein solches Ziel zu verfolgen, trägt daher einen Hautgout an sich. Aber es ist nicht zwingend, dass Demokratien einen solchen Geruch verbreiten. Genau genommen handelt es sich sogar um eine ausgesprochene Seltenheit. Der Hautgout der Zersetzung ist der Preis, den Deutschland für seine international einzigartige Konstruktion des Inlandsgeheimdienstes zahlt. Erst die Kombination aus der Überwachung angeblicher Bestrebungen gegen die Staatsordnung mit einer immer weiter ausgreifenden Öffentlichkeitsarbeit erzeugt jenen Effekt, den die Stasi als »systematische Diskreditierung des öffentlichen Rufes« als Ziel ausgab. Schon allein das sollte genügen, den Verfassungsschutz mindestens tiefgreifend zu reformieren – wenn nicht ganz abzuschaffen.

Ein weiteres Problem kommt hinzu. Im Grunde lagert der demokratische Verfassungsstaat einen Teil seiner ureigensten Aufgabe an eine Behörde aus: den demokratischen Diskurs. Nach dem Grundgesetz ist es ausdrücklich Aufgabe der Parteien, an der politischen Willensbildung des Volkes mitzuwirken. Das gilt in der Kommunikation mit dem Wahlvolk ebenso wie gegenüber dem parteipolitischen Gegner. Indem der Verfassungsschutz dazu ermächtigt ist, staatliche Unwerturteile über politische Akteure zu verhängen, wird stattdessen ein Teil dieses Meinungsstreites an ihn ausgelagert. Die Konsequenzen dieses Mechanismus kann

Deutschland heute am Beispiel der AfD bestaunen. Kaum ein Politiker der etablierten Parteien lässt sich dazu herab, sich rein sachpolitisch mit deren Vertretern auseinanderzusetzen – und ist ihnen genau deshalb argumentativ häufig nicht gewachsen. An Stelle dessen werden Unwerturteile des Verfassungsschutzes im öffentlichen Raum als Ersatzhandlung mobilisiert. Ganz in diesem Sinne blies der bayerische Ministerpräsident im Dezember 2021 nach der Veröffentlichung interner AfD-Chats öffentlich zur Attacke – und zwar durch den Verfassungsschutz: »Wir müssen uns gegen Feinde der Demokratie entschieden wehren. (…) Das ist ein Fall für den Verfassungsschutz.«[521] Dass es in erster Linie auch seine eigene Aufgabe wäre, sich mit der AfD *politisch* auseinanderzusetzen, sah Markus Söder offenbar nicht so.

Die Auslagerung des politischen Diskurses an den Verfassungsschutz bleibt für die Demokratie nicht folgenlos. Bei den etablierten politischen Kräften verhindert er die Ausbildung jener argumentativen Kraft, die man bräuchte, um Menschen von der Wahl und Unterstützung für gefährlich gehaltener Gruppierungen abzuhalten. Auch hierdurch beschädigt der Verfassungsschutz die politische Resilienz der Demokratie.[522] Vielleicht ist das sogar der gewichtigste Grund, auf seine Dienste künftig besser zu verzichten.

»Dafür gehe ich notfalls in den Knast«[523]

Am 2. Mai 2025 lud Bundesinnenministerin Nancy Faeser in den letzten Atemzügen ihrer Amtszeit zu einer Pressekonferenz und verkündete die bundesweite Einstufung der AfD durch den Verfassungsschutz als »gesichert rechtsextrem«. Sie habe sich in die Entscheidung zu dieser Einstufung nicht eingemischt, der Verfassungsschutz habe vielmehr »eigenständig« und »neutral« auf Grundlage eines Gutachtens entschieden.[524] Und das Bundesinnenministerium habe dies zuvor nicht einmal fachlich geprüft, betonte sie fast stolz.[525]

Nichts von dem, was Ministerin Faeser damals sagte, stimmte. Erstens ist der Verfassungsschutz keine unabhängige Behörde mit quasi wissenschaftlicher, zur Neutralität verpflichteter Autorität. Gemäß Beamtenstatusgesetz ist der Präsident des Verfassungsschutzes vielmehr ein politischer Beamter, der sich »in fortdauernder Übereinstimmung mit den grundsätzlichen politischen Ansichten und Zielen der Regierung« befinden muss.[526] Kommt er diesem gesetzlichen Auftrag nicht nach, kann er problemlos aus dem Amt entfernt werden. Umgekehrt trägt ein Minister aber auch die Verantwortung für die ihm unterstellten Behörden, eine Verantwortung, der er sich nicht durch bloße Verlautbarungen entziehen kann und darf. Wer als Minister seine Behörden gewähren lässt, stimmt ihnen in der Sache zu. Es handelt sich um eine Billigung durch Nichthandeln.

Zweitens kann die AfD zum jetzigen Zeitpunkt nicht als »gesichert«, also zweifelsfrei rechtsextrem bezeichnet werden. Auch der Verfassungsschutz kann sich irren, wie in diesem Buch hinlänglich gezeigt wurde. Wie die Gerichte entscheiden, wird sich erst noch zeigen müssen. Wäre Faeser bei ihrer Pressekonferenz ehrlich gewesen, hätte sie sagen müssen, der Verfassungsschutz *glaube*, die AfD sei »gesichert« rechtsextrem.

Die Entscheidung des Verfassungsschutzes, hinter der sich die Ministerin versteckte, beruhte auf einem als geheim eingestuften Gutachten mit einer Länge von rund 1.100 Seiten. Nicht nur für den Strafrechtsprofessor Reinhard Merkel war das ein Unding: »Viele Menschen sehen hier durch den Staat fundamentale Fairnessregeln verletzt, so auch ich. Nicht nur die AfD hat ein Recht darauf zu erfahren, was ihr vorgeworfen wird, sondern auch die Öffentlichkeit.» Nach Einleitung rechtlicher Schritte gegen die Höherstufung wurde dem Anwalt der AfD das entsprechende Dokument vom zuständigen Gericht zwar übergeben, aber angeblich unter der Maßgabe, dass er dieses der Partei nicht aushändigen dürfe: »Seine Mandantin, die AfD, dürfe nur in seiner Gegenwart Einsicht in das Gutachten nehmen, eine Aushändigung zur Mitnahme sei nicht gestattet.«[527]

Für einen demokratischen Rechtsstaat waren das einschneidende Vorgänge. Auch Frau Faser müsste wissen, dass in der Bundesrepublik Deutschland als demokratischem Rechtsstaat das Volk, nicht die Regierung der Souverän ist, der sich in einer Verfassung selbst rechtlich gebunden hat. Nur in Diktaturen oder Autokratien verhält es sich umgekehrt. Ein demokratischer Rechtsstaat aber ist ohne Transparenz und kritische Öffentlichkeit sowie Gesetze, die auch die Regierenden binden, nicht zu haben. Und deshalb hat der Souverän das Recht, das Handeln der Regierung zu kontrollieren, und die Regierung die Pflicht, dem Souverän die nötigen Informationen zukommen zu lassen.

Als Grund für die Geheimhaltung gab Ministerin Faeser an, durch sie solle der Verfassungsschutz geschützt werden. Keinesfalls dürfe die Öffentlichkeit erfahren, wie der Inlandsgeheimdienst arbeite und wer dessen Quellen seien.[528] Faeser tat damals tatsächlich so, als hätte der deutsche Inlandsgeheimdienst durch seine Arbeit in relevantem Umfang intime Kenntnisse aus den

Reihen der AfD gewonnen. Nicht nur meine Gespräche mit VS-Mitarbeitern im Zusammenhang mit der Recherche zu diesem Buch sprechen gegen diese Annahme, sondern auch tausende Seiten interner Unterlagen, die ich in diesem Zusammenhang ausgewertet hatte. Das, was der Inlandsgeheimdienst über seine Untersuchungsobjekte weiß, stammt schätzungsweise zu über 95 Prozent aus öffentlichen, jedermann zugänglichen Quellen. Im Betonklotz zu Köln werden überwiegend Zeitungen gelesen und soziale Netzwerke durchstöbert. Es hat ja auch seinen Grund, warum auch der Verfassungsschutz regelmäßig auf Hinweise ausländischer Geheimdienste angewiesen ist, wenn er zum Beispiel terroristische Anschläge *in Deutschland* verhindern will.

Es wäre daher ganz einfach gewesen, in dem Gutachten ein paar wenige Stellen zu schwärzen, dann dasselbe zu veröffentlichen und damit seiner Pflicht gegenüber dem demokratischen Souverän Genüge zu tun, um sich schließlich der Debatte zu stellen. Aber genau das war nicht gewollt. Die Geheimhaltung ist eine taktische Finte, um sich unangreifbar zu machen. Wo hingegen öffentlich diskutiert und gestritten wird, kann eine Einstufung nicht mehr unhinterfragt als »gesichert« gelten. Es geht bei der Geheimhaltung um nichts anderes als Deutungshoheit.

Am 13. Mai 2025 war es dann so weit. Mir wanderte nachmittags jenes Geheimgutachten auf den Tisch, das Faeser vor der Öffentlichkeit unbedingt geheim halten wollte. Ich rief zunächst beim Chefredakteur des »Cicero« Alexander Marguier in Berlin an: »Alex, das müssen wir veröffentlichen, damit sich jeder selbst ein Bild machen kann.« Darauf Marguier: »Aber wie groß ist das rechtliche Risiko?« Die Frage war nicht unberechtigt. Obwohl Faeser verkündet hatte, das Gutachten sei geheim und werde nicht veröffentlicht, sickerten kurz nach ihrer Pressekonferenz Teile von dessen Inhalt an Vertreter der Presse durch, zum Beispiel an »Spiegel« und »Bild«. Die Auswahl der dann veröffentlichten Inhalte des Gutachtens war allerdings höchst tendenziös, wie sich alsbald herausstellen sollte.

Der entscheidende Punkt war am 13. Mai 2025 jedoch zunächst ein anderer. Im Strafgesetzbuch ist geregelt, dass die Preisgabe eines Amtsgeheimnisses durch einen Mitarbeiter des Staates eine Straftat darstellt. Sie nennt sich »Geheimnisverrat« und kann mit einer Freiheitsstrafe von bis zu fünf Jahren belegt werden.[529] Und genau solch eine Straftat musste stattgefunden haben: Ein Mitarbeiter des Staates hatte das als geheim eingestufte Gutachten über die AfD zumindest teilweise an die Presse durchgestochen.

Dabei ist entscheidend: Das Gesetz legt fest, dass diese Straftat nur auf der Grundlage einer »Ermächtigung« der zuständigen Behörde verfolgt werden kann. In diesem Fall müsste also das Bundesinnenministerium selbst tätig werden, um die Regeln des Staates zu verteidigen. Durch das Gesetz wäre sogar folgender, rein hypothetischer Vorgang gedeckt: Das Bundesamt für Verfassungsschutz stuft das »Gutachten« offiziell als geheim ein und die Bundesinnenministerin beauftragt dennoch eine ihr vertraute Person mit der Weitergabe der Unterlagen an ausgewählte Pressevertreter, um so die öffentliche Meinungsbildung zu steuern. Falls die Sache auffliegt, könnte das Ministerium den Betroffenen einfach dadurch vor der Strafverfolgung schützen, dass die erforderliche Ermächtigung nicht erteilt wird.

Ich fragte daher am 8. Mai 2025 beim Bundesinnenministerium nach, ob man denn gedenke, den Weg für straf- oder dienstrechtliche Maßnahmen freizumachen. Die Antwort: »Bei dem Gutachten handelt es sich um ein als Verschlusssache eingestuftes Dokument des Bundesamtes für Verfassungsschutz. Daher bitte ich darum, Ihre Fragen dorthin zu richten.«[530] Die Antwort hatte mit der gestellten Frage erkennbar nichts zu tun. Und sie befand sich außerdem jenseits der Rechtslage. Mein Hinweis, dass sich schon aus dem Strafgesetzbuch die unmittelbare Zuständigkeit des Bundesinnenministeriums ergebe, führte zu keiner veränderten Lage. Auch vier Wochen später hatte ich vom Ministerium in der Sache noch keine Antwort bekommen.

Marguier stellte im Gespräch die Frage, ob die Veröffentlichung des »Gutachtens« nicht selbst eine Straftat sei, weil man sich so am Geheimnisverrat beteilige. Ich konnte ihn beruhigen. Derselbe Paragraf des Strafgesetzbuches legt fest, dass das nur für jene Mitarbeiter des Staates gilt, die das Geheimnis verraten. Geraten Staatsgeheimnisse in die Hände von Pressevertretern, sind diese frei, sie zu veröffentlichen. Der Gesetzgeber hat mit dieser Unterscheidung sein tiefgreifendes Verständnis der Notwendigkeit kritischer Öffentlichkeit für das Funktionieren eines demokratischen Rechtsstaats offenbart. Es lässt sich ja auch ganz einfach vermeiden, dass Pressevertreter Staatsgeheimnisse öffentlich machen. Dazu dürfen die Mitarbeiter des Staates einfach keine Straftaten begehen.

Dann hatte Marguier noch eine zweite Frage: »Ja gut, aber was ist mit den Persönlichkeitsrechten der Betroffenen?« Marguier meinte jene Menschen, die namentlich in dem »Gutachten« genannt werden. Und in der Tat: Das war ein rechtliches Risiko. Aber ich konnte ihn beruhigen: »Ich habe jetzt tausende Seiten interner VS-Akten ausgewertet. Und immer ergibt sich dasselbe Bild: Im Grunde wissen die NICHTS, was nicht ohnehin öffentlich für jedermann einsehbar ist. Das ist ja eines ihrer Probleme. Wenn Du mich fragst: Ich glaube, das Risiko geht gegen null.« Dann gab es ein kurzes Schweigen am anderen Ende des Hörers.

In jeder großen Redaktion und jeder öffentlichen Verwaltung wären nun Dutzende Juristen und andere Sachverständige mobilisiert worden, um in einem wochenlangen Prozess den Vorgang totzuprüfen. Der Chefredakteur des »Cicero« reagierte anders: »Ach, scheiß drauf. Dafür gehe ich notfalls auch für vier Wochen in den Knast. Dieses Gutachten nicht zu veröffentlichen, wäre ein Verrat an der Demokratie.« Gesagt, getan. »Cicero« machte das Gutachten nebst einer Leseanleitung öffentlich. Seitdem steht der Verfassungsschutz nackt vor den Augen kritischer Bürger und Journalisten.[531]

Nun war seit der Veröffentlichung des vorliegenden Buches im Jahre 2024 derart viel passiert, dass eine unbearbeitete vierte

Auflage gegenüber den Lesern ein unfreundlicher Akt gewesen wäre. Eine vollständige Neufassung kam allerdings schon deshalb nicht in Betracht, weil aufgrund des dynamischen Geschehens vermutlich bald weitere Neubearbeitungen unvermeidlich wären. Dieser Arbeitsaufwand und der dadurch erzeugte Erkenntnisgewinn stünden in keinem angemessenen Verhältnis zueinander.

Verleger und Autor einigten sich auf einen Kompromiss. Der bisherige Text bleibt, wie er ist. Aber dem Buch wird ein neues Schlusskapitel beigefügt, das die Dinge auf den aktuellen Stand bringt und das Sie gerade lesen. Im Grunde käme eine vollständige Neubearbeitung sogar einem Erkenntnisverlust für den Leser gleich: Die Nichtbereitschaft des Verfassungsschutzes zur Selbstkorrektur selbst in offensichtlichen Fällen ist eines seiner wesentlichen Arbeitsprinzipien. Dieses neue Schlusskapitel wird genau dies dokumentieren.

Eigentlich müssten natürlich auch ein paar Worte zum aktuellen Stand in Sachen Martin Wagener und Hans-Georg Maaßen sowie über eine aktuelle Kontroverse zwischen Maximilian Krah und Götz Kubitschek/Ellen Kositza verloren werden. So bedeutsam diese Fälle in der Sache auch sind: Sie haben auch nicht annähernd die gleiche Brisanz wie der verfassungspolitische Kardinalfall AfD. Auf diesen will ich mich daher im Folgenden konzentrieren.

Von Köln nach Leipzig

In diesem Buch werden im Kapitel zur AfD vor allem die Beweise des Verfassungsschutzes zum »Verdachtsfall« sowie deren Würdigung durch das Verwaltungsgericht Köln untersucht. Gegen den Richterspruch aus Köln ging die AfD vor dem Oberverwaltungsgericht in Münster vor. Dieses urteilte am 13. Mai 2024, dass die Einstufung der AfD als extremistischer Verdachtsfall legitim sei. Es gebe ausreichend viele des Extremismus verdächtige Äußerungen aus ihren Reihen. Bei vielen Medien und vor allem der etablierten Politik knallten daraufhin die Sektkorken. Ein unvoreingenommener Blick auf die mündliche Begründung des Gerichtes kommt allerdings zu einem etwas anderen Ergebnis.

Hier kommt es vor allem auf die Zwischentöne an. Zwar bestätigte das Gericht, »dass es den politischen Zielsetzungen jedenfalls eines maßgeblichen Teils der AfD« entspreche, das Menschenwürde- und das Demokratieprinzip außer Kraft zu setzen. Die Partei als Verdachtsfall zu führen, sei daher gerechtfertigt. Aber: Der Verfassungsschutz dürfe trotzdem »in keiner Weise« den Eindruck erwecken, »es stehe fest, dass die AfD gegen die freiheitliche demokratische Grundordnung gerichtete Bestrebungen verfolgt«. Schon dieser Hinweis war bemerkenswert. Eigentlich lässt sich das nur so erklären, dass das Gericht befürchtete, der Verfassungsschutz könne geneigt sein, wieder einmal rote Linien zu überschreiten. Das Gericht hielt unmissverständlich fest: »Was für einen Verdacht verfassungsfeindlicher Bestrebungen ausreicht, führt (…) nicht zwangsläufig zur Annahme einer erwiesen extremistischen Bestrebung.«

Das Gericht sah sich noch zu zwei weiteren Hinweisen veranlasst. Es betonte, dass es zwar Verstöße der AfD gegen das Demokratieprinzip gebe, aber »nicht in der Häufigkeit und Dichte wie vom Bundesamt angenommen«. Das OVG NRW schloss sich damit der in diesem Buch vorgetragenen Argumentation an, dass die Arbeit des Verfassungsschutzes ein erstaunliches Ausmaß an Fehlerhaftigkeit zeigt. Und das Gericht sah sich ebenso zu einer unmissverständlichen Klarstellung in jener Frage veranlasst, die im Zentrum der ganzen Debatte steht: der nach dem ethnischen Volksbegriff.

In diesem Buch wurde gezeigt, dass ein ethnischer Volksbegriff nicht per se verfassungsfeindlich ist. Dies kann schon deshalb nicht der Fall sein, weil das Grundgesetz in Teilen selbst auf einem solchen Volksbegriff basiert. Verfassungswidrig ist ein ethnischer

Volksbegriff nur dann, wenn er dazu missbraucht wird, auf die ethnische Abstammung ein Zweiklassenrecht zu stützen. Das OVG NRW bestätigte diese im vorliegenden Buch vertretene Verfassungsinterpretation bis aufs Jota: »Verfassungswidrig und mit der Menschenwürde unvereinbar ist nicht die deskriptive Verwendung eines ›ethnisch-kulturellen Volksbegriffs‹, aber dessen Verknüpfung mit einer politischen Zielsetzung, mit der die rechtliche Gleichheit aller Staatsangehörigen in Frage gestellt wird.« Im Falle der AfD sah es das Gericht zwar als erwiesen an, dass zumindest ein maßgeblicher Teil der Partei einem solchen verfassungsfeindlichen Volksbegriff huldige.[532] Nur: Mit dieser Klarstellung hatte das OVG NRW zugleich einem Großteil der »Beweisführungen« des Verfassungsschutzes den Boden entzogen. In zahlreichen Dokumenten hatte dieser schon seit Jahren irrigerweise argumentiert, bereits ein ethnischer Volksbegriff sei verfassungsfeindlich. Das Oberverwaltungsgericht in Münster erteilte dieser Position eine klare Absage.

Anti-Antisemitische Verschwörungen

Die Vorgehensweise des Verfassungsschutzes ist in dem nun nicht mehr geheimen Gutachten, das zur Einstufung der AfD als »gesichert rechtsextrem« geführt hat, dieselbe, die wir schon im Kapitel zum Fall Rolf Gösser studieren durften. Sie besteht darin, Begriffe aus ihrem Kontext zu reißen, ihnen dann einen anderen als den im Kontext intendierten Sinnhorizont zu unterstellen, um sie schließlich gegen den Untersuchungsgegenstand selbst zu kehren. Nun hängt die Bedeutung eines Wortes immer von seinem Kontext ab: »Die Bedeutung eines Wortes ist sein Gebrauch in der Sprache.«[533] Aufgrund der Kontextabhängigkeit von Bedeutungen kann man in einem einzigen Satz zugleich vom Absatz eines Schuhs und vom Absatz von Bananen sprechen, ohne beim Zuhörer Verwirrung auszulösen.

Das Prinzip der Kontextabhängigkeit ist dabei so elementar, dass es auch der höchstrichterlichen Rechtsprechung in Sachen Meinungsfreiheit zugrunde liegt. Erst im Januar 2025 hat das Bundesverfassungsgericht dies erneut bekräftigt:

»Zu den verfassungsrechtlichen Anforderungen bei der Deutung einer Äußerung gehört, dass sie unter Einbeziehung ihres Kontextes ausgelegt und ihr kein Sinn zugemessen wird, den sie objektiv nicht haben kann. Maßgeblich für die Deutung einer Äußerung ist weder die subjektive Absicht der sich Äußernden noch das subjektive Verständnis der von der Äußerung Betroffenen, sondern grundsätzlich der Sinn, den sie nach dem Verständnis eines unvoreingenommenen und verständigen Durchschnittspublikums hat (…). Dabei ist stets vom Wortlaut der Äußerung auszugehen. Dieser legt ihren Sinn aber nicht abschließend fest. Er wird vielmehr auch von dem sprachlichen Kontext, in dem die umstrittene Äußerung steht, und den Begleitumständen, unter die sie fällt, bestimmt, soweit diese für die Rezipienten erkennbar waren (…). Hingegen wird die isolierte Betrachtung eines umstrittenen Äußerungsteils den Anforderungen an eine zuverlässige Sinnermittlung regelmäßig nicht gerecht (…).«[534]

Vor Jahren hatte Björn Höcke mit Blick auf das Holocaustmahnmal in Berlin von einem »Denkmal der Schande« gesprochen. Die damals weithin fehlinterpretierte Äußerung galt einem großen Teil der Öffentlichkeit als unumstößlicher Beleg dafür, dass er an der Verharmlosung des Nationalsozialismus arbeite.[535]

Im Rahmen des Bundestagswahlkampfes 2025 nahm dann auch Alice Weidel das Wort »Schande« in den Mund. Sie hatte bei einer Wahlkampfrede die Errichtung von Windkraftanlagen im »Grimm'schen Märchenwald« scharf kritisiert und von »Windmühlen der Schande« gesprochen. Im VS-Gutachten wird Weidels Rede ausführlich zitiert und für derart bedeutsam gehalten, dass sie sogar Eingang in die »abschließende Bewertung« des Gutachtens gefunden hat.[536]

Weil Weidel das Wort »Schande« in den Mund genommen habe, arbeite auch sie als aktuelle AfD-Vorsitzende an der Verharmlosung des Nationalsozialismus. Denn: Höcke sei in der Partei nicht nur sehr einflussreich, sondern man habe auch »zahlreiche Belege für Bestrebungen gegen die freiheitliche demokratische Grundordnung in seinen Positionierungen« finden können.[537] Da Weidel »den Sprachgebrauch von Höcke« übernehme, also das Wort »Schande« im Mund führe, unterstütze wohl auch sie dessen Positionen.[538] Vom Absatz von Bananen wurde auf den Absatz von Schuhen geschlossen.

Damit die bloße Verwendung des Wortes »Schande« zu einem Angriff auf die Verfassung werden kann, muss ein geheimer »Code« unterstellt werden, den nur der offensichtlich mit allen hermeneutischen Wassern gewaschene Verfassungsschutz entschlüsseln kann. Und das Codewort »Code« kommt vor allem dort zum Einsatz, wo wirklich tragende Beweise fehlen.

Wer in Deutschland jemanden des Rechtsextremismus überführen will, muss ihn auch des Antisemitismus bezichtigen, also der rassistisch motivierten Abwertung von Juden. Das Dilemma des Verfassungsschutzes: »Direkt geäußerter und unverstellt zum Hass gegen Jüdinnen und Juden aufstachelnder Antisemitismus ist dabei nicht festzustellen» und »israelbezogener Antisemitismus« nur »in einem Fall«[539]. Die Lösung des Problems: Der Begriff des Antisemitismus muss, wie schon in anderen Fällen, uferlos ausgeweitet werden, um den dahinter liegende »Code« freizulegen.

Als Entschlüsselungscode für erwiesenen Antisemitismus in der AfD hält in den Akten des Verfassungsschutzes vor allem ein Name her: George Soros. Der liberale Milliardär jüdischer Abstammung finanziert weltweit NGOs und mitunter auch Medien, darunter das deutsche Recherche-Netzwerk Correctiv.[540] Soros spendet sein Geld nicht an beliebige Organisationen und auch nicht zu beliebigen Zwecken. Ihm geht es dabei häufig um Menschenrechte, Demokratie und eine globalisierte, multikulturelle Welt. Soros ist für viele Rechte so zum Sinnbild des »Globalismus der Eliten« geworden und wird von ihnen auch namentlich kritisiert.

Weil Soros aber jüdischer Abstammung ist, wird in den Augen des Verfassungsschutzes jedes kritische Wort über ihn automatisch zu einem Fall von Antisemitismus: »Soros dient (…) als personifizierte Projektionsfläche. Entsprechend genügt bereits eine mehr oder weniger kontextlose Nennung des Namens ›Soros‹, um – ohne dies direkt aussprechen zu müssen – antisemitische Bilder vom omnipotenten Juden aufzurufen (…).«.[541]

Wider alle Vernunft und entgegen der höchstrichterlichen Rechtsprechung erhebt der Verfassungsschutz somit die kontextlose Bedeutungsauslegung ausdrücklich zu seinem Arbeitsprinzip. Da man einem Wort dessen Bedeutung aber ohne Kontext schon aus logischen Gründen nicht entnehmen kann, muss man den entkontextualisierten Wörtern die gewünschte Bedeutung selbst unterschieben, um sie anschließend wie ein Kaninchen aus dem Zylinder zaubern zu können.

Um Missverständnisse zu vermeiden: Es gibt in der AfD vereinzelt antisemitische Äußerungen. Am 21. August 2023 sagte zum Beispiel ein AfD-Kandidat für die Kommunalwahl in Schleswig-Holstein in einem öffentlich zugänglichen Tweet: »Türken haben Deutschland wieder aufgebaut, Afrikaner wiedervereinigt und eine andere Minderheit, die wir fast ausgerottet haben, regiert dieses Land.«[542] Aber zur »Entschlüsselung« solcher Formen des Antisemitismus innerhalb der AfD braucht man keine geheimnisvollen Codes. Er liegt offen zutage. Aber das ist selten der Fall.

Ein sprechendes Beispiel für die hermeneutischen Verrenkungen des Inlandsgeheimdienstes ist die Bewertung einer Äußerung des umstrittenen AfD-Europa-Abgeordneten Petr Bystron. Ihm wird folgende Äußerung zur Last gelegt, die vollständig zitiert sei:

»Und sie [Anm.: die Menschen] haben erkannt, dass sie von den Altparteien verraten wurden, für Rüstungskonzerne, für die Pharmaindustrie, eben an die Globalisten. Und sie haben begriffen, dass wir da sind für die Mittelschicht, für die Menschen, die arbeiten und Steuern zahlen, die Familien mit Kindern, die dieses Land tragen, für die Unternehmer, die Arbeitsplätze schaffen und Wohlstand sichern. Und zwar, dass wir kämpfen gegen die Kriegstreiber, die uns in Kriege hetzen wollen. Gegen die Globalisten, die uns zwangsimpfen wollten, die uns enteignen wollen, uns ja im Prinzip versklaven wollen. Und die Menschen haben verstanden, dass wir die Einzigen sind, die den Mut haben, gegen die Schwabs, Gates und Soros dieser Welt anzukämpfen. [....] Aber aus Brüssel kommt das Gift. Dort werden von den Globalisten still und heimlich Vorgaben gemacht, die nachher nur in den nationalen Parlamenten nur noch durchgewunken werden.«[543]

Diese Passage atmet zweifelsfrei verschwörungstheoretischen Geist. Aber ist sie auch antisemitisch? Für den Verfassungsschutz schon. Dieser schreibt:

»Der antisemitische Gehalt der Äußerung kommt hier zuvorderst in der Aufzählung der genannten Personen zum Ausdruck. Obwohl Bill Gates selbst kein Jude ist, wird ihm im Kontext antisemitischer Verschwörungstheorien aufgrund seines scheinbar übermächtigen Einflusses ein ›Jüdischsein‹ unterstellt.«[544]

Man muss den Vorgang in seine Einzelteile zerlegen, um den darin enthaltenen Irrsinn freizulegen, der seinerseits an Verschwörungstheorien gemahnt. In Wahrheit nimmt Bystron mit keinem Wort auf das Judentum Bezug. Dieser Bezug wird erst durch den Verfassungsschutz in den Text implantiert, indem dieser bereits den bloßen Verweis auf Soros zu einem antisemitischen Akt erklärt.

Weil die Aussage Bystrons damit vollständig als antisemitisch kontaminiert gilt, werden auch alle anderen seiner Aussagen durch den Verfassungsschutz als Ausdruck einer in Wahrheit antisemitischen Absicht interpretiert. Das soll selbst auf die Tatsache zutreffen, dass Bystron den Namen des Nicht-Juden Bill Gates erwähnt. Hierin meint der Inlandsgeheimdienst sogar eine besondere Perfidie des AfD-Manns zu erkennen. Denn: »Obwohl

Bill Gates selbst kein Jude ist, wird ihm im Kontext antisemitischer Verschwörungstheorien aufgrund seines scheinbar übermächtigen Einflusses ein ›Jüdischsein‹ unterstellt.«[545] Der Verfassungsschutz merkt gar nicht mehr, dass er selbst es ist, der Gates zum Juden wider Willen erklärt, um diese Unterstellung anschließend Bystron in die Schuhe schieben zu können.

Es geht aber noch kurioser. Der Nachweis des Antisemitismus im Falle von Björn Höcke funktioniert folgendermaßen: Zur Last gelegt wird ihm ein Facebook-Post, in dem er sich über das vom bayerischen Wirtschaftsminister Hubert Aiwanger als Schüler mitgeführte antisemitische Flugblatt äußert, das kurz vor den bayerischen Landtagswahlen des Jahres 2023 die ganze Republik bewegte. In dem Post Höckes heißt es, das Flugblatt sei ein »geschmackloser und morbider Schülerscherz« gewesen. Er triefe nur so vor »pubertären Allmachtsfantasien«. Die Sache sei »primitiv und dumm« gewesen und eine »klassische Jugendsünde«. Aber man dürfe wohl davon ausgehen, dass Aiwanger sich »sittlich weiterentwickelt« habe.[546]

Man wird dieses Statement Höckes kaum anders interpretieren können denn als anti-antisemitisches Bekenntnis. Aber nicht so der Verfassungsschutz, der mit seinen geheimnisvollen »Codes und Chiffren« die antisemitischen Tiefenschichten freilegen zu können meint: Mit der Bezeichnung als »Jugendsünde« verharmlose Höcke nämlich »den grundsätzlich gegen die Menschenwürde gerichteten Antisemitismus«[547]. Auch Anti-Antisemitismus kann demnach Antisemitismus sein.

Damit ergibt sich für das neue AfD-Gutachten dasselbe Bild, das der Rechtswissenschaftler Dietrich Murswiek bereits in anderen Fällen herausgearbeitet hatte: Rund achtzig Prozent der »Beweisführungen« des Verfassungsschutzes schwanken zwischen Haltlosigkeit und Absurdität und nur etwa zwanzig Prozent werfen tatsächlich verfassungsschutzrechtliche Fragen auf oder belegen verfassungswidrige Bestrebungen.

Eine journalismuskritische Abschweifung: Hand in Hand für die Demokratie?

Stellen wir uns kurz folgenden, glücklicherweise bisher lediglich hypothetischen Vorgang vor: US-Präsident Donald Trump setzte den amerikanischen Inlandsgeheimdienst auf die Partei der Demokraten an und ließe ein »Gutachten« über deren Verfassungsfeindlichkeit anfertigen. Über die Ergebnisse informierte er anschließend die Öffentlichkeit mit einem Zweizeiler und verweigerte die Einsichtnahme in die fraglichen Unterlagen. Stattdessen löste Trump eine Prüfung aus, wie man Staatsdiener, die Mitglieder der Demokraten sind, allein wegen dieser Tatsache aus ihren Dienstverhältnissen entfernen könnte – und zwar im Namen des Rechtsstaates und der Demokratie.

Hierzulande würden derartige Vorgänge weithin als unumstößlicher Beleg dafür interpretiert, dass Trump beim Umbau der USA hin zu einem regelrecht faschistischen System vorangekommen sei. Allerorten machte sich Empörung breit. Mit welcher eilfertigen Begeisterung von zahlreichen Medien die Entscheidung des Bundesinnenministeriums aufgenommen wurde, die AfD als »gesichert extremistisch« einzustufen, kann man daher nur als verstörend bezeichnen.

Echter Journalismus würde sich mit der staatlichen Entscheidung nicht gemein machen, sondern sie kritisch hinterfragen. Nicht in der Absicht, sie zu diskreditieren oder zu Fall zu bringen, sondern um tatsächlich unabhängig ihre Sachhaltigkeit zu überprüfen. Erste Journalistenpflicht wäre es daher gewesen, die Veröffentlichung des geheimen »Gutachtens« zu fordern. Zudem hätten alle Alarmglocken schrillen müssen, wenn von Mitarbeitern des Staates ein als geheim eingestuftes Gutachten an Pressevertreter weitergegeben wird. Die Frage ist dann: Mit welcher Absicht tut man das? Cui bono? Aber die Dinge liefen ganz anders. Zwei Beispiele mögen zur Veranschaulichung genügen.

Noch am Tage der Höherstufung interviewte Jessy Wellmer für die »Tagesthemen« die AfD-Abgeordnete Beatrix von Storch. Diese kritisierte das deutsche Modell der »wehrhaften Demokratie«, also die Möglichkeit für die Regierung, mit Hilfe einer ihr unterstellten Behörde gegen andere Parteien vorzugehen. Das gebe es so in »keiner westlichen Demokratie«, womit von Storch recht hatte. Daraufhin kam es zu folgendem Dialog:

Wellmer: »Also, Sie zweifeln (…) die Verfassung an.«

von Storch: »Ich zweifele nicht die Verfassung an, ich weiß jetzt nicht, was Sie mir hier gerade unterstellen. Ich zweifele nicht die Verfassung an.«

Wellmer: »Aber so verstehe ich Sie ziemlich klar.«[548]

Genau das ist die Methode Verfassungsschutz der kontextlosen Bedeutungszumessung. Von Storch hatte mit keinem einzigen Wort die Verfassung angegriffen, sondern stattdessen den Verfassungsschutz. Dieser ist zwar eine Institution mit Verfassungsrang, aber selbst nicht Bestandteil der freiheitlichen demokratischen Grundordnung (FDGO). Er kann daher nach Lust und Laune kritisiert – und auch abgeschafft werden. Von Storch verwahrte sich daher mit Recht gegen Wellmers Unterstellungen.

Bemerkenswert ist noch etwas anderes: Jene hier zitierte Stelle des Interviews ist auf den Internetseiten der »Tagesthemen« nicht abrufbar. Die fraglichen drei Minuten, in denen von Storch der Öffentlichkeit außerdem erklärte, dass der Verfassungsschutz eine politisch weisungsgebundene Behörde sei, wurden aus dem fraglichen Video herausgeschnitten und, soweit der Autor sieht, nicht einmal im Fernsehen ausgestrahlt.

Ein noch schwerwiegenderer Fall war ein anderer. Nachdem zumindest Teile des als geheim eingestuften Gutachtens verschiedene Medien erreicht hatten, veröffentlichten diese ausgewählte Beweise gegen die AfD. Dabei tat sich die »Bild« im Falle des AfD-Bundestagsabgeordneten Hannes Gnauck hervor. Dieser hatte bis zu ihrer Auflösung den Bundesvorsitz der Jugendorganisation der Partei Junge Alternative (JA) inne.

Dem ihm zur Last gelegten Zitat war der Gedanke zu entnehmen, dass alle Deutschen durch ein »unsichtbares Band« miteinander verbunden seien und es sich dabei um ein »Naturgesetz« handele. Das klang nach einem biologistischen, verfassungswidrigen Volksbegriff. In aller Vollständigkeit lautet das von »Bild« veröffentlichte Zitat wie folgt:

»Wir müssen auch wieder entscheiden dürfen, wer überhaupt zu diesem Volk gehört und wer nicht. Es gehört mehr dazu, Deutscher zu sein, als einfach nur 'ne Staatsbürgerurkunde in der Hand zu haben. Uns alle hier auf diesem Marktplatz verbindet viel mehr als nur eine gemeinsame Sprache. Uns verbindet ein unsichtbares Band, was man einfach nicht erklären muss. Jeden Einzelnen von euch verbindet mehr mit mir als irgendein Syrer oder irgend Afghane, und das muss ich nicht erklären, das ist einfach ein Naturgesetz.«[549]

Dieses Zitat legte nahe, dass Gnauck das politische Staatsvolk anhand biologischer Kriterien festgelegt wissen will. Und das wäre in der Tat verfassungswidrig.

Das allerdings geschah, *bevor* »Cicero« das ganze AfD-Gutachten erhielt, selbst einsehen konnte und veröffentlichte. Wirft man einen Blick in dieses Gutachten, geht die Sache anders aus. Gnauck wird dort wie folgt wiedergegeben. Die »Bild« hatte entscheidende Passagen getilgt, ohne dies kenntlich zu machen (von »Bild« getilgte Passagen hier in eckigen Klammern):

»Und wir müssen auch wieder entscheiden dürfen, wer überhaupt zu diesem Volk gehört und wer nicht. Es gehört mehr dazu, Deutscher zu sein, als einfach nur 'ne Staatsbürgerurkunde in der Hand zu haben. [Dieses Volk hier, das ist gewachsen durch jahrhundertelange Tradition, durch gemeinsame Brauchtümer, durch gemeinsame Geschichte und auch gemeinsame Schicksalsschläge. Und wir sind verpflichtet, diese Geschichte, diese Brauchtümer und diesen Geist des Deutschen zu bewahren.] Uns alle hier auf diesem Marktplatz (…) verbindet viel mehr als nur eine gemeinsame Sprache. Uns verbindet ein unsichtbares

Band, was man einfach nicht erklären muss. (…) Jeden Einzelnen von euch verbindet mehr mit mir als irgendeinen Syrer oder irgendein Afghane und das muss ich nicht erklären, das ist einfach ein Naturgesetz und darauf können wir alle verdammt stolz sein.«[550]

Somit muss man die Arbeit der Kollegen von »Bild« aus zwei Gründen als höchst unseriös bezeichnen. Erstens machten sie nicht kenntlich, dass sie aus dem Zitat Passagen entfernt hatten. Zweitens hatten sie exakt jene Passage getilgt, die für Gnauck entlastend ist. Er definiert dort gerade *die deutsche Kultur* als das »unsichtbare Band« der Deutschen – und nicht die biologische Abstammung. Es ist damit zwar immer noch nicht ausgeschlossen, dass Gnauck mit dem Verweis auf ein angebliches »Naturgesetz« in Wahrheit auf Biologismus abzielt. Aber im Kontext des Gesamtzitates scheint es wahrscheinlicher, dass hier von »Naturgesetz« metaphorisch die Rede ist, im Sinne von: Es ist selbstverständlich und normal, dass sich einander ähnliche Menschen eher miteinander verbunden fühlen als einander unähnliche. Nach höchstrichterlicher Rechtsprechung ist es eindeutig, dass ausdeutungsbedürftige Zitate ohne klare weitere Belege nicht zulasten des Betroffenen interpretiert werden dürfen und es immer auf den Kontext ankommt. Aus Gründen der Verhältnismäßigkeit und zum Schutz des Grundrechts auf Meinungsfreiheit ist es dann die Pflicht des Staates, im Zweifel den mit der Verfassung zu vereinbarenden Aussagegehalt zu unterstellen. Diese rechtsstaatlichen Prinzipien sollten auch für Journalisten gelten.

Die Verantwortung der Mitte

Wahrscheinlich befindet sich der Verfassungsschutz inzwischen in der größten Krise seiner Geschichte. Einst angetreten als Schild und Schwert des demokratischen Rechtsstaates, verfällt sein öffentliches Ansehen zusehends. Man kann das mit Hilfe eines historischen Vergleichs sichtbar machen: Vor ungefähr dreißig Jahren stufte der Verfassungsschutz auch die Partei Die Republikaner als extremistisch ein – rechtswidrig, wie neun Jahre später ein Gericht feststellte. Der Abschreckungseffekt beim Wahlvolk war damals dennoch so groß, dass die Partei immer mehr Wähler verlor und schließlich in der Bedeutungslosigkeit verschwand. Der Verfassungsschutz hatte sich – rechtswidrig – an einem Eingriff in die Demokratie beteiligt.

Die Zeiten der ungebrochenen Deutungsmacht des deutschen Inlandsgeheimdienstes sind längst vorbei. Den gesellschaftlichen Eliten einschließlich öffentlich-rechtlicher Medien entgleitet im Zeitalter der Digitalisierung zunehmend die Deutungsmacht. Je mehr vom Staat und insbesondere vom Verfassungsschutz in Sachen AfD die Daumenschrauben angezogen werden, desto stärker wird sie. Darin zeigt sich eine beängstigende Erosion des Vertrauenskapitals nicht nur des Verfassungsschutzes, sondern auch des ihn tragenden Staates. Die Verantwortlichen scheinen diese offen zutage liegende, für die Demokratie grundstürzende Dynamik bis heute nicht verstanden zu haben oder einfach nicht wahrhaben zu wollen. Sie machen unbeirrt immer weiter. Man blickt auf die Entschlossenheit von Verzweifelten.

Wahrscheinlich wird Nancy Faeser daher nicht nur als entschlossene »Kämpferin gegen rechts« in die bundesdeutschen Geschichtsbücher eingehen, sondern auch als jene Politikerin, die dem Ansehen des Verfassungsschutzes den in seiner Geschichte größten Schaden zugefügt hat. Hierzu trug in erster Linie gar nicht ihre ausdrücklich ungeprüfte Hochstufung der AfD als »gesichert extremistisch« bei, sondern ihre gleichzeitige Weigerung, die Argumente dafür offenzulegen. Von diesem Dolchstoß wider Willen wird sich der deutsche Inlandsgeheimdienst wahrscheinlich nicht wieder erholen.

Bis heute wollen sich weite Teile der medialen Öffentlichkeit und Politik dabei nicht eingestehen, dass sie selbst an der Erschaffung der AfD in ihrer heutigen Gestalt beteiligt waren. Anstatt selbstkritisch in den Spiegel zu blicken, wird nach dem Motto »Haltet den Dieb!« umso heftiger auf die größte Oppositionspartei eingedroschen.

Im Jahr 2014 schien die AfD den Zenit längst überschritten zu haben. Erst mit Beginn der illegalen Massenmigration bekam sie wieder Aufwind. Die gesellschaftlichen Probleme, die damit bis heute einhergehen, wurden lange geleugnet oder verharmlost – von ihrer Lösung ganz zu schweigen. Und je mehr geleugnet und verharmlost wurde, desto mehr Wähler konnte die AfD für sich gewinnen. So wird es auch bleiben, wenn die Bundespolitik die Probleme nicht ernsthaft adressiert und löst. Wenn denn die AfD tatsächlich eine Gefahr für die Demokratie ist, so haben die sogenannten Parteien der demokratischen Mitte einen großen Anteil daran.

Eine zweite Wahrheit kommt hinzu: Von Beginn an wurde die AfD in die extremistische Ecke gestellt. Von den etablierten Parteien war das so unlauter wie absichtsvoll. Es sollte verhindert werden, dass ein weiterer Konkurrent im Kampf um politische Macht entsteht. Und zahlreiche Journalisten haben dabei willfährig mitgemacht. Anstatt als möglichst objektiver Sachwalter des Souveräns zu agieren, haben sie sich wie Werbeagenturen der etablierten Parteien betätigt – und tun es noch heute.

Dabei darf als unstrittig gelten, dass die Lucke-AfD zu keinem Zeitpunkt extremistische Ziele verfolgte. Man blicke nur in das Bundestagswahlprogramm des Jahres 2013. Was dort zur Migrationspolitik gefordert wurde, setzte zehn Jahre später die Ampel-Regierung um – und zwar Punkt für Punkt.

Mit der frühen Etikettierung als »rechts« ließen sich die Unionsparteien die strategische Chance nehmen, die noch junge Konkurrenzpartei frühzeitig durch Koalitionen in das politische System zu integrieren und zu pazifizieren. In der Politik bekämpft man seinen Gegner am besten dadurch, dass man ihn umarmt und dabei erdrückt. Hätte die AfD damals auch nur ein einziges Mal Regierungsverantwortung getragen und zeigen müssen, was hinter ihren markigen Sprüchen steckt, sähen ihre Umfrageergebnisse heute ganz anders aus.

Seit mehr als zehn Jahren hält die Debatte um die AfD Deutschland in politischer Geiselhaft. Es werden immer tiefere Gräben aufgerissen und mentale Ressourcen absorbiert, die besser in die Lösung gesellschaftlicher Probleme investiert werden sollten. Wahrscheinlich wäre es daher der beste Weg, die Entscheidung über die Zukunft der AfD endlich aus dem parteipolitischen Raum zu verbannen und sie der höchsten deutschen Gerichtsbarkeit zu überantworten. Die einzige Lösung hierfür wäre ein AfD-Verbotsverfahren vor dem Bundesverfassungsgericht – mit deutlich mehr Personal, um die Verfahrensdauer im Interesse von Rechtsstaat und Demokratie maximal zu beschleunigen. Natürlich können sich auch Richter irren. Aber unsere Gesellschaft kennt keine unabhängigere Instanz. Sie ist in Sachen Demokratie und Rechtsstaat der Goldstandard.

Mit dieser Entscheidung würde die sogenannte Brandmauer vermutlich fallen. Entweder, weil sich die AfD aus Sicht der Richter tatsächlich als extremistisch erwiese und verboten werden müsste – oder weil sich herausstellte, dass es dafür dann doch keine hinreichenden Belege gibt. Vielleicht ist das auch der Grund dafür, warum noch immer viele Politiker von einem Verbotsverfahren nichts wissen wollen und stattdessen zulasten der AfD auf Zeit spielen – ganz nach dem Motto: »Es wird schon wie bei den Republikanern etwas hängen bleiben.« Das aber gleicht einem Strafverfahren, bei dem der Angeklagte ewig in Untersuchungshaft belassen wird, weil die Anklagebehörde fürchtet, vor Gericht zu scheitern. Es ist Zeit für eine Entscheidung.

Anmerkungen

1 Siehe hierzu jüngst Steinke, Ronen (2023): Verfassungsschutz. Wie der Geheimdienst Politik macht, Berlin.
2 Gössner, Rolf (2020a): Inlandsgeheimdienst als unkontrollierbare Datenkrake. *BigBrother-Lifetime-Award* für den »Verfassungsschutz« in Bund und Ländern, in: ders.: Datenkraken im Öffentlichen Dienst, Köln, S. 75–91.
3 Orwell, George (2000): 1984, München, S. 362.
4 Ebd., S. 361.
5 Ebd., S. 371.
6 Brückner, Peter (1976): »Angst haben und Angst machen«. Anmerkungen zur Psychologischen Kriegsführung in der Bundesrepublik, in: Brückner, Peter/Damm, Diethelm/Seifert, Jürgen (1976): 1984 schon heute oder wer hat Angst vorm Verfassungsschutz, Frankfurt am Main, S. 111–132, S. 114.
7 Ebd., S. 115.
8 Abdulsalam, Maryam Kamil (2020): Der Verfassungsschutz unter Verdacht, S. 22, Quelle: https://www.kas.de/documents/252038/7995358/Der+Verfassungsschutz+unter+Verdacht.pdf/7558215c-b9ee-3859-e8c3-5b7b916aa3a4?version=1.0&t=1588587837871; zuletzt aufgerufen am 30. November 2023.
9 Brückner 1976, S. 123.
10 Taguieff, Pierre-André (2000): Die Macht des Vorurteils. Der Rassismus und sein Double, Hamburg, S. 62.
11 »Verschwörungstheoretiker propagieren unentwegt Scheinbelege für ihre Unterstellungen. In ihrer geschlossenen verschwörungstheoretischen Filterblase immunisieren sie sich gegen jedwede Fakten, die ihre ideologischen Positionen relativieren oder gar widerlegen könnten.« (Bundesamt für Verfassungsschutz: Verfassungsschutzrelevante Delegitimierung des Staates: Begriff und Erscheinungsformen, Quelle: https://www.verfassungsschutz.de/DE/themen/verfassungsschutzrelevante-delegitimierung-des-staates/begriff-und-erscheinungsformen/begriff-und-erscheinungsformen_node.html; zuletzt aufgerufen am 9. Juni 2023).
12 Popper, Karl Raimund (1992): Die offene Gesellschaft und ihre Feinde. Band 2, Tübingen, S. 112.
13 Hepfer, Karl (2015): Verschwörungstheorien. Eine philosophische Kritik der Vernunft, Bielefeld, S. 24.
14 Butter, Michael (2021): Verschwörungstheorien. Eine Einführung, in: APuZ 35–36/2021, Bonn, S. 4–11, S. 4 f.
15 Hepfer 2015, S. 24.
16 Warg, Gunter (2010): Aufklärung der Öffentlichkeit durch den Verfassungsschutz vs. Meinungsfreiheit, in: Grumke, Thomas/Pfahl-Traughber, Armin

(Hrsg.): Offener Demokratieschutz in einer offenen Gesellschaft. Öffentlichkeitsarbeit und Prävention als Instrumente des Verfassungsschutzes, Opladen, S. 40–59, S. 58.

17 Grumke, Thomas/van Hüllen, Rudolf (2016): Der Verfassungsschutz – Grundlagen. Gegenwart. Perspektiven?, Opladen, S. 222.

18 Ebd., S. 205.

19 Für einen historischen Überblick über verschiedene reale, vor allem politische Verschwörungen in der Geschichte der Menschheit siehe Hepfer 2015.

20 Popper 1992, S. 112. Dass Michael Butter daher die Geschichte der Verschwörungstheorien im 15. Jahrhundert beginnen lässt, weil erst mit der beginnenden Neuzeit die entsprechenden kulturellen (Glaube an die Handlungsfähigkeiten des Menschen) wie technisch-medialen Voraussetzungen (Buchdruck) für Verschwörungen gegeben gewesen seien, überzeugt nicht. Hier wird der Wandel eines sozialen Phänomens mit seinem erstmaligen Auftreten verwechselt (Butter 2021: 7).

21 Die wissenschaftliche Debatte leidet häufig an mangelnder Präzision der Begriffsbildung. So hält bspw. Michael Barkun für »every conspiracy theory« folgende drei Strukturmerkmale für konstitutiv: »*Nothing happens by accident*«, »*Nothing is as it seems.*« sowie »Everything is connected.« (Barkun, Michael (2013): A Culture of Conspiracy: Apocalyptic Visions in Contemporary America, University of California Press, S. 3 f.) Im Ergebnis können so allerdings berechtigte von unberechtigten Verschwörungstheorien nicht einmal mehr begrifflich voneinander unterschieden werden.

22 Die strukturellen Parallelen zum Popperschen Falsifikationismus, dass wissenschaftliche Theorien also die Möglichkeit ihrer Widerlegung enthalten müssen, fallen ins Auge (Popper, Karl-Raimund (1994): Logik der Forschung, Tübingen, S. 47 ff.). Dennoch sind beide Konstrukte nicht identisch. Die Gründe, warum der Verfassungsschutz ungerechtfertigte Verschwörungstheorien aufgeben müsste, sind keine erkenntnismethodologischen, sondern normative. Weil der Staat seine Legitimität dem Souverän verdankt, ist jeder Eingriff in dessen Rechte im Rahmen der Rechtsordnung rechtfertigungsbedürftig. Er muss durch Gründe auf der Basis objektiver Tatsachen legitimiert werden. Dort, wo dies nicht möglich ist, entfällt auch die Rechtfertigung für einen Grundrechtseingriff.

23 Hepfer 2015, S. 111.

24 Girard, René (1983): Das Ende der Gewalt. Analyse des Menschheitsverhängnisses, Freiburg, S. 20.

25 V-Dem Institute (2023): DEMOCRACY REPORT 2023. Defiance in the Face of Autocratization, S. 42, Quelle: https://v-dem.net/documents/29/V-dem_democracyreport2023_lowres.pdf; zuletzt aufgerufen am 1. November 2023.

26 Leggewie, Claus/Meier, Horst (2012b): »Verfassungsschutz«. Über das Ende eines deutschen Sonderweges, in: Blätter für deutsche und internationale Politik, S. 63–74, S. 64.

27 Soweit in diesem Buch von »Verfassungsschutz« die Rede ist, meint dies fast durchweg die entsprechenden Landesämter und Insonderheit das entsprechende Bundesamt. Freilich lässt sich auf der Sachebene auch in einem

umfassenderen Sinne von »Verfassungsschutz« sprechen. Hierzu zählen dann ebenso Polizei, Staatsanwaltschaften und Gerichte sowie Schulen, Einrichtungen der politischen Bildung und andere Präventionsmaßnahmen.

28 Siehe zu den Aufgaben und Rechtsgrundlagen aller drei Nachrichtendienste Warg, Gunter (2017a): Der gesetzliche Auftrag der deutschen Nachrichtendienste, in: Dietrich/Eifler (Hrsg.): Handbuch des Rechts der Nachrichtendienste, Stuttgart, Rn. 1–100.

29 Einen ausführlichen Überblick über Aufgaben, Geschichte, Struktur und Arbeitsweise des Verfassungsschutzes bieten aus unterschiedlichen Perspektiven Leggewie, Claus/Meier, Horst (2012a): Nach dem Verfassungsschutz. Plädoyer für eine neue Sicherheitsarchitektur der Berliner Republik, Berlin sowie Grumke/van Hüllen 2016, 2. Auflage 2019. Zu den rechtlichen Grundlagen siehe Murswiek, Dietrich (2020): Verfassungsschutz und Demokratie. Voraussetzungen und Grenzen für die Einwirkung der Verfassungsschutzbehörden auf die demokratische Willensbildung, Berlin sowie Gusy, Christoph (2011): Grundrechte und Verfassungsschutz, Wiesbaden.

30 § 3 Gesetz über die Zusammenarbeit des Bundes und der Länder in Angelegenheiten des Verfassungsschutzes und über das Bundesamt für Verfassungsschutz (Bundesverfassungsschutzgesetz – BVerfSchG) vom 20. Dezember 1990 (BGBl. I S. 2954, 2970), das zuletzt durch Artikel 1 des Gesetzes vom 19. Dezember 2022 (BGBl. I S. 2632) geändert worden ist.

31 Siehe bspw. Leggewie/Meier 2012a, S. 61 sowie Grumke/van Hüllen 2011, S. 36 f.

32 »Nowhere else in Europe does intelligence services reporting focus so extensively on extremist ›pursuits‹, nowhere else does reporting extend so far into the ›preparation‹ of non-violent activities, nowhere else are discussions on the published reports as extensive, and nowhere else do they have as big an impact on democracy protection practices.« (Backes, Uwe (2022): Governmental reporting practice on extremism – Germany in comparison, in: Journal of Intelligence History, S. 19, Quelle: https://doi.org/10.1080/16161262.2022.2080922; zuletzt aufgerufen am 19. Juni 2023).

33 So darf allein das Bundesverfassungsgericht über das Verbot von Parteien oder die Aberkennung von Grundrechten befinden, während es den Innenministerien möglich ist, extremistische Vereinigungen unterhalb der Schwelle des Parteienstatus zu verbieten.

34 Leggewie/Meier 2012a, S. 65.

35 § 4 BVerfSchG. Im Jahr 2021 kam es allerdings zu einer bemerkenswerten Verschärfung des BVerfschG. Während über Jahrzehnte hinweg Einzelpersonen als Beobachtungsobjekte nur im absoluten Ausnahmefall infrage kamen und ausdrücklich nur dann, wenn sie Gewalt anwenden wollten oder von der ernsthaften Gefahr ausgegangen werden musste, dass sie ein Schutzgut der Verfassung erheblich beschädigen könnten, reicht es zur Beobachtung von Einzelpersonen nunmehr hin, wenn sie Verhaltensweisen zeigen, die die Tatbestände von § 3 Absatz 1 BVerfSchG erfüllen. Dies erzeugt nicht nur permanent einen Konflikt mit dem Grundsatz der rechtsstaatlichen

Verhältnismäßigkeit, sondern eröffnet dem Inlandsgeheimdienst neuerdings die nahezu uferlose Möglichkeit der Beobachtung seiner Bürger.

36 Warg 2010, S. 50.

37 Leggewie/Meier 2012a, S. 62.

38 Parlamentarischer Rat (1949): Stenographischer Bericht, Zweite Sitzung vom 8. September 1948, Bonn, S. 7–26, S. 14.

39 Fromm, Heinz (2001): Die Rolle des Verfassungsschutzes bei der Bekämpfung von Rechtsextremismus und Fremdenfeindlichkeit, in: Bundeskriminalamt (Hrsg.): Rechtsextremismus, Antisemitismus und Fremdenfeindlichkeit. Bestandsaufnahme – Perspektiven – Problemlösungen, Neuwied, S. 75–86, S. 75.

40 Schreiben der Militärgouverneure zum Grundgesetz (»Polizei-Brief«) vom 14. April 1949, Quelle: https://www.verfassungen.de/de49/grundgesetz-schreiben49-3.htm; zuletzt aufgerufen am 18. Mai 2023.

41 Gusy 2011, S. 2 f.

42 Grumke/van Hüllen 2016, S. 30.

43 Spätestens seit dem Jahr 2005 gelten mit höchstrichterlicher Rechtsprechung die Veröffentlichungen des Verfassungsschutzes ausdrücklich nicht bloß als »beliebiges Erzeugnis staatlicher Öffentlichkeitsarbeit«, sondern als eine auf »Abwehr besonderer Gefahren« gerichtete staatliche »Sanktion« mit repressivem Charakter (Beschluss des Bundesverfassungsgerichtes vom 24. Mai 2005 – 1 BvR 1072/01, BVerfGE 113, 63 ff., Rn. 54). Der Verfassungsschutz ist daher seinen Zielen nach eine präventiv arbeitende Behörde, befleißigt sich hinsichtlich der angewandten Mittel allerdings eindeutig repressiver Instrumente.

44 § 16 BVerfSchG.

45 Die Quelle dieser vorstaatlichen Rechte wurde dabei entweder naturrechtlich oder religiös statuiert, aber dass sie bestehen, war nicht strittig. Siehe hierzu von Mangoldt, Hermann (1949): Schriftlicher Bericht des Abgeordneten Dr. von Mangoldt über den Abschnitt I. Die Grundrechte, in: Parlamentarischer Rat Bonn 1948/49: Schriftlicher Bericht zum Entwurf des Grundgesetzes für die Bundesrepublik Deutschland (Drucksachen Nr. 850, 854), Bonn, S. 5–13, S. 5. Baldus relativiert zwar die naturrechtliche Dimension der damaligen Debatte, bestreitet aber, soweit ich sehe, ebenfalls nicht den vorrechtlichen Anspruch der Schöpfer des Grundgesetzes (Baldus, Manfred (2016): Kämpfe um die Menschenwürde. Die Debatten seit 1949, Frankfurt am Main, S.16 ff.).

46 Urteil des Bundesverwaltungsgerichts vom 21. Mai 2008 – 6 C 13.07, BVerwGE 131, 171 ff., Rn. 41.

47 Parlamentarischer Rat (1949): Stenographischer Bericht, Sechste Sitzung vom 20. Oktober 1948, Bonn, S. 69–84, S. 69.

48 Habermas, Jürgen (1971): Strukturwandel der Öffentlichkeit. Untersuchungen zu einer Kategorie der bürgerlichen Gesellschaft, Neuwied/Berlin.

49 De Tocqueville, Alexis (1956): Die Demokratie in Amerika, Frankfurt am Main/Hamburg, S. 97 f.

50 Habermas, Jürgen (2022): Eine neuer Strukturwandel der Öffentlichkeit und die deliberative Politik, Frankfurt am Main.

51 Murswiek 2020, S. 74 und 142.

52 Ebd.

53 Bspw. behauptet die ehemalige Leiterin der Brandenburger Verfassungsschutzbehörde noch im Jahre 2010 wortwörtlich, dem Verfassungsschutz stünden »keine repressiven Befugnisse zur Verfügung« (Schreiber, Winfriede (2010): Warum und zu welchem Ende betreiben wir Öffentlichkeitsarbeit?, in: Grumke/Pfahl-Traughber 2010, S. 33–39, S. 34). Diese Einschätzung widersprach bereits damals der höchstrichterlichen Rechtsprechung.

54 Gemäß Paragraf 15 Bundesverfassungsschutzgesetz haben Betroffene zwar grundsätzlich die Möglichkeit, über sie betreffende Daten Auskunft zu verlangen. Allerdings kann sich die Behörde diesem Ansinnen entziehen, soweit dadurch eine Gefährdung der Aufgabenerfüllung, der Quellen oder der öffentlichen Sicherheit zu besorgen ist oder die Daten zum Schutze Dritter der Geheimhaltung unterliegen sollen. Von diesen Möglichkeiten macht der Verfassungsschutz, wie noch zu zeigen sein wird, auch stets umfangreich Gebrauch. Im Kern läuft dies alles darauf hinaus, dass Paragraf 15 des Bundesverfassungsschutzgesetzes in weiten Teilen leer läuft.

55 Seifert, Jürgen (1976): Wer bestimmt den Verfassungsfeind?, in: Brückner, Peter/Damm, Diethelm/Seifert, Jürgen: 1984 schon heute oder wer hat Angst vorm Verfassungsschutz, Frankfurt am Main, S. 93–110.

56 Ebd., S. 109.

57 Murswiek 2000, S. 69 f.

58 Stellungnahme des Innenministeriums Sachsen-Anhalt vom 2. März 2022 vor dem Verwaltungsgericht Magdeburg in der Sache IfS gegen das Land Sachsen-Anhalt, S. 4.

59 Bundesministerium des Innern und für Heimat (2022): Verfassungsschutzbericht 2021, Berlin, S. 21, Quelle: https://verfassungsschutzberichte.de/bund/2021; zuletzt aufgerufen am 21. Juni 2023.

60 Siehe hierzu als Beispiele aus dem Umfeld der Nachrichtendienste Hansen, Hendrik (2021): Linke und rechte Identitätspolitik. Ein Vergleich der poststrukturalistischen Wende im Linksextremismus mit dem Ethnopluralismus und Nominalismus der Neuen Rechten, in: Hansen, Hendrik/Pfahl-Traughber, Armin (Hrsg.): Jahrbuch für Extremismus- und Terrorismusforschung 2019/20 (II), Brühl, S. 242–289, S. 274 ff., Quelle: https://www.hsbund.de/SharedDocs/Downloads/2_Zentralbereich/20_Referat_W/Publikationen/20_Schriften_Extremismus_Terrorismusforschung/band_16.pdf?__blob=publicationFile&v=4; zuletzt aufgerufen am 19. Juli 2023 sowie Pfahl-Traughber, Armin (2023): Die Neue Rechte: ideologische Auffassungen & politische Wirkungen, Vortrag bei der Stiftung Demokratie Saarland, Quelle: https://www.youtube.com/watch?v=Y9ag879JL8A; zuletzt aufgerufen am 31. Juli 2023.

61 Schmitt, Carl (1963): Der Begriff des Politischen, Berlin, S. 26.

62 Ebd., S. 29.

63 Murswiek 2000, S. 144.

64 Spiegel-online (2000): Schröder fordert »Aufstand der Anständigen«, Quelle: https://www.spiegel.de/politik/deutschland/anschlag-auf-synagoge-schroeder-fordert-aufstand-der-anstaendigen-a-96537.html; zuletzt aufgerufen am 19. Mai 2023.

65 Pressekonferenz zur Vorstellung des Verfassungsschutzberichtes 2022 vom 20. Juni 2023, Quelle: https://www.youtube.com/watch?v=7JQQAvb6tIg; zuletzt aufgerufen am 27. Juni 2023.

66 Grumke/van Hüllen 2016, S. 31.

67 Wissenschaftlicher Dienst des Bundestages (2022): Beobachtung durch das Bundesamt für Verfassungsschutz. Voraussetzungen und Rechtsfolge, Berlin, S. 11 ff., Quelle: https://www.bundestag.de/resource/blob/916924/bdc6ab9dce71fbbd94137b995dbca42b/WD-3-107-22-pdf-data.pdf; zuletzt aufgerufen am 20. Juni 2023.

68 Lindner, Nadine (2019): Verfassungsschutz darf AfD nicht »Prüffall« nennen, Quelle: https://www.deutschlandfunk.de/verwaltungsgerichts-entscheid-verfassungsschutz-darf-afd-100.html; zuletzt aufgerufen a, 19. Mai 2023. Selbst die Verdachtsberichterstattung verfügte über Jahrzehnte hinweg, obwohl es sich um einen Grundrechtseingriff handelt, nicht über eine gesetzliche Ermächtigung, wie das Bundesverwaltungsgericht im Jahre 2013 mit einem Urteil bescheinigte (Urteil des Bundesverwaltungsgerichtes vom 26. Juni 2012 – 6 C 4.12, NVwZ 2014, 233, Rn. 11).

69 Auch der Wortlaut des »Sicherheitsüberprüfungsgesetz – SÜG« sowie des »Rechtsextremismus-Datei-Gesetz – RED-G« steht dieser Behauptung nicht entgegen, weil sie diesbezüglich keine definitorische Leistung erbringen. Siehe hierzu Warg 2021, S. 82.

70 Stöss, Richard (2007): Rechtsextremismus Wandel, Berlin, S. 18.

71 Im Verfassungsschutzbericht des Jahres 1968 finden sich sowohl die Bezeichnungen »Extremismus« als auch »Radikalismus« zur synonymen Kennzeichnung verfassungsfeindlicher Bestrebungen, allerdings treten Wortbildungen aus dem Wort »radikal« textlich häufiger auf (Bundesministerium des Innern und für Heimat (1969): Zum Thema: Verfassungsschutz 1968, Bonn, Quelle: https://verfassungsschutzberichte.de/pdfs/vsbericht-1968.pdf; zuletzt aufgerufen am 19. Juni 2023).

72 Bundesministerium des Innern und für Heimat (1974): Verfassungsschutz 1973, Bonn, S. 3 f.

73 Maihofer, Werner (1975): Zum Verfassungsschutzbericht 1974, in: Bundesministerium des Innern und für Heimat (1975): Verfassungsschutz 1974, Bonn, S. 3–8, S. 4.

74 Merkel, Angela (2018): Rede von Bundeskanzlerin Dr. Angela Merkel bei der Zentralen Gedenkveranstaltung zum 80. Jahrestag der Reichspogromnacht am 9. November 2018 in Berlin, Quelle: https://www.bundesregierung.de/breg-de/service/bulletin/rede-von-bundeskanzlerin-dr-angela-merkel-1550198; zuletzt aufgerufen am 26. April 2023.

75 Bundesamt für Verfassungsschutz: Verfassung schützen, Quelle: https://www.verfassungsschutz.de/DE/verfassungsschutz/auftrag/verfassung-schuetzen/verfassung-schuetzen_artikel.html; zuletzt aufgerufen am 26. April 2023.

76 Es sei allerdings auf das Kuriosum hingewiesen, dass der Verfassungsschutz häufig mit genau jener Methode arbeitet, unter deren Anwendung man auch die Bundeskanzlerin hätte zumindest als Prüffall einstufen müssen. Regelmäßig schließt er in Texten vermeintlicher Extremisten bei bloßer Verwendung einzelner identischer Worte wie bei erwiesenen Verfassungsfeinden auf die wahrscheinliche Verfassungsfeindlichkeit der Verdächtigten. Das ist sprachlogisch wie hermeneutisch ein Anfängerfehler.

77 Warg, Gunter (2021): Der Extremismusbegriff aus juristischer Sicht – Grundlagen und aktuelle Entwicklungen, in: Hansen, Hendrik/Pfahl-Traughber, Armin (Hrsg.): Jahrbuch für Extremismus- und Terrorismusforschung 2019/20 (I), Brühl, S. 73–126, S. 85.

78 Ebd., S. 84.

79 Bundesamt für Verfassungsschutz: Verfassung schützen, Quelle: https://www.verfassungsschutz.de/DE/verfassungsschutz/auftrag/verfassung-schuetzen/verfassung-schuetzen_artikel.html; zuletzt aufgerufen am 26. April 2023.

80 Zumindest mit Blick auf Fragen der Verhältnismäßigkeit unterscheidet das Bundesverfassungsgericht mit dem NPD-Urteil aus dem Jahre 2017 begrifflich zwischen Verfassungs*feindlichkeit* und Verfassungs*widrigkeit*. Während das Bundesverfassungsgericht seinerzeit die NPD für verfassungsfeindlich erklärte, sprach es ihr die Eigenschaft, deshalb auch »verfassungswidrig« zu sein, bereits in den Leitsätzen des Urteils ab (siehe Leitsatz 8). Lasse das verfassungsfeindliche Handeln einer Partei »noch nicht einmal auf die Möglichkeit eines Erreichens ihrer verfassungsfeindlichen Ziele schließen, bedarf es des präventiven Schutzes der Verfassung durch ein Parteiverbot als schärfste und überdies zweischneidige Waffe des demokratischen Rechtsstaats gegen seine organisierten Feinde nicht.« (Urteil des Bundesverfassungsgerichts vom 17. Januar 2017 – 2 BvB 1/13, BVerfGE 144, 20 ff., Rn. 586). Diese Unterscheidung zwischen Verfassungswidrigkeit und Verfassungsfeindlichkeit findet in vorliegendem Buch indes keine Anwendung. Stattdessen wird Verfassungsfeindlichkeit als eine intendierte Verfassungswidrigkeit aufgefasst.

81 Insbesondere auf diesen Fall macht Dietrich Murswiek eindringlich aufmerksam. Er wirft dem Verfassungsschutz vor, dass dieser regelmäßig von materiell verfassungswidrigem Handeln nahtlos auf den Tatbestand des verfassungsfeindlichen Extremismus schließt. Das ist allerdings weder logisch kohärent noch genügt es den verfassungsschutzrechtlichen Maßstäben. Dann müssten auch Parlamente, die verfassungswidrige Gesetze beschließen, bereits extremistisch sein. Siehe bspw. Murswiek 2000, S. 130.

82 Siehe das Urteil des Bundesverfassungsgerichts vom 15. Juni 2022 – 2 BvE 4/20, BVerfGE 162, 207 ff., Rn. 84.

83 Nur vorsorglich sei darauf hingewiesen, dass sich die folgende Kritik ausdrücklich nicht gegen die so genannte »Extremismustheorie« wendet, sondern sie im Sinne einer »normativen Rahmentheorie« (Uwe Backes) geradezu voraussetzt. Für einen gehaltvollen politikwissenschaftlichen Ansatz der Extremismustheorie siehe hierzu vor allem Backes, Uwe (1989): Politischer Extremismus in demokratischen Verfassungsstaaten. Elemente einer normativen Rahmentheorie, Opladen; Backes, Uwe (2006): Politische Extreme.

Eine Wort- und Begriffsgeschichte von der Antike bis zur Gegenwart, Göttingen, sowie Pfahl-Traughber, Armin (2021): Extremismus aus politikwissenschaftlicher Sicht. Definition, Herleitung und Kritik in Neufassung, in: Hansen, Hendrik/Pfahl-Traughber, Armin (Hrsg.): Jahrbuch für Extremismus- und Terrorismusforschung 2019/20 (I), Brühl, S. 8–72. Mit Recht macht Pfahl-Traughber darauf aufmerksam, dass die generelle Ablehnung der Extremismustheorie als einer normativen Rahmentheorie demokratischer Verfassungsstaaten den »Demokratie- und Menschenrechtsrelativismus« (Pfahl-Traughber 2021, S. 69) kaum vermeiden kann. Den »Extremismusbegriff aus juristischer Sicht« entwickelt umfassend Warg 2021. Für eine Kritik der Kritik der Extremismustheorie als einer für die Politikwissenschaft als Demokratiewissenschaft unhintergehbaren analytischen Voraussetzung siehe Brodkorb, Mathias/Bruhn, Stefan (2010): Über die neu-rechte rechtsradikale extreme Rechte – Kritische Anmerkungen zu einem Begriffswirrwarr im Grenzland von Wissenschaft, Journalismus und Politik, in: Backes, Uwe/Gallus, Alexander/Jesse, Eckhard (Hrsg.): Extremismus & Demokratie 2009, Baden-Baden 2010, S. 145–160. Siehe umfassend schließlich Eifler, Sven-R./Dietrich, Jan-Hendrik (Hrsg.) (2017): Handbuch des Rechts der Nachrichtendienste, Stuttgart.

84 Stöss, Richard (2000): Rechtsextremismus im vereinten Deutschland, Berlin, S. 19.

85 Backes 1989, S. 104.

86 *Begrifflich strikt* betrachtet schließt der politikwissenschaftliche Extremismusbegriff damit den verfassungsschutzrechtlichen nicht einmal logisch ein (anders scheint dies zu sehen Backes 1989, S. 106). Ersterer basiert vielmehr *substanziell* allein auf so genannten Einstellungsmustern. An seinem Begriffsumfang änderte sich nichts, wenn alle politisch aktiven Extremisten von heute auf morgen ihre politischen Bestrebungen vollständig einstellten. Auch dann wären und blieben sie unter politikwissenschaftlicher Perspektive weiterhin vollgültige, wenn auch inaktive Extremisten. Anders verhält es sich hingegen beim verfassungsschutzrechtlichen Extremismusbegriff. Nicht die vertretenen Einstellungsmuster oder Ideologien sind für ihn das *Wesentliche*, sondern die gegen die Verfassungsordnung zielgerichteten Bestrebungen. Und erst diese lösen den verfassungsschutzrechtlichen Ernstfall aus. Beide Extremismus-Begriffe unterscheiden sich somit nicht nur quantitativ voneinander, sondern zugleich kategorial. Der verfassungsschutzrechtliche Extremismusbegriff stellt kein terminologisches Minimalkorsett dar, das man zum politikwissenschaftlichen hin erweitern könnte. Im begrifflichen Grenzfall bestehen zwischen beiden Begriffsumfängen *keinerlei* Schnittmengen. Folglich kann der eine Begriff nicht logisch im anderen enthalten sein. Dies ergäbe sich nur, wenn man »Primär- und Sekundärmerkmale durcheinander geraten« ließe (ebd., S. 94).

87 Murswiek 2020, S. 82.

88 Bundesamt für Verfassungsschutz (2022): Was macht eigentlich der Verfassungsschutz? Wissenswertes rund um den deutschen Inlandsnachrichtendienst, Köln, S. 58.

89 So auch Uwe Backes mit Blick auf Maihofer: »Ici aussi, ce n'est pas la méthode, mais l'orientation idéologique qui détermine la classification d'un phénomène comme extrémiste.« (Backes, Uwe (2014): Extrémisme, in: Mbongo, Pascal/Hervouet, François/Santulli, Carlo (Hg.): Dictionnaire encyclopédique de l'Etat, Paris 2014, S. 430–434, S. 431). Allerdings lässt sich diese »interprétation normative du terme« (ebd.) für den deutschen Verfassungsschutz der Gegenwart nicht mehr nachweisen.

90 Dass es sich hier nicht um einen bloßen Lapsus handelt, zeigt eine andere Veröffentlichung des Bundesamtes für Verfassungsschutz. Darin heißt es: »In einem lebendigen demokratischen Diskurs haben auch radikale Ansichten ihren Platz. Tatsächlich ist es legitim, seiner Meinung darüber Ausdruck zu verleihen, dass man etwa die Demokratie für die falsche Staatsform hält oder den Kapitalismus als Wirtschafts- und Gesellschaftsform und die soziale Marktwirtschaft als wirtschafts- und gesellschaftspolitisches Leitbild für verfehlt hält. Das Grundgesetz kennt nur die Pflicht zur Gesetzestreue, nicht aber eine Werteloyalität.« (Quelle: https://www.verfassungsschutz.de/DE/verfassungsschutz/auftrag/verfassung-schuetzen/verfassung-schuetzen_node.html; zuletzt aufgerufen am 21. Mai 2023) Eine gegen die Demokratie und damit den Kernbestand des Grundgesetzes gerichtete Auffassung kann zwar im verfassungsschutzrechtlichen Sinne »legitim«, aber inhaltlich nicht mehr bloß »radikal« sein.

91 Bundesamt für Verfassungsschutz (2022), S. 58 f.

92 Ebd., S. 10.

93 Warg 2021, S. 80.

94 Bundesamt für Verfassungsschutz, Quelle: https://www.verfassungsschutz.de/SharedDocs/glosaareintraege/DE/E/extremismus.html; zuletzt aufgerufen am 21. Mai 2023.

95 Schreiben des Bundesamtes für Verfassungsschutz vom 2. Mai 2023 an den Autor.

96 Bundesamt für Verfassungsschutz, Quelle: https://www.verfassungsschutz.de/DE/verfassungsschutz/auftrag/verfassung-schuetzen/verfassung-schuetzen_node.html; zuletzt aufgerufen am 21. Mai 2023.

97 Bundesamt für Verfassungsschutz (2002): Aufgaben – Befugnisse – Grenzen, Köln, S. 25. Auch der Behördenleiter selbst hielt sich damals in eigenen Beiträgen strikt an diese Sprachregelung, vgl. Fromm 2001, S. 76.

98 Urteil des Bundesverfassungsgerichts vom 20. Juli 1954 – 1 BvR 459/52, BVerfGE 4, 7, S. 17 f.

99 Bundesministerium des Innern und für Heimat (2022): Rechtsextremismus bekämpfen: Mit Prävention und Härte. Bundesinnenministerin Nancy Faeser stellt den Aktionsplan gegen Rechtsextremismus vor, Quelle: https://www.bmi.bund.de/SharedDocs/pressemitteilungen/DE/2022/03/aktionsplan-rechtsextremismus.html; zuletzt aufgerufen am 27. Juni 2023.

100 Pressekonferenz zur Vorstellung des Verfassungsschutzberichtes 2022 vom 20. Juni 2023, Quelle: https://www.youtube.com/watch?v=7JQQAvb6tIg; zuletzt aufgerufen am 27. Juni 2023.

101 Urteil des Bundesverfassungsgerichts vom 23. Oktober 1952 – 1 BvB 1/51, BVerfGE 2, 1 ff., S. 12 f.

102 Urteil des Bundesverfassungsgericht vom 17. August 1956 – 1 BvB 2/51, BVerfGE 5, 85 ff., S. 236: »Die KPD steht wesentlichen Prinzipien und Institutionen der freiheitlichen Demokratie, vor allem dem Mehrparteiengrundsatz und dem aus ihm resultierenden parlamentarischen System im ganzen ablehnend, ja mit kaum verhehlter Verachtung gegenüber und bekämpft sie mit allen ihr zur Verfügung stehenden Mitteln.«

103 § 4 BVerfSchG.

104 Urteil des Bundesverfassungsgerichts vom 17. Januar 2017 – 2 BvB 1/13, BVerfGE 144, 20 ff., Rn. 528 ff.

105 Schreiben von Gunter Warg an den Autor vom 22. September 2022.

106 Der bedeutsamen Frage, wie hochproblematisch die Bezugnahme auf die Menschenwürde in der Arbeit des Verfassungsschutzes mitunter ist, kann in diesem Buch nicht näher nachgegangen werden. Es sei allerdings der Hinweis gegeben, wie sehr auch in der Rechtswissenschaft die Auslegungsbedürftigkeit des obersten Verfassungsprinzips beklagt wird. Der ehemalige Verfassungsrichter Manfred Baldus kommt zu dem Ergebnis, dass die Menschenwürde zwar zum »archimedischen Punkt der Verfassungsstaates« erhoben wurde, aber zugleich »Ratlosigkeit« durch die »bedrückende Ungewissheit über ihren genauen Gehalt« bestehe (Baldus 2016, S. 11 sowie 14).

107 Warg, Gunter (2017): Nur der Kern des demokratischen Rechtsstaats – die Neujustierung der fdGO im NPD-Urteil vom 17.1.2017, in: NVwZ-Beilage 2017.

108 Ebd.

109 Warg 2021, S. 97.

110 Siehe ebd. sowie sowie umfassend Warg 2021, S. 92 ff.

111 Urteil des Bundesverfassungsgerichts vom 17. Januar 2017 – 2 BvB 1/13, BVerfGE 144, 20 ff., Rn. 546: »Den Rahmen der freiheitlichen demokratischen Grundordnung verlässt (…), wer den Parlamentarismus verächtlich macht, ohne aufzuzeigen, auf welchem anderen Weg dem Grundsatz der Volkssouveränität Rechnung getragen und die Offenheit des politischen Willensbildungsprozesses gewährleistet werden kann.«

112 Alice Weidel auf einer Pressekonferenz der AfD, Quelle: https://www.youtube.com/watch?v=6SGGz8TYRWY; zuletzt aufgerufen am 24. Mai 2023.

113 Grumke/van Hüllen 2016, S. 182.

114 Ebd., S. 107 f.

115 Ebd., S. 121.

116 Ebd., S. 169.

117 Ebd., S. 141.

118 Hans-Georg Maaßen im Interview mit »Rheinische Post« vom 28. Mai 2016, Quelle:https://rp-online.de/politik/deutschland/verfassungsschutzpraesident-hans-georg-maassen-im-interview_aid-9614207; zuletzt aufgerufen am 23. September 2023.

119 Murswiek 2020, S. 93. Murswiek hält die Verdachtsberichterstattung daher grundsätzlich für verfassungswidrig. Als Ausnahmen kämen nach dem

Grundsatz der Verhältnismäßigkeit nur besondere Fälle infrage, in denen eine akute Gefahrenabwehr in Rede steht. Nach Murswiek könnten hierunter aber nur extreme Einzelfälle fallen (ebd., S. 85–113).

120 Ebd., S. 68.

121 Ebd., S. 77.

122 MDR (2023): MDR-Umfrage: AfD in Thüringen bei 34 Prozent, 5. Juli 2023, Quelle: https://www.mdr.de/nachrichten/thueringen/umfrage-landtagswahl-sonntagsfrage-100.html#sprung1; zuletzt aufgerufen am 20. September 2023.

123 Beschluss des Bundesverfassungsgerichts vom 17. September 2013 – 2 BvR 2436/10, BVerfGE 134, 141 ff., Rn. 132 und 143.

124 So damals der SPD-Landtagsabgeordnete Kurt Weyh, zitiert nach Wogawa 2007, S. 68.

125 Winter 2005.

126 Müller, Claus Peter (2011): Terrorheimstatt Thüringen, in: FAZ vom 15. November 2011, Quelle: https://www.faz.net/aktuell/politik/inland/rechtsextremismus/erfurter-verfassungsschutz-terrorheimstatt-thueringen-11529745.html; zuletzt aufgerufen am 20. September 2023.

127 Roewer, Helmut (2012): Nur für den Dienstgebrauch, Graz, S. 9.

128 So Roewer angeblich gegenüber der Nachrichtenagentur DDP, zitiert nach Wogawa 2007, S. 12.

129 In seiner dienstlichen Autobiografie hält Roewer unter Bezugnahme auf eigene Tagebuchaufzeichnungen an der Aussage fest, sein damaliger Innenminister habe ihn ausdrücklich beauftragt, im Vorfeld einer Wahl politische Gegner der CDU zu überprüfen. Es habe sich somit um »eine illegale Wahlkampfaktion der örtlichen CDU« (Roewer 2012, S. 249 f.) gehandelt.

130 Segall, Peter Christian (1999): »Transmissionsriemen« der Postkommunisten? PDS-Arbeit gegen den Deutschen Gewerkschaftsbund (DGB), Erfurt.

131 Ebd., S. 23.

132 Zitiert nach Wogawa 2007, S. 47.

133 Aus Gründen der Übersichtlichkeit beschränkt sich die folgende Darstellung auf die gegen die Beobachtung durch das Bundesamt für Verfassungsschutz gerichteten Feststellungsklagen.

134 Urteil des VG Köln vom 13. Dezember 2007 – 20 K 3077/06, Rn. 27.

135 Ebd., Rn. 95.

136 Ebd., Rn. 103.

137 Urteil des VG Köln vom 23. April 2009 – 20 K 5429/07, Rn. 15.

138 Ebd., Rn. 38.

139 Urteil des OVG NRW vom 13. Februar 2009 – 16 A 845/09, DVBl 2009, 670, Rn. 294.

140 Ebd., Rn. 342.

141 Ebd., Rn. 345.

142 Ebd., Rn. 348.

143 Ebd., Rn. 393.

144 Ebd., Rn. 400.

145 Ebd., Rn. 401.

146 Ebd., Rn. 399.
147 Urteil des Bundesverwaltungsgerichts vom 21. Juli 2010, – 6 C 22.09, BVerwGE 137, 275, Rn. 12.
148 Ebd., Rn. 69.
149 Ebd., Rn. 105.
150 Ebd., Rn. 107.
151 Dem Verfahren schloss sich auch Ramelows Fraktion im Deutschen Bundestag an. Aus verschiedenen Gründen war dieser Beitritt für das Verfahren rechtlich belanglos. Daher wird dieser Aspekt im Fortgang der Argumentation nicht weiter verfolgt.
152 Murswiek verirrte sich in jungen Jahren sogar in die Studentenorganisation der rechtsextremen Partei NPD, was er heute als den »größten Fehler seines Lebens« bezeichnet. Im Jahr 1972 trat er in die CDU ein, verließ diese im Jahre 2015 aber aus Protest gegen Merkels Migrationspolitik.
153 Murswiek, Dietrich (2011): Beobachtung einer Person durch den Verfassungsschutz ohne Anhaltspunkte für verfassungsfeindliche Bestrebungen, Freiburg, S. 34.
154 Beschluss des Bundesverfassungsgerichtes vom 17. September 2013 – 2 BvR 2436/10, BVerfGE 134, 141 ff., Rn. 94.
155 Ebd., Rn. 124.
156 Ebd., Rn. 108.
157 Ebd., Rn. 123.
158 Ramelow, Bodo (2013): Vorwort, in: ders. (Hrsg.): Schreddern, Spitzeln, Staatsversagen, Hamburg, S. 9–13, S. 12.
159 Ramelow, Bodo (2014): Regierungserklärung vom 12. Dezember 2014, Plenarprotokoll 6/3, S. 36–54, S. 41, Quelle: https://parldok.thueringer-landtag.de/ParlDok/dokument/53767/3-plenarsitzung.pdf; zuletzt aufgerufen am 21. September 2023.
160 Piatov, Filipp/Rosenfelder, Lydia (2023): Jeder fünfte Deutsche »brauner Bodensatz«, BILD vom 29. Juni 2023, Quelle: https://www.bild.de/politik/inland/politik-ausland/jeder-fuenfte-deutsche-brauner-bodensatz-darf-ein-geheimdienst-chef-so-sprechen-84495592.bild.html; zuletzt aufgerufen am 21. September 2023.
161 Alle Zitate vgl. »Was ist ein Kommunist und wie wurde Frau von der Leyen überhaupt EU-Kommissionspräsidentin?«, Interview mit Hans-Georg Maaßen vom 8. August 2023, Quelle: https://www.youtube.com/watch?v=Os9pspqFS1o; zuletzt aufgerufen am 21. September 2023.
162 Tweet von Hans-Georg Maaßen vom 26. Oktober 2023, Quelle: https://x.com/hgmaassen/status/1717532572157137318?s=46&t=V-dsRbFRsdPglT-FaCGb_CQ; zuletzt aufgerufen am 27. Oktober 2023.
163 Beschluss des Bundesverfassungsgerichts vom 17. September 2013 – 2 BvR 2436/10, BVerfGE 134, 141 ff. Rn. 79.
164 »Verfassungsschutz hat keine Parteien zu beobachten«, Interview Peter Webers mit Hans-Georg Maaßen vom 26. März 2023, Quelle: https://www.youtube.com/watch?v=bFd0E3fiEa0; zuletzt aufgerufen am 23. September 2023.

165 Kauß, Udo (2021): Gerichtlicher Erfolg für Grund- und Freiheitsrechte – 38 Jahre rechtswidrige Überwachung darf nicht ohne politische und rechtliche Konsequenzen für den »Verfassungsschutz« bleiben!, Pressemitteilung vom 8. April 2021, S. 2.
166 Schriftsatz der Rechtsanwaltskanzlei Dr. Kauß & Weingart vom 9. August 2009 im Verfahren »Dr. Gössner gegen Bundesamt für Verfassungsschutz« vor dem Verwaltungsgericht Köln, S. 44.
167 Schreiben von Dr. Rolf Gössner vom 6. März 1996 an das Bundesamt für Verfassungsschutz, S. 1.
168 Ebd., S. 2.
169 Schreiben des Datenschutzbeauftragten des Bundesamtes für Verfassungsschatz an Dr. Rolf Gössner vom 24. Juni 1996.
170 Siehe den Offenen Brief »MITGLIEDER DES DEUTSCHEN PEN-CLUBS UND DES VERBANDES DEUTSCHER SCHRIFTSTELLER PROTESTIEREN« aus dem Mai 1997 an den Präsidenten des Bundesamtes für Verfassungsschutz.
171 Mader, Julius (1966): Nicht länger Geheim – Die Geheimdienste der Deutschen Bundesrepublik und ihre subversive Tätigkeit gegen die Deutsche Demokratische Republik, Berlin/DDR.
172 Schreiben von Dr. Rolf Gössner vom 20. August 1998 an das Bundesamt für Verfassungsschutz, S. 2.
173 Schreiben des Datenschutzbeauftragten des Bundesamtes für Verfassungsschatz an Dr. Rolf Gössner vom 20. November 1998, S. 2 f.
174 § 15 BVerfSchG.
175 Schriftsatz der Anwaltskanzlei Redeker, Sellner, Dahs & Widmaier vor dem Verwaltungsgericht Köln vom 23. Januar 2009, S. 130.
176 Gössner, Rolf (2016): Stellungnahme des Klägers auf die Berufungsbegründung der Beklagten vom 11. Dezember 2015 vor dem Oberverwaltungsgericht NRW, S. 103.
177 Ebd., S. 58 f.
178 Humanistische Union (2013): »Keine Frage der Transparenz – geheimdienstlicher Verfassungsschutz bleibt undemokratisch«, Pressemitteilung vom 27. September 2013, Quelle: https://www.humanistische-union.de/pressemeldungen/keine-frage-der-transparenz-geheimdienstlicher-verfassungsschutz-bleibt-undemokratisch/; zuletzt aufgerufen am 9. August 2023 sowie Pressemitteilung des Bundesamt für Verfassungsschutz vom 25. September 2013, im Internet nicht mehr abrufbar.
179 Urteil des Bundesverwaltungsgerichts vom 14. Dezember 2020 – BVerwG 6 C 11.18, BVerwGE 171, 59 ff., Rn. 56.
180 Urteil des Verwaltungsgerichts Köln vom 20. Januar 2011 – 20 K 2331/08, Rn. 10.
181 Gössner, Rolf (2019): Stellungnahme des Klägers vom 11.01.2019 zur Revisionsbegründung der Beklagten vom 18. Juli 2018 vor dem Bundesverwaltungsgericht, S. 11.
182 Urteil des Verwaltungsgerichts Köln vom 20. Januar 2011 – 20 K 2331/08, Rn. 10.

183 Schreiben des Bundesamtes für Verfassungsschutz an das Verwaltungsgericht Köln vom 16. Juni 2008, S. 4.
184 Schreiben des Verwaltungsgerichts Köln an den Beklagten vom 24. November 2008, S. 1.
185 Schreiben des Bundesamtes für Verfassungsschutz an das Verwaltungsgericht Köln vom 16. Juni 2008, S. 3.
186 Hepfer 2015, S. 111.
187 Protokoll der öffentlichen Sitzung der 20. Kammer des Verwaltungsgerichts Köln vom 20. November 2008 (20 K 2331/08), S. 2.
188 Gössner, Rolf (2010): Persönliche Stellungnahme des Klägers vom 6. April 2010 zum Schriftsatz der Beklagten vom 29. September 2009, S. 4.
189 Wortlaut der Verleihungsurkunde der Theodor Heuss-Stiftung zur Förderung der politischen Bildung und Kultur in Deutschland und Europa e. V. für das Jahr 2008, Quelle: https://www.rolf-goessner.de/Heuss-Urkunde%20 2008.htm; zuletzt aufgerufen am 9. August 2023.
190 Gössner, Rolf (2020): »Waffengleichheit« mit dem »organisierten Verbrechen«?, in: Marxistische Blätter 3/2000.
191 Zitiert nach Schriftsatz der Rechtsanwaltskanzlei Dr. Kauß & Weingart vom 9. August 2009, S. 3 f.; Urteil des Verwaltungsgerichts Köln (2011), Rn. 245 ff.
192 Ebd.
193 Gössner, Rolf (2010): Persönliche Stellungnahme des Klägers vom 6. April 2010 zum Schriftsatz der Beklagten vom 29. September 2009, S. 40.
194 Schriftsatz der Anwaltskanzlei Redeker, Sellner, Dahs & Widmaier vor dem Verwaltungsgericht Köln vom 23. Januar 2009, S. 130.
195 Urteil des Verwaltungsgerichts Köln vom 20. Januar 2011 – 20 K 2331/08, Rn. 132.
196 Ebd., Rn. 1.
197 Ebd., Rn. 259.
198 Gössner, Rolf (2011): Stellungnahme von Dr. Rolf Gössner vor dem Verwaltungsgericht Köln 20. Januar 2011, S. 4.
199 Schriftsatz der Anwaltskanzlei Redeker, Sellner, Dahs & Widmaier vor dem Oberverwaltungsgericht NRW vom 15. Mai 2011, S. 116.
200 Gössner, Rolf (2018): Persönliche Erklärung anlässlich der Mündlichen Verhandlung vor dem Oberverwaltungsgericht NRW am 13. März 2018 im verwaltungsgerichtlichen Verfahren Dr. Rolf Gössner ./. Bundesrepublik Deutschland ./. Bundesamt für Verfassungsschutz (Berufungsinstanz), S. 1.
201 Schriftsatz der Rechtsanwaltskanzlei Dr. Kauß & Weingart vom 30. April 2015 im Verfahren »Dr. Gössner gegen Bundesamt für Verfassungsschutz« vor dem Verwaltungsgericht Köln, S. 1.
202 Urteil des Oberverwaltungsgerichtes NRW vom 13. März 2018 – 16 A 906/11, DÖV 2018, 719, Rn. 110.
203 Ebd., Rn. 437 sowie 442.
204 Urteil des Bundesverwaltungsgerichts vom 14. Dezember 2020, – 6 C 11.18, BVerwGE 171, 59, Rn. 55 und 56.
205 Grumke/van Hüllen 2016, S. 67.
206 Ebd., S. 53.

207 Vgl. Grumke, Thomas/van Hüllen, Rudolf (2019): Der Verfassungsschutz. Grundlagen. Gegenwart. Perspektiven?, 2. Auflage, Opladen/Berlin/Toronto, S. 57 und 71.

208 Gössner, Rolf (2019): Stellungnahme des Klägers zur Revisionsbegründung der Beklagten vom 18. Juli 2018 vor dem Bundesverwaltungsgericht, S. 116.

209 Siehe Beschluss des Bundesverwaltungsgerichtes vom 23. März 2009, BVerwG 20 F 11.08.

210 Pressekonferenz zur Vorstellung des Verfassungsschutzberichtes des Bundes für das Jahr 2019 vom 9. Juli 2020, Quelle: https://www.youtube.com/watch?v=3qQZ_WsCKMI; zuletzt aufgerufen am 1. Dezember 2022.

211 Lucke, Bernd (2019): Systemausfall. Europa, Deutschland und die AfD: Warum wir von Krise zu Krise taumeln und wie wir den Problemstau lösen, München, S.156.

212 Vgl. Warg, (2021), S. 75.

213 Stellungnahme des Innenministeriums Sachsen-Anhalt vom 2. März 2022 vor dem Verwaltungsgericht Magdeburg, S. 4.

214 Kubitschek, Götz (2021): Verfassungsschutzbericht: eine Kommentierung, Quelle: https://sezession.de/64991/verfassungsschutzbericht-eine-kommen tierung?hilite=verfassungsschutz; zuletzt aufgerufen am 1. Dezember 2022.

215 Präsident des Oberverwaltungsgerichts Sachsen-Anhalt (2022): Jahresbericht der Verwaltungsgerichtsbarkeit des Landes Sachsen-Anhalt – Geschäftsjahr 2021, Magdeburg, S. 10.

216 Schreiben des Ministeriums für Inneres und Sport des Landes Sachsen-Anhalt vom 12. November 2021, S. 12.

217 Verfassungsschutz Sachsen-Anhalt (2019a): Vermerk zur Einrichtung als Beobachtungsobjekt Verein für Staatspolitik e. V., Magdeburg, S. 28.

218 Ebd., S. 29.

219 Hoppe, Hans Hermann (2018): Libertäre und Alt-Right – strategische Gedanken, in: Sezession 82/2018, Schnellroda, S. 21–25, S. 21.

220 Schreiben des Ministeriums für Inneres und Sport des Landes Sachsen-Anhalt vom 12. November 2021, S. 14.

221 Verfassungsschutz Sachsen-Anhalt (2019a): Vermerk zur Einrichtung als Beobachtungsobjekt Verein für Staatspolitik e. V., Magdeburg, S. 30 f.

222 Braun, Johann (2015): Soziale Lenkung – Formen rationaler Verhaltenssteuerung, in: Sezession 69/2015, Schnellroda, S. 10–14, S. 14. Anmerkung: Der in den Schriftsätzen des Innenministeriums notierte Quellenbeleg ist fehlerhaft und wird fälschlicherweise einem völlig anderen Beitrag zugeschrieben.

223 Schreiben des Ministeriums für Inneres und Sport des Landes Sachsen-Anhalt vom 12. November 2021, S. 18.

224 Ebd.

225 Michels, Robert (1989): Soziologie des Parteienwesens, Stuttgart.

226 Lehnert, Erik (2017): Parteienherrschaft – und kein Ende?, Sezession 80/2017, S. 18–21, S. 19.

227 Weber, Max (1988): Wahlrecht und Demokratie in Deutschland, in: ders.: Gesammelte politische Schriften, Tübingen, S. 245–291, S. 268.

228 Lehnert 2017, S. 21.

229 Schreiben des Ministeriums für Inneres und Sport des Landes Sachsen-Anhalt vom 12. November 2021, S. 18.

230 Ebd.

231 Ebd., S. 19.

232 Verfassungsschutz Sachsen-Anhalt (2019a): Vermerk zur Einrichtung als Beobachtungsobjekt: Verein für Staatspolitik e. V., Magdeburg, S. 39.

233 Siehe bspw. das Schreiben des Ministeriums für Inneres und Sport des Landes Sachsen-Anhalt vom 12. November 2021, S. 14 ff.

234 Steder, Wolfram (2011): Ideologische Syndrome. Zur Aktualität des sekundären Antisemitismus in Deutschland, in: Brunner, M./Lohl, J./Pohl, R. & Winter, S. (Hg.) (2011): Volksgemeinschaft, Täterschaft und Antisemitismus. Beiträge zur psychoanalytischen Sozialpsychologie des Nationalsozialismus und seiner Nachwirkungen, Gießen, S. 227–249, S. 231.

235 Decker, Oliver/Kiess, Johannes/Heller, Ayline/Schuler, Julia/Brähler, Elmar: Die Leipziger Autoritarismus Studie 2022: Methode, Ergebnisse und Langzeitverlauf, in: Decker, Oliver/Kiess, Johannes/Heller, Ayline/Brähler, Elmar (Hrsg.): Autoritäre Dynamiken in unsicheren Zeiten. Neue Herausforderungen – alte Reaktionen? Leipziger Autoritarismus Studie 2022, Gießen, S. 31–90, S. 69.

236 Schreiben des Ministeriums für Inneres und Sport des Landes Sachsen-Anhalt vom 12. November 2021, S. 15.

237 Jaspers, Karl (1965): Die Schuldfrage, in: ders.: Hoffnung und Sorge. Schriften zur deutschen Politik 1945–1965, München, S. 67–149.

238 Schreiben des Ministeriums für Inneres und Sport des Landes Sachsen-Anhalt vom 12. November 2021, S. 15.

239 Bahners 2022, S. 363.

240 Vgl. Brodkorb, Mathias (Hrsg.) (2011): Singuläres Auschwitz? Ernst Nolte, Jürgen Habermas und 25 Jahre »Historikerstreit«, Banzkow.

241 Assan, Dan (2012): Israelisches Staatsangehörigkeitsrecht, in: Das Standesamt. Zeitschrift für Standesamtswesen, Familienrecht, Staatsangehörigkeitsrecht, Internationales Privatrecht des In- und Auslands, 8/2012, S. 228–235, S. 229.

242 Sommerfeld-Lethen, Caroline (2005): Wie moralisch werden?: Kants moralistische Ethik, Baden-Baden.

243 Sommerfeld, Caroline (2019): Wer gehört zu uns?, in: Sezession 88/2019, Schnellroda, S. 33–37.

244 Schreiben des Ministeriums für Inneres und Sport des Landes Sachsen-Anhalt vom 17. Februar 2022, S. 4, sowie Sommerfeld-Lethen 2005.

245 Verfassungsschutz Sachsen-Anhalt (2019b): Erste Fortschreibung zum Beobachtungsobjekt Verein für Staatspolitik e. V. der Landesverfassungsschutzbehörde Sachsen-Anhalt, Magdeburg, S. 5. Vgl. auch das Schreiben des Ministeriums für Inneres und Sport des Landes Sachsen-Anhalt vom 17. Februar 2022, S. 5.

246 Schreiben des Ministeriums für Inneres und Sport des Landes Sachsen-Anhalt vom 17. Februar 2022, S. 3.

247 Ebd., S. 5.

248 Sommerfeld, Caroline (2019): Wer gehört zu uns?, in: Sezession 88/2019, Schnellroda, S. 33.
249 Ebd.
250 Weber, Max (1980): Wirtschaft und Gesellschaft, Tübingen, S. 237.
251 Sommerfeld 2019, S. 34.
252 Ebd., S. 36 f.
253 Ebd., S. 37.
254 Ebd.
255 Schreiben des Ministeriums für Inneres und Sport des Landes Sachsen-Anhalt vom 12. November 2021, S. 12.
256 Schreiben des Ministeriums für Inneres und Sport des Landes Sachsen-Anhalt vom 17. Februar 2022, S. 4.
257 Sommerfeld 2019, S. 36.
258 Ebd., S. 35 f.
259 Ebd., S. 36.
260 Ebd.
261 Ebd.
262 Schreiben des Ministeriums für Inneres und Sport des Landes Sachsen-Anhalt vom 17. Februar 2022, S. 4.
263 Sommerfeld 2019, S. 36.
264 Schreiben von Caroline Sommerfeld an den Autor vom 29. November 2022.
265 Ebd.
266 Schreiben des Ministeriums für Inneres und Sport des Landes Sachsen-Anhalt vom 2. März 2022, S. 6.
267 Ebd.
268 Schreiben des Ministeriums für Inneres und Sport des Landes Sachsen-Anhalt vom 17. Februar 2022, S. 2, FN 1.
269 Ebd., S. 3.
270 Ebd.
271 BMI (2018): Deutsche Minderheiten Stellen sich vor, Berlin, S. 60 f.
272 Bundesministerium des Innern: Deutsche Minderheiten in Europa und den Nachfolgestaaten der UdSSR, Quelle: https://www.bmi.bund.de/DE/themen/heimat-integration/minderheiten/deutsche-minderheiten/deutsche-minderheiten-node.html; zuletzt aufgerufen am 1. Dezember 2022.
273 Schreiben des Ministeriums für Inneres und Sport des Landes Sachsen-Anhalt vom 2. März 2022, S. 5.
274 Ebd.
275 Artikel 16 Grundgesetz für die Bundesrepublik Deutschland (GG) in der im Bundesgesetzblatt Teil III, Gliederungsnummer 100-1, veröffentlichten bereinigten Fassung, das zuletzt durch Artikel 1 des Gesetzes vom 19. Dezember 2022 (BGBl. I S. 2478) geändert worden ist.
276 Vedder/Lorenzmeier/Wendel in v. Münch/Kunig, GGK II, 7. Auflage 2021, GG Art. 116, Rn. 1-145, Rn. 72.
277 § 6 Gesetz über die Angelegenheiten der Vertriebenen und Flüchtlinge (Bundesvertriebenengesetz – BVFG) in der Fassung der Bekanntmachung vom

10. August 2007 (BGBl. I S. 1902), das zuletzt durch Artikel 162 der Verordnung vom 19. Juni 2020 (BGBl. I S. 1328) geändert worden ist.

278 Beschluss des Verwaltungsgerichtes Magdeburg vom 23. Februar 2023, Aktenzeichen: 1 B 220/21 MD, Magdeburg, S. 19 f.

279 Vgl. auch Urteil des Bundesverfassungsgerichts vom 17. Januar 2017, – 2 BvB 1/13, BVerfGE 144, 20 ff., Rn. 693.

280 Verwaltungsgericht Magdeburg, 1 B 220/21 MD, S. 20.

281 Wagener, Martin (2018): Deutschlands unsichere Grenze. Plädoyer für einen neuen Schutzwall, München.

282 Spiegel-online (2023): Innenministerin Faeser will Flüchtlingszahlen stärker begrenzen, Beitrag vom 5. Mai 2023, Quelle: https://www.spiegel.de/politik/deutschland/nancy-faeser-will-fluechtlingszahlen-staerker-begrenzen-a-852533c0-3c35-4823-b684-378136bd327f; zuletzt aufgerufen am 29. Mai 2023.

283 Ebd., S. 353.

284 Möllers, Christoph (2018): Zur Pflicht zur Verfassungstreue von Hochschullehrern an einer Hochschule des Bundes in Bezug auf einen Einzelfall. Ein Rechtsgutachten im Auftrag des Bundesnachrichtendienstes, Berlin, S. 23.

285 Ebd., S. 21.

286 Ebd., S. 15.

287 Hier wird im Gutachten fehlerhaft zitiert, aber nicht in sachlich verzerrender oder entstellender Weise.

288 Wagener 2018, S. 352.

289 Möllers 2018, S. 21.

290 Hieran kann auch die Tatsache nichts ändern, dass Artikel 116 GG ausdrücklich als Übergangsvorschrift konzipiert war. Auch eine Übergangsvorschrift wäre, wenn sie im Kern verfassungswidrig wäre, von Anfang an null und nichtig. Vedder/Lorenzmeier/Wendel weisen darauf hin, dass im Ausführungsgesetz zu Artikel 116 Absatz 1 GG bei der Definition der Volkszugehörigkeit »das Kriterium der Abstammung im Mittelpunkt steht« (ebd., Rn. 85).

291 Urteil des Bundesverfassungsgerichts vom 17. Januar 2017, – 2 BvB 1/13, BVerfGE 144, 20 ff., Rn. 690.

292 Möllers versucht, seine Argumentation dadurch zu stützen, dass er bei der Vergabe der Staatsangehörigkeit zwischen einer »Voraussetzung« und einer »Anknüpfung« an ethnische Kriterien unterscheidet (Möllers, Christoph (2023): Die verfassungsrechtliche Missbilligung eines materialisierten Volksbegriffs als Element des Schutzes der Verfassung, in: Der Staat. Zeitschrift für Staatslehre und Verfassungsgeschichte, deutsches und europäisches Öffentliches Recht, 2/2023, Berlin, S. 181–200, S. 183). Einen ethnischen Volksbegriff vorauszusetzen sei also verfassungswidrig, an ihn bloß anzuknüpfen nicht. Soweit bei einer rechtlichen Regelung so an einen Sachverhalt »angeknüpft« wird, dass diese Regelung sich ändern würde, suspendierte man zugleich den für die Rechtskonstruktion erforderlichen Anknüpfungspunkt, ist dieser in einem logischen Sinne zugleich eine Voraussetzung der rechtlichen Regelung. Zum Begriff der Voraussetzung

siehe auch Möllers, Christoph (2011): Staat als Argument, 2. Auflage, Tübingen, S. 256, sowie Kelsen, Hans (1928): Der soziologische und der juristische Staatsbegriff, 2. Auflage, Tübingen, S. 256.

293 Siehe bspw. BVerfG 2017 – 2 BvB 1/13, Rn. 688: »Die Antragsgegnerin vertritt also das Konzept einer ethnisch definierten Volksgemeinschaft *und* (Hervorhebung M. B.) eines rechtlich abgewerteten und mit der Menschenwürdegarantie unvereinbaren Status aller, die dieser Gemeinschaft abstammungsmäßig nicht angehören.« sowie Rn. 635, 640 und 766. Auch das Urteil zum Entzug der staatlichen Parteienfinanzierung der Partei Die Heimat (ehemals NPD) ist m. E. in diesem Sinne zu verstehen, obgleich für das Gericht der »ethnische Volksbegriff« wesentlicher Bezugspunkt der Entscheidung ist. Das Gericht führt hierzu ausdrücklich konkretisierend aus: »Auf dieser Grundlage negiert sie das Gebot elementarer Rechtsgleichheit und fordert die Trennung von Kulturen und Ethnien. Sie diffamiert einzelne gesellschaftliche Gruppierungen und Minderheiten. Zugleich räumt sie dem Kollektiv der ›Volksgemeinschaft‹ Vorrang gegenüber dem einzelnen Menschen ein. Konsequenz des exkludierenden Charakters der ›deutschen Volksgemeinschaft‹ ist die Forderung der Antragsgegnerin nach umfassender rechtlicher Besserstellung aller Angehörigen dieser Gemeinschaft und der Abwertung des rechtlichen Status derjenigen, die dieser Gemeinschaft nicht angehören.« (BVerfG (2024): Pressemitteilung Nr. 9/2024 vom 23. Januar 2024, Quelle: https://www.bundesverfassungsgericht.de/SharedDocs/Pressemitteilungen/DE/2024/bvg24-009.html; zuletzt aufgerufen am 24. Januar 2024)

294 Kokott, Juliane, in: Sachs (Hrsg.) Grundgesetz, 8. Auflage 2018, München, Artikel 116, Rn. 20–22.

295 Ebd., Rn. 1.

296 Die Geschichte der Statusdeutschen ist unglaublich vielschichtig und vor allem rechtlich komplex. Es ist hier nicht der Ort, dies ausführlich auseinanderzulegen. Siehe hierzu Vedder/Lorenzmeier/Wendel 2021 sowie Herzog, Thomas/Westphal, Dietrich (2014): Kommentar zum Gesetz über die Angelegenheiten der Vertriebenen und Flüchtlinge (Bundesvertriebenengesetz – BVFG), in: Kölble, Josef: Das deutsche Bundesrecht, Baden-Baden, 1193. Lieferung, S. 17–109.

297 Morgenthaler, Gerd (2022): Der Volksbegriff des Grundgesetzes. Vortrag im Rahmen des Workshops »Was ist ein Volk?« an der Universität Siegen vom 27./28. September 2022, Manuskript, S. 5.

298 Sie mag durch seine ausdrückliche Nähe zum Rechtspositivismus Kelsens motiviert sein, vgl. Möllers 2011, S. XIIIf und S. 420 sowie Kelsen, Hans (1928): Der soziologische und der juristische Staatsbegriff, 2. Auflage, Tübingen.

299 Wagener 2018, S. 349.

300 In seinem Zitat irrt auch Wagener, wenn er das Staatsvolk zur Summe der Staatsbürger erklärt. Dies ist so nicht zutreffend. Dieser Fehler scheint aber nicht so fatal, als dass nicht mehr klar verstehbar wäre, was er eigentlich als seine Position zum Ausdruck bringen will, nämlich den Vorrang der

Staatsbürgerschaft vor ethnischen Kriterien mit Blick auf die subjektive Rechtsstellung.

301 Möllers 2018, S. 21. Die Identifikation eines jeden Ethnos mit einer rassisch definierten Gruppe scheint in der Rechtswissenschaft weit verbreitet (siehe Vedder/Lorenzmeier/Wendel 2021, Rn. 85). Siehe zu den damit verbundenen Problemen weiter unten.

302 Vedder/Lorenzmeier/Wendel 2021, Rn. 137.

303 Ebd., Rn. 102.

304 Ebd., Rn. 141.

305 Möllers 2018, S. 8.

306 Stellungnahme des Fachbereichsrats des Fachbereichs Nachrichtendienste der Hochschule des Bundes für öffentliche Verwaltung zu Publikationen von Herrn Prof. Dr. Martin Wagener vom 12. Oktober 2021, Quelle: https://www.hsbund.de/DE/01_Hochschule/25_Fachbereiche/08_Nachrichtendienste/ND_Stellungnahme.html?nn=50160; zuletzt aufgerufen am 21. April 2023.

307 Wagener, Martin (2021a): Anmerkungen zum Rechtsgutachten von Prof. Dr. Christoph Möllers zum Buch »Deutschlands unsichere Grenze. Plädoyer für einen neuen Schutzwall«, Potsdam, S. 1.

308 Wagener 2022a, S. 201.

309 Der Präzision wegen sei dabei bemerkt: Nicht einmal ein biologisch-ethnischer Volksbegriff wäre per se verfassungswidrig. Das wäre er erst dann, wenn biologische Eigenschaften so für das Staatsangehörigkeitsrecht herangezogen würden, dass deren Nicht-Innehaben zu einem Ausschluss aus dem Rechtsinstitut der Staatsbürgerschaft oder eine andere willkürliche rechtliche Diskriminierung folgte.

310 So auch explizit in einem Gastbeitrag in der Neuen Zürcher Zeitung: Wagener, Martin (2021c): Der Bundesverfassungsschutz lässt sich politisch instrumentalisieren, NZZ vom 19. August 2021, Quelle: https://www.nzz.ch/meinung/bundesverfassungsschutz-laesst-sich-politisch-instrumentalisieren-ld.1640849; zuletzt aufgerufen am 25. April 2023.

311 Wagener, Martin (2021b): Kulturkampf um das Volk. Der Verfassungsschutz und die nationale Identität der Deutschen, Reinbek, S. 19.

312 Wagener, Martin (2022b): Sieben »verdächtige« Aussagen. Die konkreten Vorwürfe des Verfassungsschutzes, Podcast vom 24. Mai 2022, Quelle: https://www.youtube.com/watch?v=v-EmDj8Rk08; zuletzt aufgerufen am 21. April 2023.

313 Bemerkenswert ist daher, dass Journalisten des rbb bereits am 2. Juni 2022 öffentlich über den Entzug der Sicherheitsfreigabe berichten und sich dabei auf detaillierte Informationen aus dem BfV-Gutachten sowie die Entscheidungsgründe des Bundesnachrichtendienstes berufen. Das ist, weil diese Informationen eigentlich nur aus Geheimdienstkreisen selbst stammen können, mutmaßlich ein Vorfall von Geheimnisverrat und damit eine Straftat aus der Behörde selbst heraus. Siehe Heil, Georg/Pohl, Markus (2022): BND entzieht Professor Sicherheitsfreigabe, Quelle: https://www.tagesschau.de/investigativ/rbb/bnd-professor-103.html; zuletzt aufgerufen am 25. April 2023.

314 Wagener 2022b, Ebd.

315 Murswiek, Dietrich (2021): Verfassungsschutzrechtliche Stellungnahme zu dem Buch von Martin Wagener: Kulturkampf um das Volk, Freiburg, S. 2.

316 In einem einstimmig ergangenen Urteil des Bundesverfassungsgerichts vom 31. Oktober 1990 (2 BvF 2, 6/89, BVerfGE 83, 37 ff.) heißt es hierzu bereits in Leitsatz 3 unmissverständlich: »Das Staatsvolk, von dem die Staatsgewalt in der Bundesrepublik Deutschland ausgeht, wird nach dem Grundgesetz von den Deutschen, also den deutschen Staatsangehörigen und den ihnen nach Art. 116 Abs. 1 gleichgestellten Personen, gebildet.«

317 Murswiek 2021, S. 2.

318 Ebd.

319 Morgenthaler 2022, S. 8.

320 Murswiek 2021, S. 4.

321 Dotzauer, Gregor (2021): Netzwerk Wissenschaftsfreiheit. Bitte rechts abbiegen, Tagesspiegel vom 7. Februar 2021, Quelle: https://www.tagesspiegel.de/politik/bitte-rechts-abbiegen-4229116.html; zuletzt aufgerufen am 24. April 2023.

322 Morgenthaler, Gerd (2021): Interne Notiz zur Frage einer Mitgliedschaft im Netzwerk Wissenschaftsfreiheit e.V.; Hier: Martin Wagener, S. 3.

323 Schreiben von Gerd Morgenthaler an den Autor vom 29. April 2023.

324 Da dieser Text keine wissenschaftliche Dignität und Vollständigkeit beansprucht, beschränke ich mich im Fortgang der Argumentation auf jene Belege, die unbedingt erforderlich sind, um den Sachverhalt beurteilen zu können. Die Zahl der entweder widersprüchlichen und/oder im Sinne Wageners einseitigen Begriffsbildungen in den Schriften des Verfassungsschutzes ist weit umfangreicher, als hier dargelegt. Aber es lohnt in der Sache nicht, dies vollständig zu dokumentieren.

325 Bundesministerium des Innern und für Heimat (2015): Verfassungsschutzbericht 2014, Berlin, S. 32. Der Verfassungsschutz hält auch in den Folgejahren an dieser unklaren Begriffsbestimmung fest, auf entsprechende Nachweise wird an dieser Stelle verzichtet.

326 Ebd., S. 35.

327 Ebd., S. 32.

328 Bundesministerium des Innern und für Heimat (2019): Verfassungsschutzbericht 2020, Berlin, S. 88.

329 Ebd., S. 91.

330 Ebd.

331 Ebd., S. 100.

332 Bundesministerium des Innern und für Heimat (2020): Verfassungsschutzbericht 2020, Berlin, S. 75.

333 Ebd., S. 85 f.

334 Aufheben ließe diese sich nur, wenn man eine planetarische platonische Kindergemeinschaft etablierte (Platon (1957): Res Publica, in: Platonis Opera, Band IV, Oxford, 473c11-473e5).

335 Bong, Jörg (2022): Die Flamme der Freiheit. Die deutsche Revolution 1848/49, Köln, S. 367.

336 Ganz anders Christoph Möllers. Er bestreitet, dass es vor der »deutschen Nationalstaatsgründung« so etwas wie eine Kulturgemeinschaft des deutschen Volkes gegeben habe, auch wenn diese Behauptung »politisch wirkmächtig war« (Möllers 2023, S. 9). Möllers bestätigt damit aber unfreiwillig die Existenz eben jener ethnischen Gruppenidentität, die er im Widerspruch zu den historischen Quellen zugleich bestreitet. Dass nach Reichsgründung der Staat wiederum gezielt benutzt wurde, um das kulturelle Bewusstsein als Nation zu forcieren und zu verallgemeinern, steht dem nicht entgegen.

337 Weyand, Jan (2017): Zur Bedeutung der Unterscheidung von Demos und Ethnos für »Integration«. Beitrag zur Veranstaltung »Ethnos, Demos, Populus – In was sollen oder können Migranten ›integriert‹ werden?« der Sektion Soziologische Theorie, Quelle: https://publikationen.soziologie.de/index.php/kongressband_2016/article/view/384/pdf_90; zuletzt aufgerufen am 30. Mai 2023, S. 2.

338 Habermas, Jürgen (1996): Der europäische Nationalstaat – Zu Vergangenheit und Zukunft von Souveränität und Staatsbürgerschaft, in: ders.: Die Einbeziehung des Anderen, Frankfurt am Main, S. 128–153, S. 139 f.

339 Weyand 2017, S. 7.

340 Möllers 2023, S. 12.

341 Murswiek 2020, S. 167 ff.

342 Siehe Möllers 2023, S. 185 und Bahners 2023, S. 101 ff. und S. 191 f.

343 Bahners 2023, S. 422.

344 Ebd., S. 478.

345 Aristoteles (1988): Ethica Nicomachea, Oxford, 1094b23-25.

346 Murswiek 2020, S. 177.

347 Dies bestätigt auch Wageners Gutachter Murswiek, wenn dieser feststellt, Wagener vertrete selbstverständlich einen »Volksbegriff im ethnisch-kulturellen Sinne« (Murswiek 2021, S. 2).

348 Möllers 2023, S. 197.

349 § 5 Gesetz über die Voraussetzungen und das Verfahren von Sicherheitsüberprüfungen des Bundes und den Schutz von Verschlusssachen (Sicherheitsüberprüfungsgesetz – SÜG) vom 20. April 1994 (BGBl. I S. 867), das zuletzt durch Artikel 4 des Gesetzes vom 5. Juli 2021 (BGBl. I S. 2274) geändert worden ist.

350 Wagener 2022b.

351 Sämtliche Zitate siehe Podiumsdiskussion »Wie bedroht ist die Demokratie? Demokratie-Forum aus dem Hambacher Schloss«, Quelle: https://www.youtube.com/watch?v=7eRYT6xM6Pw; zuletzt aufgerufen am 10. September 2023.

352 Es ist daher überraschend, wenn er in aktuellen Veröffentlichungen zum Themengebiet im Grunde nicht stattfindet (siehe Steinke 2023).

353 Gertrude Lübbe-Wolff im Gespräch mit Tina Hildebrandt und Heinrich Wefing, Zeit-Online vom 6. Oktober 2023, Quelle: https://www.zeit.de/politik/2023-10/afd-verbot-verfasungsschutz-gertrude-luebbe-wolff-politik-podcast; zuletzt aufgerufen am 9. November 2023.

354 Olaf Scholz im Gespräch mit Christoph Hickmann und Dirk Kurbjuweit, Spiegel-online vom 20. Oktober 2023, aus: DER SPIEGEL 43/2023, Quelle: https://www.spiegel.de/politik/deutschland/olaf-scholz-ueber-migration-es-kommen-zu-viele-a-2d86d2ac-e55a-4b8f-9766-c7060c2dc38a; zuletzt aufgerufen am 10. November 2023.

355 Urteil des Verwaltungsgerichts Köln vom 8. März 2022, 13 K 326/21, Randnummernzählweise gemäß Rechtsprechungsdatenbank NRW.

356 Ebd., vgl. Rn. 94 mit Rn. 380, 756 und 940. Das VG Köln stützt sich in Sachen ethnischer Volksbegriff dabei auf mehrere Urteile des OVG Berlin-Brandenburg, siehe bspw. OVG 1 S 55/20 und OVG 1 N 96/20.

357 Allein auf der Ebene des Verwaltungsgerichts Köln liegen seitens der Streitparteien mehr als 30 Schriftsätze vor. Der Verfassungsschutz stützt sich dabei vor allem auf drei durch ihn selbst angefertigte Gutachten, die insgesamt einen Umfang von rund 1.700 Seiten aufweisen und sich ihrerseits aus tausenden Seiten Beweismaterials speisen (Vgl. Bundesamt für Verfassungsschutz (2019): Gutachten zu tatsächlichen Anhaltspunkten für Bestrebungen gegen die freiheitliche demokratische Grundordnung in der »Alternative für Deutschland« (AfD) und ihren Teilorganisationen, Köln; Bundesamt für Verfassungsschutz (2020): Gutachten zur Einstufung des »Flügel« als erwiesen extremistische Bestrebung, Köln; Bundesamt für Verfassungsschutz (2021): Folgegutachten zu tatsächlichen Anhaltspunkten für Bestrebungen gegen die freiheitliche demokratische Grundordnung in der Alternative für Deutschland (AfD), Köln). Das erste dieser eigentlich geheimen drei Gutachten, das der folgenden Untersuchung zugrunde liegt, wurde im Jahr 2019 infolge eines Leaks öffentlich. Da die Quelle hierfür aus dem Verfassungsschutz selbst stammen muss, liegt mutmaßlich Geheimnisverrat und damit eine Straftat zulasten der AfD vor.

358 Murswiek, Dietrich (2019): Juristische Bewertung des vom Bundesamt für Verfassungsschutz (BfV) erstellten »Gutachtens zu tatsächlichen Anhaltspunkten für Bestrebungen gegen die freiheitliche demokratische Grundordnung in der ›Alternative für Deutschland‹ (AfD) und ihren Teilorganisationen« in drei Teilen nebst Anlagen. Bereits im Jahre 2018 hatte er der AfD in einem Kurzgutachten »Handlungsempfehlungen« zur Vermeidung verfassungsschutzrechtlich relevanter Äußerungen gegeben, die im Verfahren vor dem Verwaltungsgericht Köln eine namhafte Rolle spielen sollten (vgl. Murswiek, Dietrich (2018): Rechtliche Voraussetzungen für die Beobachtung einer politischen Partei durch den Verfassungsschutz. Kurzgutachten und Handlungsempfehlungen für die AfD).

359 AfD (2019): Pressekonferenz »Der Verfassungsschutz darf nicht zu einem Regierungsschutz verkommen« vom 7. November 2019, Quelle: https://www.afd.de/der-verfassungsschutz-darf-nicht-zu-einem-regierungsschutz-verkommen/; zuletzt aufgerufen am 10. November 2023.

360 VS-Gutachten I 2019, S. 27.

361 Steinke 2023, S. 128.

362 Ebd., S. 131.

363 Murswiek erläutert sein methodisches Vorgehen wie folgt: Wird eine Merkmalsausprägung festgestellt, erhält der Einzelfall den Wert »1«, falls nicht den Wert »0«. Ist der Sachverhalt nicht abschließend aufklärbar, wird der Wert »0,5« notiert. In diesem Sinne nicht eindeutige Fälle werden der Gruppe der unzutreffenden Beanstandungen zugerechnet. Dies ist im Sinne einer rechtsstaatlichen Logik folgerichtig: Kann ein Vorwurf nicht zweifelsfrei bewiesen werden, muss er als nicht existent betrachtet werden (Murswiek 2019, Teil 1, S. 9 f.). Die Zahl der in diesem Sinne uneindeutigen Fälle ist aber so gering, dass sich an der grundsätzlichen Aussage einer enorm hohen Fehlerquote des Verfassungsschutzes auch dann nichts änderte, wenn diese den eindeutigen Problemfällen zugeordnet würden.

364 Murswiek 2019, Teil 1, S. 7 ff. Für die grundsätzliche Unabhängigkeit des Gutachters spricht dabei nicht nur die Tatsache, dass er in der Vergangenheit auch für Die Grünen und Bodo Ramelow (Die Linke) tätig war, sondern dass er bei strengem verfassungsrechtlichem Maßstab bei der AfD eine Reihe bedenklicher Äußerungen identifiziert hat. Das unterscheidet sein Gutachten deutlich von der Argumentation der AfD. Die Partei hatte vor Gericht sämtliche Vorhaltungen des Verfassungsschutzes als unbegründet zurückgewiesen (vgl. VG Köln, 13 K 326/21, Rn. 938).

365 Freilich ist diese Einteilung nicht sehr trennscharf, weil einzelne ideologische Elemente gegenseitig miteinander verwoben sind. So lässt sich die Forderung, »eine generelle Ausgangssperre für männliche Asylbewerber im Alter unter 50 Jahren ab 20:00 Uhr« (VS-Gutachten I, S. 275) zum Schutz der hiesigen Bevölkerung vor Kriminalität zu verhängen, *mindestens* in die Bereiche Islam- und Fremdenfeindlichkeit sowie Demokratie/Rechtsstaat einsortieren. In diesem konkreten Fall wurde das Zitat dem dritten Bereich zugeordnet, weil die Aussage durch ihre offenkundige Rechtsstaatswidrigkeit gegen die fdGO verstößt.

366 VS-Gutachten I 2019, S. 94 f.

367 Glotz, Peter (1989): Die deutsche Rechte. Eine Streitschrift, Stuttgart, S. 10.

368 VS-Gutachten I 2019, S. 137.

369 Ebd., S. 243.

370 Ebd., S. 368.

371 Murswiek 2019, Teil 1, S. 105.

372 VG Köln, 13 K 326/21, Rn. 662., vgl. Höcke, Björn/Hennig, Sebastian (2018): Nie zweimal in denselben Fluss, 2. Auflage, Lüdinghausen und Berlin, S. 257 f.

373 VS-Gutachten I, S. 394.

374 VS-Gutachten I, S. 395.

375 VG Köln, 13 K 326/21, Rn. 661.

376 Höcke/Hennig 2018, S. 257.

377 Ebd.

378 Murswiek 2019, Teil 3, S. 122.

379 Höcke/Hennig 2018, S. 259.

380 Ebd., S. 269.

381 VG Köln, 13 K 326/21, Rn. 464.

382 VS-Gutachten I 2019, S. 274.
383 VG Köln, 13 K 326/21, Rn. 439.
384 Ebd., Rn. 441.
385 Spiegel-online (2017): Krawalle und sexuelle Übergriffe bei Volksfest in Baden-Württemberg, Quelle: https://www.spiegel.de/panorama/justiz/schorndorf-krawalle-und-sexuelle-uebergriffe-bei-volksfest-in-baden-wuerttemberg-a-1158282.html; zuletzt aufgerufen am 16. November 2023.
386 Murswiek 2019, Teil 2, S. 67.
387 Murswiek 2020, S. 54.
388 Murswiek 2019, Teil 2, S. 65. Murswiek scheint hier ein Fehler unterlaufen zu sein, denn im Text ist von »Politik« und nicht von »Polizei« die Rede.
389 Ebd., S. 65 f.
390 VS-Gutachten I 2019, S. 11.
391 Auch ein letztlich biologischer Volksbegriff ist innerhalb der AfD nachweisbar. Maximilian Krah, der Spitzenkandidat der Partei zur Europawahl 2024, veröffentlichte im Jahr 2023 im Antaios Verlag ein Buch, in dem er vom Vorrang der Biologie vor der Kultur ausgeht: »Es gibt (...) eine natürliche Ordnung der Dinge, weil alle äußerlichen Dinge ein inneres Sein haben, aus dem die Pflicht zu einem Verhalten folgt, daß (sic!, M. B.) zu diesem Sein in Harmonie steht.« (Krah, Maximilian (2023): Politik von Rechts, Schnellroda, S. 195) Die Natur entpuppt sich so für Krah ganz gegenaufklärerisch als Quelle des Sollens. Er unterscheidet das Volk in ethnischer wie kultureller Hinsicht (ebd., S. 98) voneinander, versteht unter »Ethnos« letztlich also eine biologische Größe. Zwar komme es auch zu Rückwirkungen der Kultur auf das genetische Potenzial eines Volkes. Letzteres sei allerdings in Verbindung mit den äußeren Umständen der eigentliche Taktgeber der ethnischen Evolution. Zumindest im Selbstbild verdankt Krah seine heutige Position dabei im Sinne einer inhaltlichen Abwendung dem Juristen Christoph Möllers, bei dem Krah in Dresden studiert hat. Krah hält den in der Tradition Kelsens stehenden Möllers für den derzeit einflussreichsten Juristen in der Debatte um den ethnischen Volksbegriff.
392 Siehe bspw. VS-Gutachten I 2019, S. 69, S. 159, S. 183 sowie S. 247.
393 Ebd., S. 264.
394 VG Köln, 13 K 326/21, Rn. 334.
395 Ebd., Rn. 307.
396 Ebd., Rn. 311.
397 Ebd., Rn. 312.
398 Murswiek 2019, Teil 2, S. 62.
399 VG Köln, 13 K 326/21, Rn. 640.
400 Bundesministerium des Innern und für Heimat: Deutsche Minderheiten in Europa und den Nachfolgestaaten der Sowjetunion, Quelle: https://www.bmi.bund.de/DE/themen/heimat-integration/gesellschaftlicher-zusammenhalt/minderheiten/deutsche-minderheiten/deutsche-minderheiten-node.html; zuletzt aufgerufen am 17. November 2023.

401 AfD (2021): Erklärung zum deutschen Staatsvolk und zur deutschen Identität vom 18. Januar 2021, Quelle: https://www.afd.de/staatsvolk/; zuletzt aufgerufen am 16. November 2023.

402 VG Köln, 13 K 326/21, Rn. 756.

403 Murswiek 2020, S. 174 f.

404 Tweet von Sawsan Chebli vom 13. November 2023, Quelle: https://twitter.com/SawsanChebli/status/1724082035776479687, zuletzt aufgerufen am 17. November 2023.

405 Beschluss des Verwaltungsgerichts Gera vom 10. August 2023, 1 E 564/23 Ge, Rn. 27.

406 Ebd., Rn. 29.

407 Lucke 2019, S. 148.

408 Handelsblatt (2015): »Ich habe geholfen, ein Monster zu schaffen«, Quelle: https://www.handelsblatt.com/politik/deutschland/ex-afd-vize-olaf-henkel-ich-habe-geholfen-ein-monster-zu-schaffen/12558382.html; zuletzt aufgerufen am 17. November 2023.

409 Olaf Scholz, Spiegel-online vom 20. Oktober 2023.

410 Böckelmann, Frank (2018): Vorwort, in: Höcke, Björn/Hennig, Sebastian (2018): Nie zweimal in denselben Fluss, 2. Auflage, Lüdinghausen und Berlin, S. 9–21, S. 21.

411 Spiegel-Online vom 21. Juni 2023: Verfassungsschutzchef sorgt sich wegen AfD-Umfragewerten, Quelle: https://www.spiegel.de/politik/thomas-haldenwang-verfassungsschutzchef-sorgt-sich-wegen-afd-umfragewerten-a-13fdff74-1372-4b92-9997-ea58eeb3d13e, zuletzt aufgerufen am 10. November 2023.

412 Schreiben des Bundesamtes für Verfassungsschutzes an das Bundesministerium des Innern, für Bau und Heimat vom 10. Dezember 2019, S. 2.

413 Friedman im Gespräch: »Judenhass« mit Thomas Haldenwang und Felix Klein, 9. November 2023, Quelle: https://soundcloud.com/blnensemble/friedman-im-gesprach-judenhass-mit-thomas-haldenwang-felix-klein; zuletzt aufgerufen am 20. November 2023.

414 Thomas Haldenwang auf einer Pressekonferenz am 15. Juni 2021, Quelle: https://www.youtube.com/watch?v=KnMbhM7UfCk; zuletzt aufgerufen am 21. Juni 2023.

415 Bundesministerium des Innern und für Heimat (2022): Verfassungsschutzbericht 2021, Berlin, S. 112 ff., Quelle: https://verfassungsschutzberichte.de/pdfs/vsbericht-2021.pdf; zuletzt aufgerufen am 21. Juni 2023.

416 Auch der Verfassungsschutz lernt hinzu. Noch im Jahre 2018 merkte er in einer entsprechenden Broschüre in verfassungsschutzrechtlicher Absicht kritisch an, Teile der Szene behaupteten, dass das »Deutsche Reich« fortbestehe (Bundesamt für Verfassungsschutz 2018, S. 10). Inzwischen nimmt auch die Behörde die Rechtsprechung des Bundesverfassungsgerichts zur Kenntnis. Dieses urteilte bereits im Jahre 1973, dass die BRD zwar nicht territorial, aber rechtlich betrachtet mit dem Deutschen Reich identisch und dieses insofern nicht »untergegangen« sei (vgl. Bundesamt für Verfassungsschutz (2023): »Reichsbürger« und »Selbstverwalter«.

Staatsfeinde, Geschäftemacher, Verschwörungstheoretiker, Köln, S. 14, Quelle: https://www.verfassungsschutz.de/SharedDocs/publikationen/DE/reichsbuerger-und-selbstverwalter/2023-06-reichsbuerger-und-selbstverwalter-staatsfeinde-geschaeftemacher-verschwoerungstheoretiker.pdf?__blob=publicationFile&v=14; zuletzt aufgerufen am 27. Juni 2023). Der Irrtum vom untergegangenen Deutschen Reich ist auch in der politischen Publizistik noch verbreitet (siehe bspw. Bahners 2022, S. 498 sowie 501).

417 BfV 2018, S. 11

418 Ebd., S. 17.

419 Schreiben des Bundesministeriums des Innern und für Heimat vom 23. Dezember 2020 an die Bundestagsabgeordnete Beatrix von Storch, Arbeitsnummern 12/393, 12/394, Berlin, S. 2.

420 Schreiben des Bundesministeriums des Innern und für Heimat vom 24. Juni 2021 an die Bundestagsabgeordnete Beatrix von Storch, Arbeitsnummer 6/228, Berlin, S. 2.

421 Schreiben des Bundesministeriums des Innern und für Heimat vom 7. Juli 2021 an die Bundestagsabgeordnete Beatrix von Storch, Arbeitsnummern 6/487, 488, 489, Berlin, S. 2.

422 Ebd., S. 3.

423 Siehe Schriftsatz der Anwaltskanzlei Redeker/Sellner/Dahs vom 31. Mai 2023 vor dem Verwaltungsgericht NRW in dem verwaltungsgerichtlichen Verfahren Alternative für Deutschland (AfD) ./. Bundesrepublik Deutschland, 5 A 1218/22.

424 Bundesministerium des Innern und für Heimat (2023a): Verfassungsschutzbericht 2022, Berlin, S. 116, Quelle: https://www.verfassungsschutz.de/SharedDocs/publikationen/DE/verfassungsschutzberichte/2023-06-20-verfassungsschutzbericht-2022.pdf?__blob=publicationFile&v=3; zuletzt aufgerufen am 27. Juni 2023.

425 Ebd.

426 Ebd., S. 117.

427 Bundesamt für Verfassungsschutz: Verfassungsschutzrelevante Delegitimierung des Staates: Begriff und Erscheinungsformen, Quelle: https://www.verfassungsschutz.de/DE/themen/verfassungsschutzrelevante-delegitimierung-des-staates/begriff-und-erscheinungsformen/begriff-und-erscheinungsformen_node.html; zuletzt aufgerufen am 9. Juni 2023.

428 Keynote von Hans-Jürgen Papier auf der Tagung »Deutschland zwischen Covid und Klima – Grundrechte unter Vorbehalt?« der Denkfabrik R21 vom 18. September 2023, Quelle: https://www.youtube.com/watch?v=TuwtiqRUUPU&t=8041s; zuletzt aufgerufen am 26. September 2023.

429 Bundesministerium des Innern und für Heimat (2023a), S. 121.

430 Bundesministerium des Innern und für Heimat (2022), S. 120.

431 Jordan, Christin (2023): Ausschuss zur Ahrtal-Flut. Zwei Rücktritte – und viele offene Fragen, Quelle: https://www.tagesschau.de/inland/innenpolitik/ahrtal-flut-bilanz-100.html; zuletzt aufgerufen am 27. Juni 2023.

432 Ausdrücklich sei dem Leser empfohlen, das fragliche Papier vollständig zur Kenntnis zu nehmen: Bundesministerium des Innern und für Heimat

(2020): Wie wir COVID19 unter Kontrolle bringen, Quelle: https://fragdenstaat.de/dokumente/4123-wie-wir-covid-19-unter-kontrolle-bekommen/; zuletzt aufgerufen am 13. Juli 2023.

433 Vgl. Arendt, Hannah (2000): Elemente und Ursprünge totaler Herrschaft, München-Zürich, S. 936 sowie 975.

434 Orwell 2000, S. 33.

435 Ministerium des Innern des Landes Nordrhein-Westfalen (2021): Sonderbericht zu Verschwörungsmythen und »Corona-Leugnern«, Düsseldorf, S. 3, Quelle: https://www.im.nrw/system/files/media/document/file/Sonderbericht_2021_Verschwoerungsmythen_und_Corona-Leugner.pdf; zuletzt aufgerufen am 13. Juli 2023.

436 Ebd., S. 5.

437 Ebd., S. 13. Es überrascht dabei nicht, dass der Verfassungsschutz nicht einmal seine eigene Definition im Sonderbericht einhält. Im Verlaufe der Analyse spricht er nur noch pauschal von »Corona-Leugnern« und unterscheidet nicht mehr zwischen jenen, die die Verfassung infrage stellen, und jenen, die dies nicht tun.

438 Ebd., S. 26 f.

439 Ebd., S. 31.

440 Ebd., S. 69.

441 Bundesministerium des Innern und für Heimat 2023, S. 119.

442 Gössner, Rolf (2020): Der »Verfassungsschutz« – Relikt des Kalten Krieges. Früh- und Skandalgeschichte eines ideologischen Inlandsgeheimdienstes, in: Kerth, Cornelia/Kutscha, Martin (Hrsg.): Was heißt hier eigentlich Verfassungsschutz?, Köln, S. 9–43, S. 37.

443 Ministerium des Innern des Landes Nordrhein-Westfalen 2021, S. 83.

444 Gössner, Rolf (2021b): Auf dem Weg in den präventiv-autoritären Sicherheits- und Überwachungsstaat, in: ders.: Datenkranken im Öffentlichen Dienst, Köln, S. 275–363, S. 336 f.

445 Gusy, Christoph (2022): »Delegitimierung des Staates«. Legitimierung – Delegitimierung – Verfassungsschutz, in: Zeitschrift für das gesamte Sicherheitsrecht (GSZ) 03/2022, Berlin, S. 101–109.

446 Ebd., S. 103.

447 Ebd., S. 106.

448 Ebd., S. 108.

449 Murswiek, Dietrich (2023): Verfassungsschutz. Wer delegitimiert hier wen?, Legal Tribune online vom 24. November 2022, Quelle: https://www.lto.de/recht/hintergruende/h/verfassungsschutz-kritik-extremismus-delegitimierung-verfassung-bericht/; zuletzt aufgerufen am 13. Juli 2023.

450 Ebd.

451 Maaßen, Hans-Georg (2023): Trippelschritte in die Diktatur, in: Weltwoche 40/23, S. 46–47, S. 46.

452 Mitsch, Wolfgang (2023): Die Erweiterung des § 130 StGB, in: KriPoZ 1/2023, S. 17–22, S. 17.

453 § 130 Strafgesetzbuch (StGB) in der Fassung der Bekanntmachung vom 13. November 1998 (BGBl. I S. 3322), das zuletzt durch Artikel 1 des Gesetzes vom 26. Juli 2023 (BGBl. 2023 I Nr. 203) geändert worden ist.

454 Ebd., S. 21.

455 Ebd., S. 22.

456 Ebd., S. 18.

457 Hoven, Elisa (2022): Der neue § 130 ist eine Gefahr für die kritische Diskussion, Welt-online vom 26. Oktober 2022, Quelle: https://www.welt.de/kultur/plus241798753/Volksverhetzung-Der-neue-130-ist-eine-Gefahr-fuer-die-kritische-Diskussion.html; zuletzt aufgerufen am 16. Oktober 2023.

458 Strate, Gerhard (2022): Kriminalisierung des politischen Gegners, https://www.cicero.de/innenpolitik/verharmlosung-von-kriegsverbrechen-volksverhetzung-meinungsfreiheit; zuletzt aufgerufen am 17. Oktober 2023.

459 § 130 StGB.

460 Tweet Julian Reichelts vom 14. Juli 2023, Quelle: https://twitter.com/jreichelt/status/1679748537976864768; zuletzt aufgerufen am 17. Oktober 2023.

461 Tweet Julian Reichelts vom 17. Juli 2023, Quelle: https://twitter.com/jreichelt/status/1680912578157969409; zuletzt aufgerufen am 17. Oktober 2023.

462 Antwort der Bundesregierung auf die Kleine Anfrage der Abgeordneten Eugen Schmidt, Barbara Lenk, Edgar Naujok, weiterer Abgeordneter und der Fraktion der AfD – Drucksache 20/8815 –, Drucksache 20/9032 vom 31. Oktober 2023, S. 7, Quelle: https://dserver.bundestag.de/btd/20/090/2009032.pdf; zuletzt aufgerufen am 14. November 2023.

463 § 3 Artikel 10-Gesetz vom 26. Juni 2001 (BGBl. I S. 1254; 2298); 2017 I S. 154), das zuletzt durch Artikel 6 Absatz 4 des Gesetzes vom 5. Juli 2021 (BGBl. I S. 2274) geändert worden ist.

464 § 1 Artikel 10-Gesetz.

465 Bundestagsdrucksache 19/24785, S. 17, Quelle: https://dserver.bundestag.de/btd/19/247/1924785.pdf; zuletzt aufgerufen am 17. Oktober 2023.

466 Entwurf eines Gesetzes zum ersten Teil der Reform des Nachrichtendienstrechts, Bundestagsdrucksache 20/8626, S. 6 und 12, Quelle: https://dserver.bundestag.de/btd/20/086/2008626.pdf; zuletzt aufgerufen am 20. November 2023.

467 Poscher, Ralf (2023): Stellungnahme zu dem Gesetzentwurf der Bundesregierung zum ersten Teil der Reform des Nachrichtendienst-Rechts und zu dem Referentenentwurf des Bundeskanzleramts zur Änderung des BND-Gesetzes, S. 15 f., Quelle: https://www.bundestag.de/resource/blob/975138/3fb0001917cb80933fee4f268bb6e057/20-4-324-B-data.pdf; zuletzt aufgerufen am 20. November 2023.

468 Beschlussempfehlung und Bericht des Ausschusses für Inneres und Heimat (4. Ausschuss) vom 15. November 2023, Bundestagsdrucksache 20/9345, S. 9, Quelle: https://dserver.bundestag.de/btd/20/093/2009345.pdf; zuletzt aufgerufen am 20. November 2023.

469 Ebd., S. 13.

470 Ebenfalls im Jahr 2021 wurde das Strafgesetzbuch im Rahmen der parlamentarischen Beratungen in einer zumindest halben Nacht- und Nebelaktion um den § 192a »Verhetzende Beleidigung« erweitert. Demnach ist es nunmehr bereits strafbar, wenn man an eine Person ohne deren Zustimmung einen sie als Vertreter einer bestimmten Gruppe betreffenden menschenwürdewidrigen Inhalt gelangen lässt. Damit soll es geahndet werden, wenn bspw. jemand einen abstrakt antisemitischen Text an einen Juden übermittelt, ohne dass dieser konkret als Person angesprochen wird. Hiermit sollte eine Rechtslücke zwischen mittels Volksverhetzung herbeigeführter Störung des öffentlichen Friedens (§ 130 StGB) und persönlicher Beleidigung (185 StGB) geschlossen werden (siehe hierzu insgesamt Bundestagsdrucksache Drucksache 19/31115, Quelle: https://dserver.bundestag.de/btd/19/311/1931115.pdf; zuletzt aufgerufen am 23. Oktober 2023). Auch wenn die Motive für diese Rechtsänderung edel sein mögen, erhöht dies den Anteil deutscher Empfindsamkeitsgesetzgebung mit all den damit verbundenen Problemen ein weiteres Mal. Nach Maßstäben des Verfassungsschutzes jedenfalls müsste § 192a StGB fürderhin auch auf Fälle des so genannten »sekundären Antisemitismus« Anwendung finden.

471 Dienstanweisung 2/71 zur Leitung und Organisierung der politisch operativen Bekämpfung der staatsfeindlichen Hetze, Quelle: BStU, MfS, BdL-Dok. 2341 – Original 39 S., (mit Anlage 42 S.) – MfS-DSt-Nr. 101082, hier Nr. 1.1.

472 Grumke/van Hüllen 2016, S. 217. Sämtliche im Folgenden zitierten Passagen finden sich unverändert auch in der zweiten Auflage (vgl. Grumke/van Hüllen 2019).

473 Ebd., S. 125.

474 Ebd., S. 188.

475 Ebd., S. 198.

476 Ebd., S. 45.

477 Ebd., S. 48.

478 Urteil des Bundesverfassungsgerichts vom 15. Dezember 1983 – 1 BvR 209/83, BVerfGE 65, 1 ff., Leitsätze 1 und 2.

479 Grumke/van Hüllen 2016, S. 124.

480 Ebd., S. 82.

481 Ebd., S. 168.

482 Ebd.

483 Ebd., S. 167.

484 Murswiek 2020, S. 85 ff.

485 Ebd., S. 118 ff.

486 Murswiek, Dietrich (2023): Streitfall Verfassungsschutz – Verteidiger oder Gefährder der Demokratie?, Vortrag in der Bibliothek des Konservatismus in Berlin am 8. Februar 2023, Manuskript, S. 14.

487 Steinke 2023, S. 27.

488 Grumke, Thomas/Pfahl-Traughber, Armin (Hrsg.): Offener Demokratieschutz in einer offenen Gesellschaft. Öffentlichkeitsarbeit und Prävention als Instrumente des Verfassungsschutzes, Opladen.

489 Leggewie, Claus/Meier, Horst (2012b): »Verfassungsschutz«. Über das Ende eines deutschen Sonderweges, in: Blätter für deutsche und internationale Politik, S. 63–74, S. 64.
490 Ebd., S. 63.
491 Ebd., S. 64.
492 Ebd., S. 63.
493 Ebd., S. 64.
494 Ebd., S. 66.
495 Bundesamt für Verfassungsschutz (2022): Verfassungsschutzrelevante Delegitimierung des Staates. Begriff und Erscheinungsformen, Quelle: https://www.verfassungsschutz.de/DE/themen/verfassungsschutzrelevante-delegitimierung-des-staates/begriff-und-erscheinungsformen/begriff-und-erscheinungsformen_artikel.html; zuletzt aufgerufen am 2. Dezember 2022.
496 Leggewie/Meier 2012b, S. 68.
497 Ebd., S. 63.
498 Ebd., S. 70.
499 Ebd., S. 74.
500 Ebenso ließen sich die weiteren Aufgaben des Verfassungsschutzes auf andere Behörden übertragen, so die Abwehr der Spionage durch fremde Geheimdienste auf dem Boden der Bundesrepublik Deutschland auf den Bundesnachrichtendienst.
501 Zu den auch verfassungsrechtlich überaus herausfordernden Voraussetzungen dieses Vorschlags siehe Gusy, Christoph (2017): Organisation und Aufbau der deutschen Nachrichtendienste, in: Dietrich/Eifler (Hrsg.): Handbuch des Rechts der Nachrichtendienste, Stuttgart, Rn. 1–91, hier Rn. 13–40, 46.
502 Gusy 2011, S. 3.
503 Ebd., S. 71.
504 Leggewie/Meier 2012a: 142 f.
505 Kelsen, Hans (2016): Was ist Gerechtigkeit?, Ditzingen, S. 46 f.
506 Grumke/van Hüllen 2016, S. 58.
507 Ebd., S. 60.
508 Kelsen 2016, S. 45.
509 Diese Darstellung ist freilich eine Vereinfachung. Auch Kelsen anerkannte, dass jede legitime Rechtsordnung nicht ohne eine »Grundnorm« auskommen kann, aus der sich die Legitimität des Ganzen entfaltet. Freilich konnte er über diese im Grunde nichts Konkretes sagen, sondern ihr nur die Rolle einer transzendentalen Bedingung der Möglichkeit von Recht überhaupt zuschreiben. Aufgrund dieser Unbestimmtheit der obersten Norm kann der Vorwurf der relativistischen Beliebigkeit somit nicht aus der Welt geschafft werden (siehe Dreier, Horst (2023): Hans Kelsen zur Einführung, Hamburg, S. 81 ff.).
510 Leggewie/Meier 2012a, S. 69.
511 Schmitt, Carl (1968): Legalität und Legitimität, 2. Auflage, Berlin, S. 97 f.
512 Kelsen 2016, S. 45.

513 Ich beziehe mich hier auf die durch Wolfgang Kuhlmann modifizierte Fallibilismus-Auffassung Hans Alberts (Kuhlmann, Wolfgang (1985): Reflexive Letztbegründung. Untersuchungen zur Transzendentalpragmatik, Freiburg/München, S. 62 ff.).

514 Leggewie/Meier 2012a, S. 160.

515 Ebd., S. 163.

516 Gössner, Rolf 2012, S. 166.

517 Zur Wahrheit gehört, dass Verfassungsschutz wie Bundesnachrichtendienst die Bezeichnung »Geheimdienst« strikt von sich weisen. Sie seien ja bloß »Nachrichtendienste«. Im Unterschied etwa zur Arbeit der Deutschen Presseagentur findet die Arbeit beider Behörden jedoch nicht nur überwiegend im Geheimen statt, sondern auch unter Anwendung üblicher geheimdienstlicher Mittel. Die Zurückweisung der Bezeichnung »Geheimdienst« kann sich nicht auf sinnvolle Argumente stützen.

518 Der Bundesbeauftragte für die Unterlagen des Staatssicherheitsdienstes der ehemaligen Deutschen Demokratischen Republik: Die Methoden der Stasi, S. 3 f., Quelle: https://www.stasi-unterlagen-archiv.de/assets/bstu/de/Downloads/schulausstellung_vertiefung-zum-poster_die-methoden-der-stasi.pdf; zuletzt aufgerufen am 19. Juli 2023.

519 Pingel-Schliemann, Sandra (2002): Zersetzen. Strategie einer Diktatur, Berlin, S. 176.

520 Der Bundesbeauftragte für die Unterlagen des Staatssicherheitsdienstes, Ebd.

521 Facebook-Post von Markus Söder vom 2. Dezember 2011, Quelle: https://www.facebook.com/markus.soder.75/posts/6577176445689310/?locale=ms_MY; zuletzt aufgerufen am 1. September 2023.

522 Merkel, Wolfgang (2023): Demokratie und Resilienz, in: ders.: Im Zwielicht. Zerbrechlichkeit und Resilienz der Demokratie im 21. Jahrhundert, Frankfurt/New York, S. 363–378.

523 Dieses Kapitel basiert auf verschiedenen Beiträgen, die der Autor für das Magazin »Cicero« verfasst hat. Dem Verlag Res Publica ist zu danken, dass er der Zweitverwendung dieser Beiträge in diesem Buch seine Zustimmung erteilt hat.

524 Pressekonferenz Nancy Faesers vom 2. Mai 2025, Phoenix, Quelle: https://www.youtube.com/watch?v=aS0-Z7nwz08; zuletzt aufgerufen am 9. Juni 2025.

525 Tiede, Peter/Uhlenbroich, Burkhard/Forster, Josef (2025): Faeser hat AfD-Bericht »fachlich nicht geprüft», Bild vom 3. Mai 2025, Quelle: https://www.bild.de/politik/inland/gesichert-rechtsextremistisch-faeser-hat-afd-bericht-fachlich-nicht-geprueft-6816378a12ee6b68d1b86f2a; zuletzt aufgerufen am 9. Juni 2025.

526 Siehe Paragraf 30 Absatz 1 Beamtenstatusgesetz vom 17. Juni 2008 (BGBl. I S. 1010), das zuletzt durch Artikel 5 des Gesetzes vom 20. Dezember 2023 (BGBl. 2023 I Nr. 389) geändert worden ist, Quelle: https://www.gesetze-im-internet.de/beamtstg/BJNR101000008.html; zuletzt aufgerufen am 9. Juni 2025.

527 Stibi, Benjamin (2025): »Nur für den Dienstgebrauch« – und trotzdem auf jedem Bildschirm, LTO vom 14. Mai 2025, Quelle: https://www.lto.de/recht/hintergruende/h/veroeffentlichung-afd-gutachten-war-das-erlaubt-recht-scheck; zuletzt aufgerufen am 9. Juni 2025.

528 Nancy Faeser, SPD, Bundesinnenministerin, zu Einstufung der AfD als »gesichert rechtsextremistisch«, ARD vom 2. Mai 2025, Quelle: https://www.tagesschau.de/multimedia/video/video-1462644.html; zuletzt aufgerufen am 9. Juni 2025.

529 Siehe § 353b Strafgesetzbuch in der Fassung der Bekanntmachung vom 13. November 1998 (BGBl. I S. 3322), das zuletzt durch Artikel 2 Absatz 2 des Gesetzes vom 7. November 2024 (BGBl. 2024 I Nr. 351) geändert worden ist, Quelle: https://www.gesetze-im-internet.de/stgb/BJNR001270871.html; zuletzt aufgerufen am 9. Juni 2025.

530 Antwort des Bundesinnenministeriums auf eine Anfrage des Autors vom 8. Mai 2025.

531 Das Gutachten ist unter folgendem Artikel einsehbar: Brodkorb, Mathias (2025): Im Namen der Demokratie – Cicero veröffentlicht das gesamte Geheimgutachten des Verfassungsschutzes zur AfD, Cicero-online vom 13. Mai 2025, Quelle: https://www.cicero.de/innenpolitik/cicero-veroffentlicht-das-gesamte-geheimgutachten-des-verfassungsschutzes-zur-afd; zuletzt aufgerufen am 10. Juni 2025.

532 Sämtliche Zitate siehe Oberverwaltungsgericht Nordrhein-Westfalen/Münster (2024): Bundesamt für Verfassungsschutz darf AfD und JA als Verdachtsfall beobachten, mündliche Urteilsbegründung vom 13. Mai 2024, Quelle: https://www.ovg.nrw.de/behoerde/presse/pressemitteilungen/01_archiv/2024/23_240513/index.php; zuletzt aufgerufen am 9. Juni 2025.

533 Wittgenstein, Ludwig (1984): Philosophische Untersuchungen, in: ders.: Tractatus logico-philosophicus. Werkausgabe Band 1, Frankfurt am Main, S. 225–618, S. 262

534 BVerfG, Beschluss vom 16.1.2025 – 1 BvR 1182/24, RN 17, Quelle: https://www.bundesverfassungsgericht.de/SharedDocs/Entscheidungen/DE/2025/01/rk20250116_1bvr118224.html; zuletzt aufgerufen am 10. Juni 2025.

535 Brodkorb, Mathias (2024): Die Geister, die man rief, in: Cicero 2/2024, Berlin, S. 14–25.

536 BfV (2025): Gutachten zur Einstufung der AfD als »gesichert extremistische Bestrebung«, Köln, S. 1064.

537 Ebd., S. 1063.

538 Ebd., S. 1064.

539 Ebd., S. 531.

540 Spiegel-online (2017): George Soros finanziert Correctiv-Projekt, 4. April 2024, Quelle: https://www.spiegel.de/kultur/gesellschaft/aufklaerung-ueber-fake-news-correctiv-erhaelt-geld-von-george-soros-a-1141799.html; zuletzt aufgerufen am 10. Juni 2025.

541 BfV 2025, S. 489.

542 Ebd., S. 524.

543 Ebd., S. 497 f.

544 Ebd., S. 498.

545 Ebd.

546 Ebd., S. 517.

547 Ebd., S. 518.

548 Interview mit Beatrix von Storch, Tagesthemen der ARD vom 2. Mai 2025, Quelle: https://www.tagesschau.de/multimedia/sendung/tagesthemen/video-1462652.html; zuletzt aufgerufen am 10. Juni 2025.

549 Garzke, René/Tiede, Peter/Forster Josef (2025): Wegen dieser Beispiele gilt die AfD als rechtsextrem, Bild-online vom 2. Mai 2025, Quelle: https://www.bild.de/politik/inland/afd-wegen-dieser-beispiele-gilt-die-partei-als-rechtsextrem-6814cc8612ee6b68d1b826a9; zuletzt aufgerufen am 10. Juni 2025.

550 BfV 2025, S. 122.

Mathias Brodkorb bei zu Klampen!

Postkoloniale Mythen
Auf den Spuren eines modischen Narrativs
Eine Reise nach Hamburg und Berlin, Leipzig, Wien und Venedig

Hardcover mit Lesebändchen, 272 Seiten
ISBN 978-3-98737-032-8

Die deutsche Kolonialgeschichte währte ganze 35 Jahre. Erst 1884 begann das Deutsche Kaiserreich, auf dem afrikanischen Kontinent sogenannte Schutzgebiete zu errichten, verlor diese aber bereits 1919 an die Siegermächte des Ersten Weltkriegs. Mit dem Ende des Kolonialismus jedoch, so wollen uns postkoloniale Aktivisten und ihre universitären oder musealen Stichwortgeber weismachen, kamen Ausbeutung, Kunstraub, Versklavung und Rassismus keineswegs zu einem Ende. Sie leben angeblich im postkolonialen Zeitalter fort, nur raffinierter. Da gibt es viel wiedergutzumachen. Mathias Brodkorb hat sich auf den Weg begeben und die Hotspots der postkolonialen Wiedergutmachung im deutschsprachigen Raum aufgesucht, die ehemaligen Völkerkundemuseen. Statt ihrer Aufgabe des Sammelns, Bewahrens, Erforschens und Ausstellens nachzugehen, sind sie vorrangig mit der Verfertigung des eigenen guten Gewissens beschäftigt. Zu diesem Zweck werden nicht nur Fakten verschwiegen, die nicht ins Bild passen, sondern mitunter auch historische Dokumente verfälscht. Viele Museen sind zu »Ideologiemaschinen« geworden um den weißen Westen einer ewigen Schuld zu überführen.

Auf Platz 5 der Sachbuch-Bestenliste von Die Literarische Welt, RBB Kultur, NZZ und Radio Österreich 1.

»eine sehr pointierte Streitschrift« Almuth Spiegler in: Die Presse, 28. Mai 2025